IRIS CHARLES

FIT AUFS PFERD

KRAFT, KOORDINATION, KÖRPERSPANNUNG

MIT KOSMOS MEHR ENTDECKEN
MIT FITNESSTEST FÜR REITER
SEIT 1822

KOSMOS

INHALT

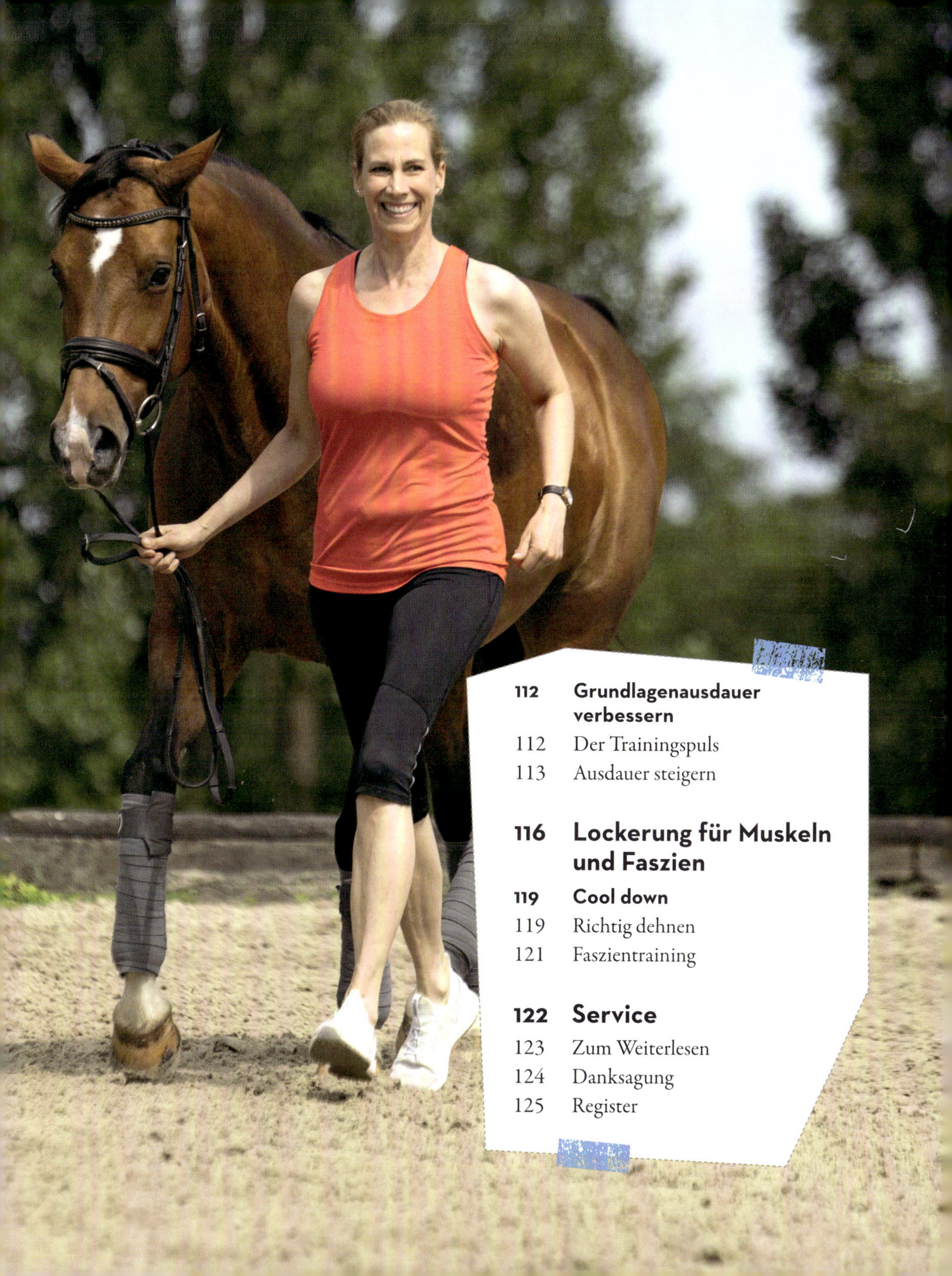

KRAFT, KOORDINATION

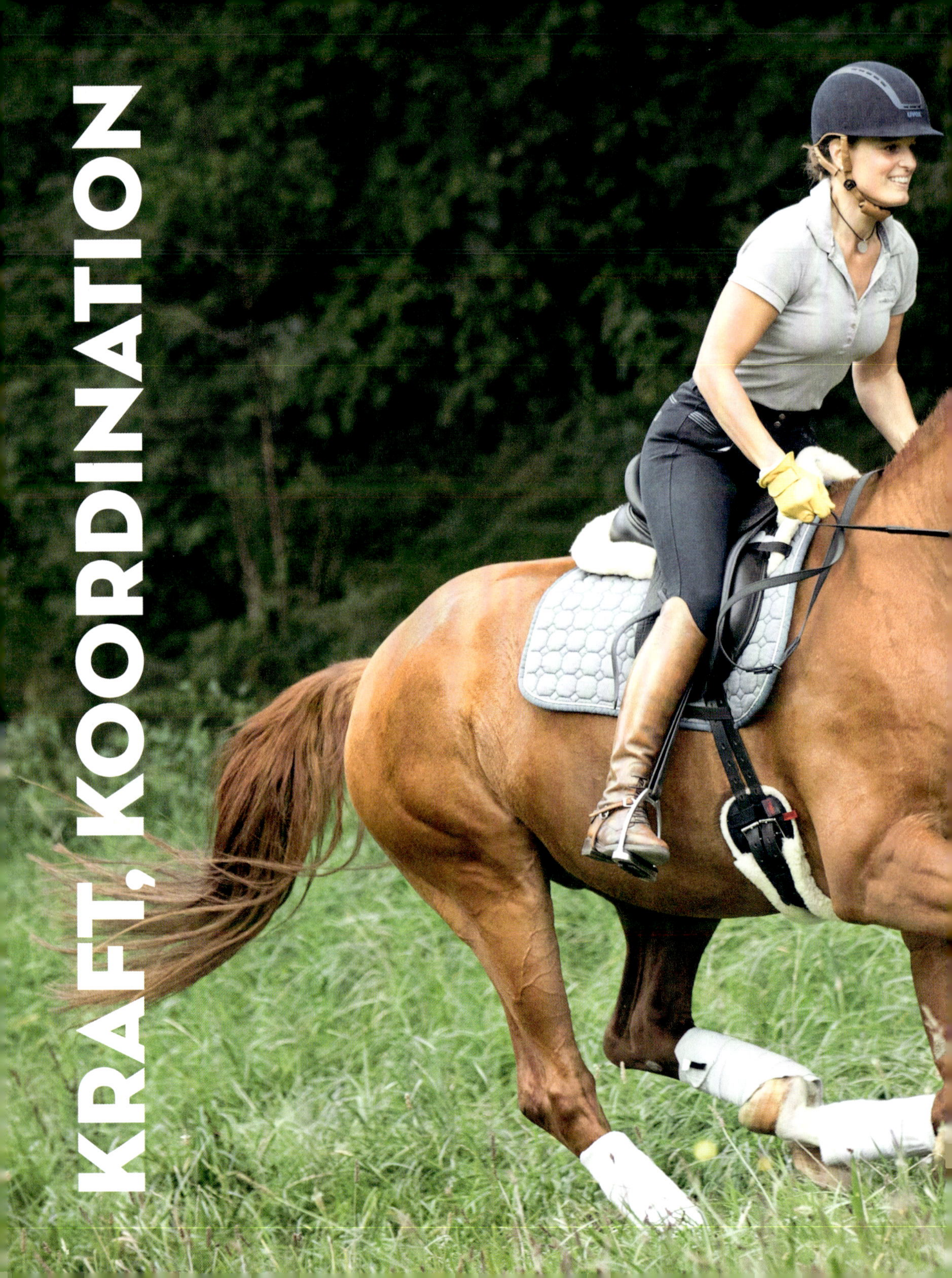

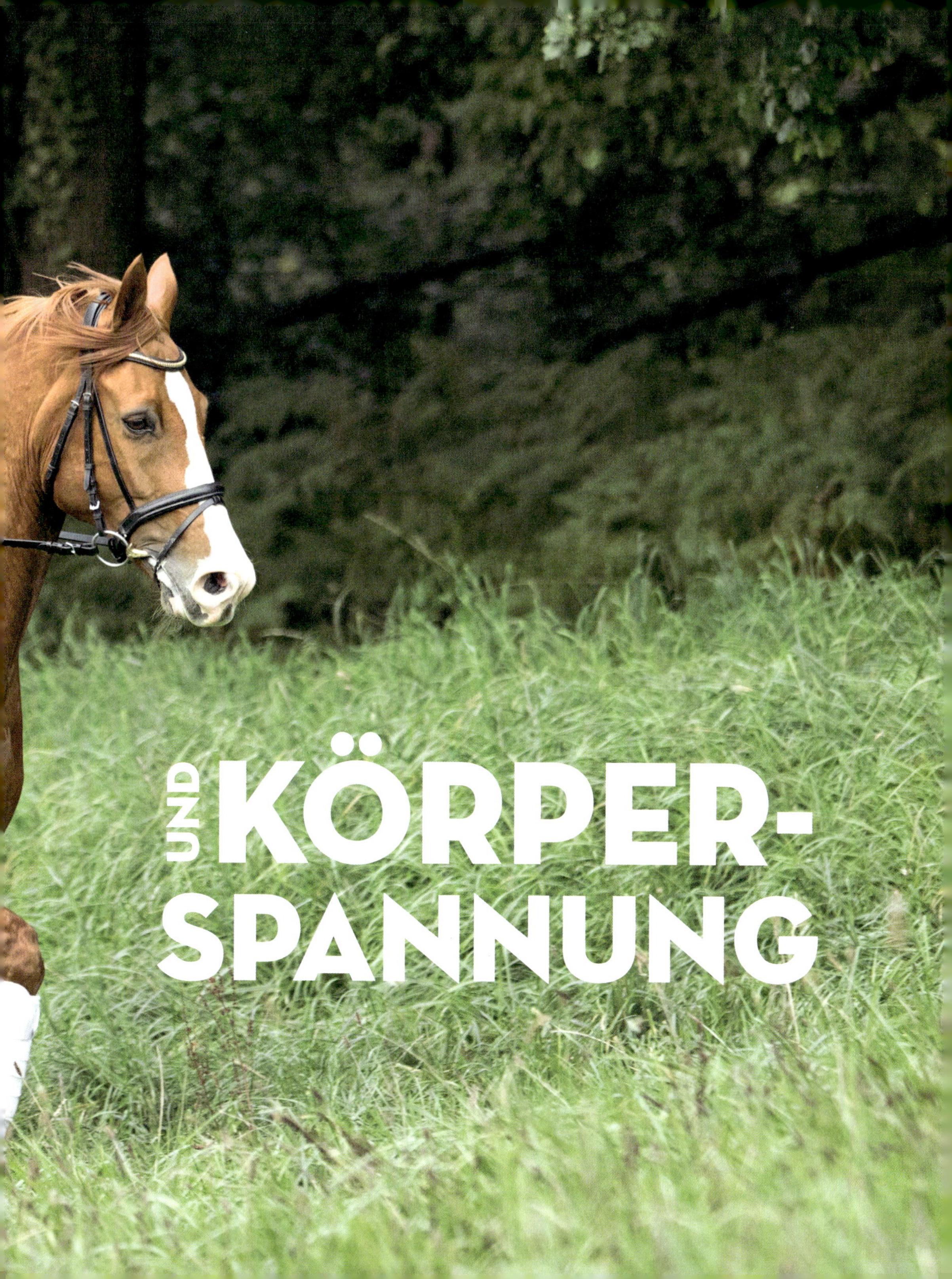

UND KÖRPER-SPANNUNG

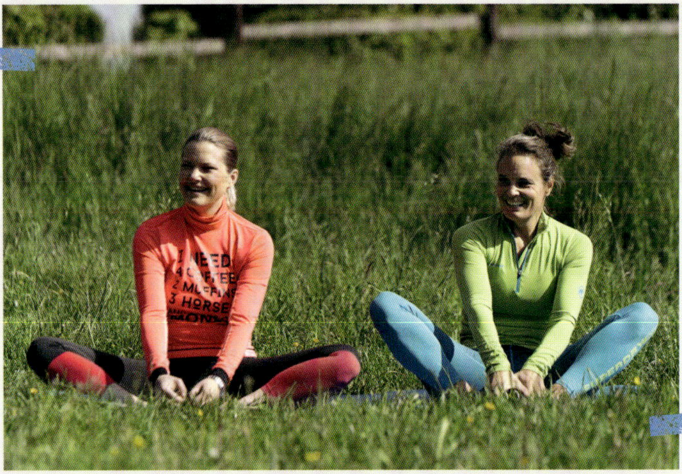

„DER ANFANG IST BEREITS DIE HÄLFTE DES WEGES.“
(Zitat nach Aristoteles)

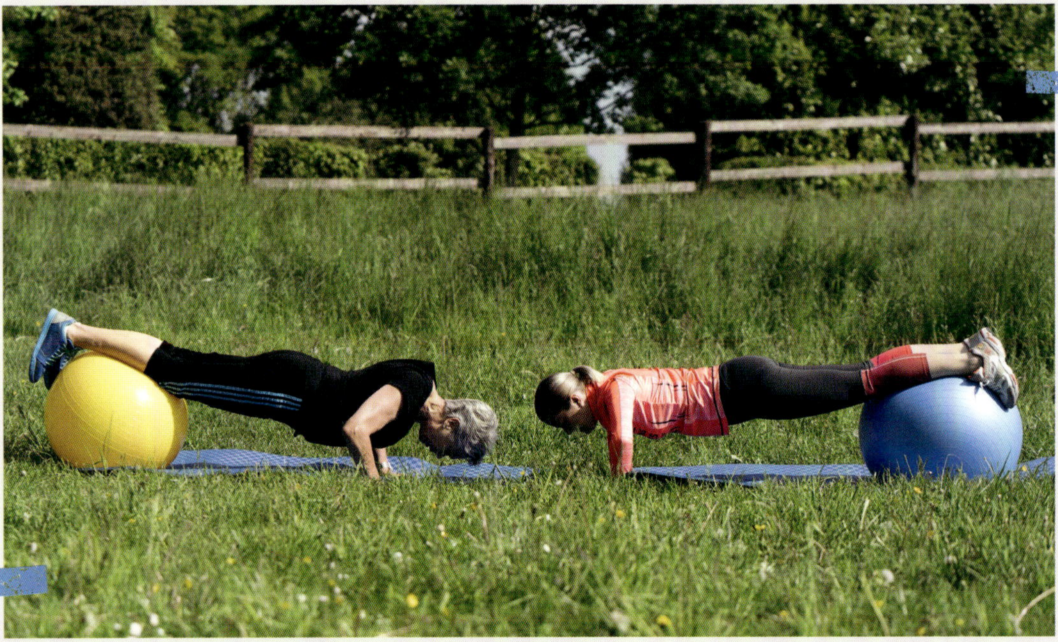

Besser reiten

Wir starten mit einem Paradoxon: Um leichter und mit weniger Kraft zu reiten, braucht man mehr Kraft. Wie kann das sein, wo man doch immer hört, dass Reiten ohne Kraft gehen soll?

Die Basis jeden Reitens ist eine gute Körperspannung, die zusammen mit einer ausgewogenen Balance den Grundstein für einen guten Sitz legt. Um dies zu erreichen, braucht es die richtige Kraftfähigkeit. Sie ermöglicht es dem Reiter, im passenden Moment gezielt einzelne Muskelgruppen anzuspannen, um das Pferd zum Beispiel mehr ans Gebiss herantreten zu lassen oder es in einer Parade vermehrt unter den Schwerpunkt zu treiben. Die Koordination der jeweiligen Hilfen, das Bewegungsgefühl, die passende Dosierung der Kraft und das richtige Timing für den korrekten Einsatz und Ablauf der Hilfen komplettieren die Anforderungen, die Reiten an uns alle stellt.

GUT DOSIERT

Zu Schwierigkeiten, Problemen und „Fehlern" kommt es, wenn einzelne Faktoren nicht genügend ausgebildet sind. Es kann eine Dysbalance, ein Ungleichgewicht, entstehen. Die Hilfe wird nicht exakt gegeben, sie ist zu schwach/zu stark oder das Zusammenspiel der Hilfen funktioniert nicht. Reagiert das Pferd nicht, liegt das oft daran, dass es den Reiter einfach nicht versteht! Die Kraft wird in solchen Momenten vielleicht nur falsch dosiert eingesetzt. Wirkt die Hand zu viel ein oder sind die treibenden Hilfen zu gering? Versucht der Reiter mit Druck zum Ziel zu kommen, oder wäre vielleicht ein Loslassen in diesem Moment viel effektiver?

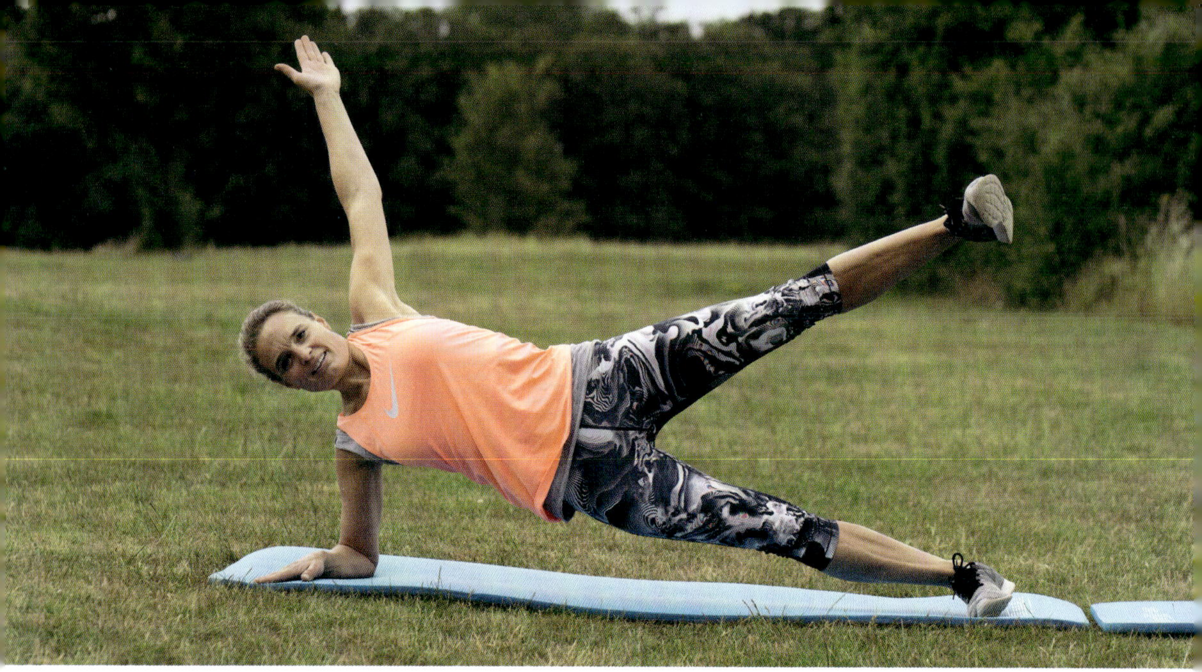

Eine gute Koordination und eine stabile Mitte führen zu einer verbesserten Hilfengebung.

DER FAKTOR REITER

Jeder Reiter möchte Spaß, Leichtigkeit, Freude an und mit dem Pferd, Gesundheit für beide und sportlichen Erfolg. Wobei hiermit gar nicht die goldene Schleife gemeint ist, sondern zum Beispiel eine harmonische Dressurstunde, das Absolvieren einer flüssigen Springreihe, ein entspannter Ausritt oder auch eine unfallfreie Vielseitigkeit.
Wenn das Pferd beim Reiten Auffälligkeiten zeigt, machen sich viele Reiter Gedanken über den passenden Sattel, sie probieren verschiedene Gebisse aus und checken den Beschlag und die richtige Fütterung. Physiotherapeuten, Osteopathen, Chiropraktiker, Sattler, Tierärzte, Hufschmiede oder Hufpfleger, Futterberater und Zahnärzte werden von Reitern beauftragt, um regelmäßig für das Wohlbefinden des Vierbeiners zu sorgen.
Aber ein ganz entscheidender Faktor bleibt in vielen Fällen unberücksichtigt: der Reiter selbst.
Dabei hängt so viel an der Konstitution dessen, der im Sattel sitzt. Nur wenn der Reiter fit und gut trainiert ist, kann er dies auch für sein Pferd erreichen. Nur wenn der Reiter mobil und beweglich ist, kann er sein Pferd optimal gymnastizieren. Nur wenn er selbst ausbalanciert ist, kann er sein Pferd gut ausbalancieren und im Takt reiten.

TIPP

Ist der Reiter ausbalanciert und elastisch, kann er dies besser auf sein Pferd übertragen!

Keine Ausreden

Gründe, warum man gerade nicht an seiner Fitness arbeiten kann, gibt es wahrscheinlich viele: mangelnde Zeit, Stress im Job, keine Motivation, körperliche Beschwerden oder die Angst davor, beim Training etwas falschzumachen. Aber es gibt noch viel mehr Gründe, warum es sich lohnt, an der eigenen Fitness zu arbeiten:

- Es wird alles leichter und macht (Pferd und Reiter) mehr Spaß.
- Man kann den Input des Trainers besser umsetzen.
- Man kann besser sitzen und dadurch feinere Hilfen geben.
- Die bessere Koordination der Hilfen führt zur reiterlichen Weiterentwicklung.
- Die gesteckten Ziele kommen auf einmal schnell näher.
- Die Muskulatur kann effektiver und somit leistungsfähiger arbeiten.
- Man kann längere Zeit ohne Ermüdung reiten.
- Eine gut arbeitende Muskulatur kann hohe Krafteinwirkungen besser abfangen und somit vor Verletzungen schützen.

Für alle Reiter

Aus Liebe zum Pferd und aus Liebe zu unserem tollen Sport stellen diese Gründe in allen Sparten der Reiterei in unterschiedlichen Ausprägungen eine große Motivation dar.
Für Freizeitreiter, die viel ins Gelände gehen und einfach aus Spaß am Pferd reiten, ist es das Ziel, ein gelassenes Pferd zu haben, das sicher an den Hilfen steht und ein verlässlicher Partner ist. Warum sollte man als Freizeitreiter dann auf die eigene Fitness achten? Eine souveräne Hilfengebung erleichtert die Kommunikation zwischen Reiter und Pferd, was besonders im Gelände wichtig ist. Je weniger Probleme hier entstehen, desto mehr Sicherheit und Freude hat man mit seinem Partner Pferd. Um den Vierbeiner langfristig trittsicher zu erhalten, muss man ihn entsprechend gymnastizieren können. Je ausbalancierter man sitzt, desto leichter fällt es, dem Pferd eine positive Spannung zu geben. Auch für ein Freizeitpferd ist ein schwingender Rücken und eine fleißig unterfußende Hinterhand eine Form der Gesunderhaltung.

Auch wenn das manchmal belächelt wird: Reiter brauchen Kondition!

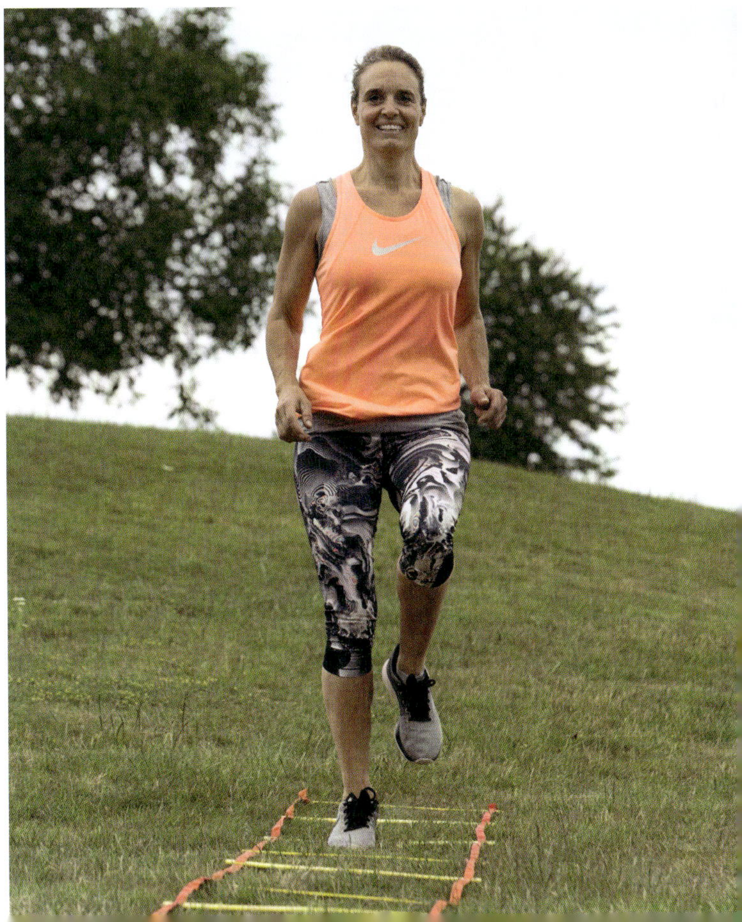

Auch Dressurreiter brauchen Kraft und Körperspannung. Eine stabile Mitte stellt die Basis des Sitzes dar. Man erreicht sie durch ein regelmäßiges Training. Ein guter Grundsitz ist wiederum die Voraussetzung, um ein Pferd richtig gymnastizieren zu können. Dies ist notwendig, um langfristig ein lockeres Pferd zu haben, das gelungene Lektionen als logische Folge eines erfolgreichen Trainingsaufbaus zeigt. Das Pferd zum Schwingen zu bringen, ist ein wichtiger Bestandteil der dressurlichen Arbeit, hierzu muss der Reiter körperlich in der Lage sein.
Beim Springreiten sind die Anforderungen ein wenig anders: Galopp im leichten Sitz erfordert Balance, das schnelle Reiten von Wendungen im Parcours eine gute Koordination und das geschmeidige Mitgehen beim Sprung eine effektive Körperspannung. Je besser diese Fähigkeiten des Reiters ausgebildet sind, desto zielführender kann er das Pferd im Parcours unterstützen und desto höher und passgenauer kann es springen.
Ist der Reiter selbst elastisch und trainiert, hilft das also auch seinem Pferd. Durch gezieltes An- und Entspannen der Rumpfmuskulatur kann der Reiter den Rücken des Pferdes „ansaugen". Ist der Reiter gut in Balance und die Hilfengebung exakt, hat das Pferd eine optimale Unterstützung über und zwischen den Sprüngen.

TIPP

Hat der Dressurreiter eine stabile Mitte und eine schwingende Hüfte, ist er auch in der Lage, den Rücken des Pferdes zum Schwingen zu bringen.

1

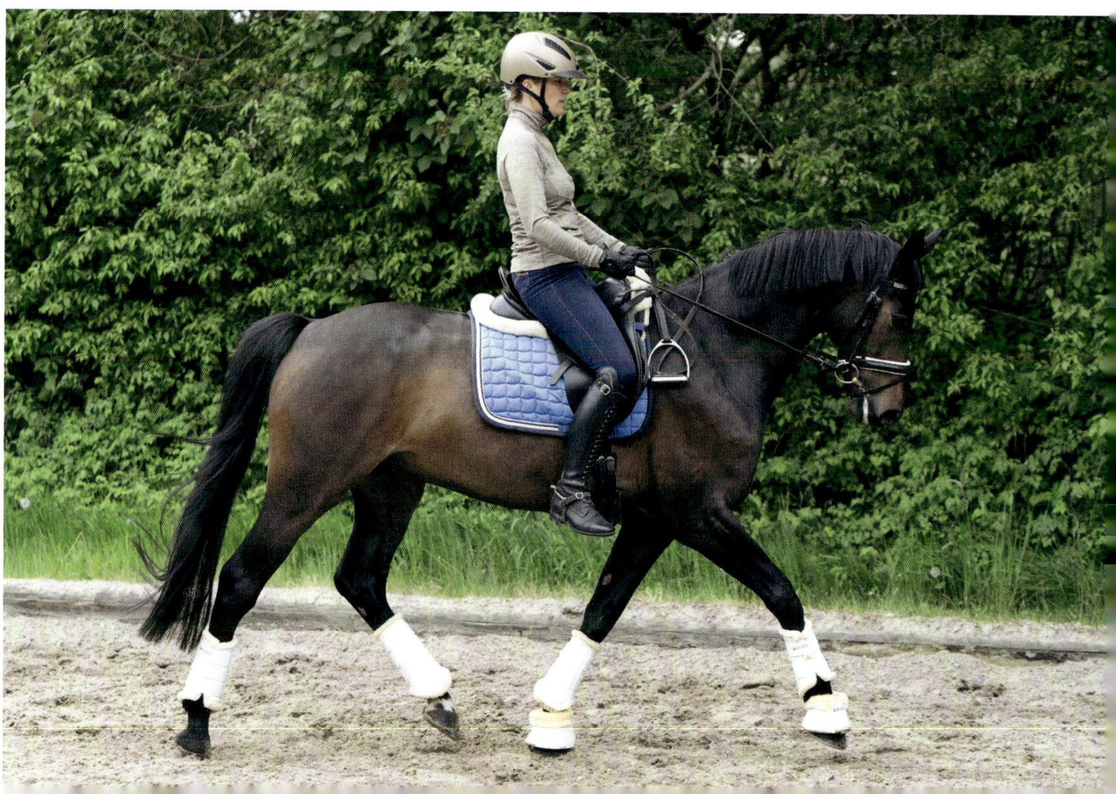

AUF DEM PRÜFSTAND

Hinterfragen Sie die vermeintlichen Fehler Ihres Pferdes und versuchen Sie zu reflektieren, ob nicht eine zu starre Hand, eine feste Hüfte, ein hochgezogener Absatz oder festgehaltene Schultern die Ursache des Problems sind. Versuchen Sie nach und nach, kleine Stellschrauben zu verändern und sich auf einen leichteren Sitz einzulassen.

2

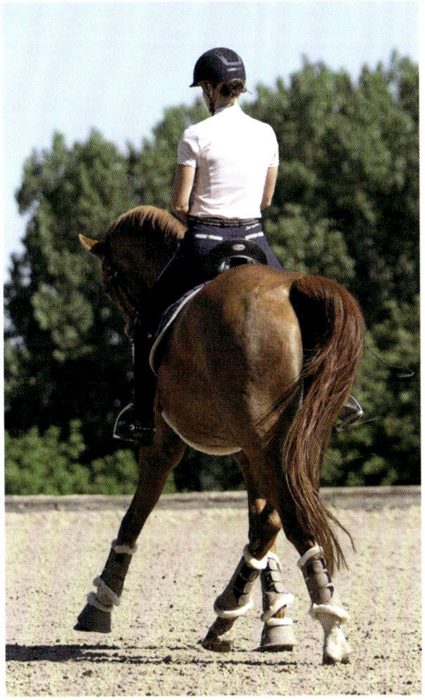

1 Das Reiten ohne Steigbügel schult Kraft und Koordination, da die Bauch- und Rückenmuskulatur durch die bewegliche Hüfte angesprochen werden.

2 Stimmen Sitz und Hilfengebung, kann das Pferd unsere Wünsche besser umsetzen.

Da das Vielseitigkeitsreiten konditionell und koordinativ eine besondere Herausforderung für Pferd und Reiter darstellt, hilft eine gute Grundfitness des Reiters, das Pferd im Gelände möglichst optimal zu unterstützen. Darüber hinaus ermöglicht sie eine schnellere Handlungsfähigkeit in brenzligen Situationen, wie zum Beispiel bei einer Verweigerung oder bei unerwarteten Sprungvarianten. Reiter und Pferd haben in drei Disziplinen, die individuell ganz verschiedene Anforderungsprofile aufweisen, Höchstleistungen zu bringen. Hier erleichtern es eine gute Fitness und Koordination, die mechanischen Belastungen abzufangen und schützen den Reiter so zusätzlich vor Verletzungen.

BASIS DER KOMMUNIKATION

Der Sitz ist immer das Hauptkommunikationsmittel zwischen Reiter und Pferd. Ist er nicht funktional, kommt es zu Verständigungsproblemen.
Das Pferd begreift dann nicht, was der Reiter möchte.
Die meisten Pferde wollen alles richtig machen, können es aber nicht, wenn es durch den reiterlichen Sitz „verhindert" wird. Beim Pferd entsteht Frust, ebenso wie beim Reiter: „Warum versteht mich mein Pferd nicht, das ist doch nicht schwer …?"
Um dieses Gefühl gar nicht erst aufkommen zu lassen, hilft es, wenn der Reiter schnell auf die Aktionen seines Pferdes reagieren kann. Wird ein Muskel durch Training häufig angesprochen, verkürzt sich die Reaktionszeit.

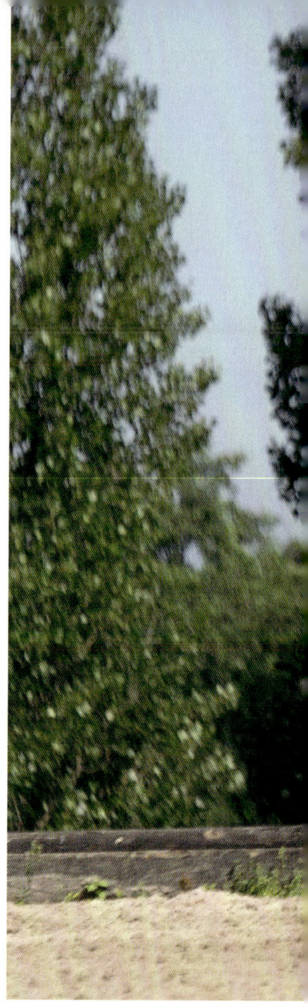

Logische Hilfen

Ein Beispiel aus der Praxis: Lille Lucero, ein junger Wallach, klemmte hin und wieder und reagierte nicht immer auf die treibenden Hilfen. Die Korrekturanweisung „Treib mehr" blieb meist wirkungslos, da seine Reiterin zwar viel Kraft im Bein aufwendete, dabei aber den Absatz hochzog, sich damit Knie und Hüfte blockierte und so für das Pferd völlig paradoxe Hilfen gab. Am Bein hieß es „vorwärts, schneller", im Knie und in der Hüfte aber „stopp, durchparieren". Lille war verwirrt, er wollte doch alles richtig machen. Die Korrektur, die der Reiterin schließlich half, war: „Loslassen und im Absatz durchfedern". Dies hatte zur Folge, dass Sprunggelenk, Knie und Hüfte locker blieben und so der letztlich viel weniger kraftvolle Impuls am Bein zur gewünschten Reaktion führte.
Die logische Verkettung der Hilfen gab dem Pferd nun ein eindeutiges Signal: federnder Absatz und lockeres Knie – losgelassene Mittelpositur – besseres Schwingen – Treiben über Impulse – fleißiges Pferd – weniger Krafteinsatz – feineres Reiten – mehr Erfolgserlebnisse – mehr Motivation!

Gewohnheiten

Was uns beim Reiten oft am Vorankommen hindert, sind Gewohnheiten ... Sie haben sich über einen längeren Zeitraum eingeschliffen, etabliert und geben im Alltag, in der Motorik und im Sitz Sicherheit, selbst wenn sie fehlerhaft sind. Neue Bewegungsmuster beinhalten dagegen ein gewisses Maß an Unsicherheit, auf die man sich einlassen muss. Das ist nicht immer einfach. Aber ich kann Ihnen versichern: Es lohnt sich! Damit sich der Erfolg einstellt, ist es aber gerade am Anfang der Umstellung wichtig, am Ball zu bleiben, bis Sie merken, dass sich das neue Bewegungsgefühl verfestigt hat.

GRUNDLAGEN EINER GUTEN AUSBILDUNG

Beim Pferd ist es völlig klar: Ein junges Pferd kann noch nicht so viel/lange geritten werden, weil es noch nicht die notwendige Kraft aufgebaut hat. Ein verletztes Pferd muss langsam und konsequent antrainiert werden, um seine volle Leistungsfähigkeit wiederzuerlangen. Die Frage ist nun: Warum trainiert man sein Pferd, sich selbst aber nicht? Es heißt: „Jeder Reiter ist nur so gut wie sein Pferd." Aber genauso trifft folgender Satz zu: „Jedes Pferd ist nur so gut wie sein Reiter." Woran liegt es, dass manche Reiter scheinbar mühelos ein Pferd nach dem anderen erfolgreich ausbilden, und andere oft das Gefühl haben, sie kommen nicht so richtig weiter. Hier spielen natürlich verschiedene Faktoren hinein. Sicher ist aber: Die wesentlichen Komponenten für den Reiter,

TIPP

Kraft ist der Motor, der jede Körperhaltung und Bewegung ermöglicht. Sie hält den Bewegungsapparat gesund und sorgt dafür, dass er leistungsfähig wird und bleibt.

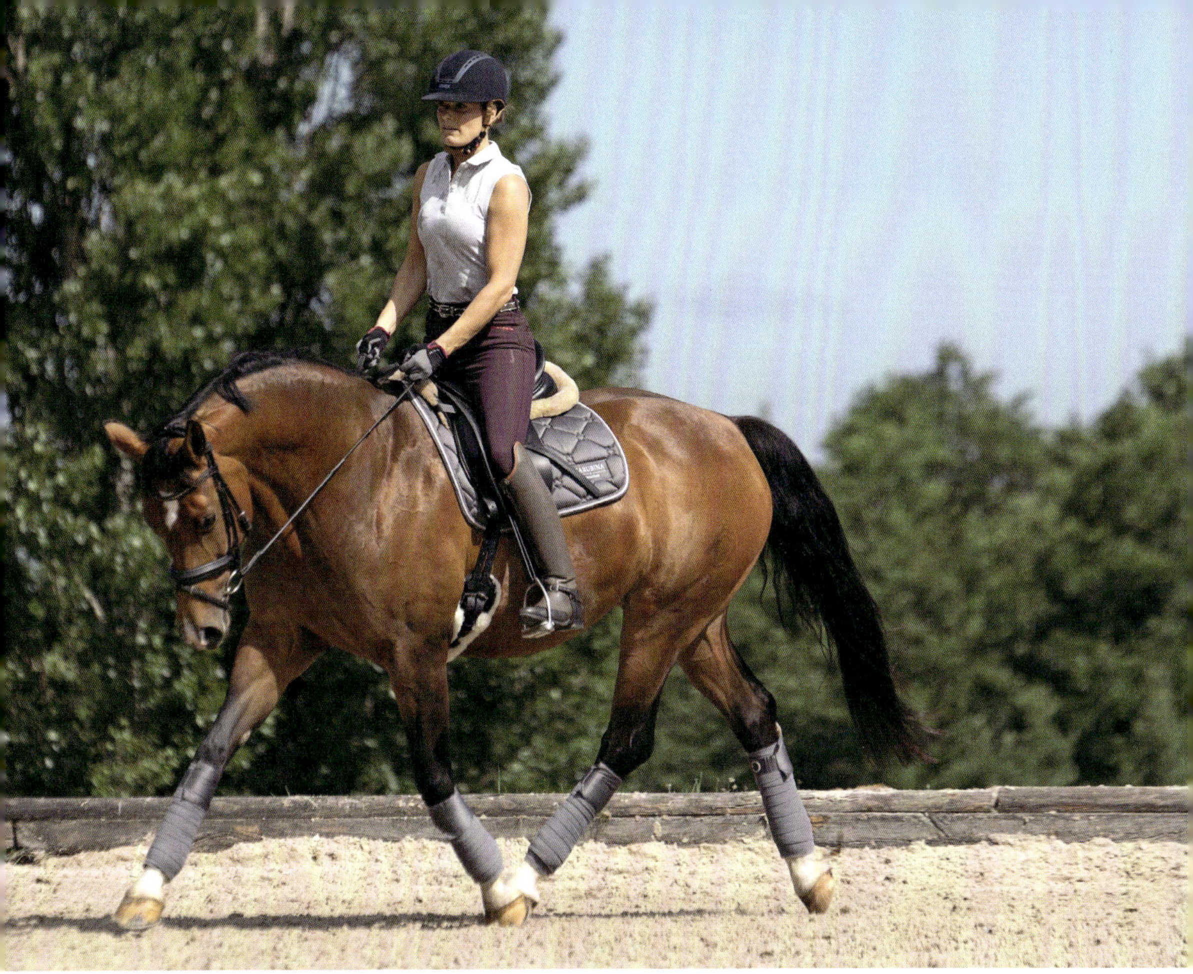

um ein Pferd gut und pferdegerecht ausbilden zu können, sind:

- Kraft & Körperspannung
- Beweglichkeit & Balance
- Koordination, Timing & Bewegungsgefühl.

Ich möchte Sie mit diesem Buch ganz herzlich auf eine gemeinsame Fitnessreise einladen und Ihnen verschiedene Wege aufzeigen, wie Sie sich, meist ohne großen Zeitaufwand, für Ihr Pferd und mit Ihrem Pferd verbessern können. Das sind nicht nur besondere Übungen. Viele kleine Abläufe aus dem Stallalltag können ebenso als Trainingseinheit dienen. Nutzen Sie sie und fangen Sie noch heute damit an! Ihr Pferd ist Ihr bester Motivator und Spiegel, fragen Sie es nach seinem Feedback. Es wird Ihnen schnell durch ein zufriedenes Abschnauben, fleißigeres Gehen oder einen schwingenderen Rücken zeigen, dass Sie auf dem richtigen Weg sind.

Ein fitter Reiter sorgt für ein zufriedenes Pferd.

Vom kleinen zum großen Pferdemädchen

Lissi & Lille Lucero

Als Jugendliche verbrachte ich all meine freie Zeit im Stall. Putzen, reiten, mithelfen und auf dem Heuboden herumklettern gehörten natürlich dazu. Ich fuhr mit dem Rad zum Pferd und ging außerdem gern schwimmen.
Als ich 19 war, startete ich ins Studium und danach in den Beruf. Erst viele Jahre später entdeckte ich das Reiten neu. Aber nun war es anders: Das Pferdemädchendasein musste jetzt zu meinem erwachsenen Leben passen. Und so machte ich, was viele tun: Ich besorgte mir Hilfe – andere ritten mein Pferd, wenn ich nicht konnte, brachten es auf die Wiese oder longierten es. Das Pferd bekam einen Maßsattel, Zusatzfutter, wenn nötig einen guten Tierarzt, Osteopathen ... das volle Programm. Das einzige, was ich konsequent ignorierte, war ich selbst. „Das Pferd bekommt alles, damit ich mich draufsetzen und Spaß haben kann, wenn es meine Zeit erlaubt", dachte ich.
Aber es funktionierte nur bedingt. Einerseits, weil das Pferd ein paar körperliche Themen mitbrachte, gegen die wir immer ankämpfen mussten. Andererseits, weil es wenig Freude macht, wenn das mit dem eigenen Körper nicht so klappt, wie man es sich vorstellt.

Reiten oder aufhören?

Als ich mein Pferd mit 13 in die Rente verabschiedete, stand ich vor der Entscheidung, mir ein neues Pferd zu kaufen – oder doch lieber einen Hamster. Und ich habe lange mit mir gehadert. Auf der einen Seite liebte ich den Ausgleich im Stall, auf der anderen Seite hatte ich den Spaß am Reiten verloren. Es wurde dann doch das neue Pferd, aber diesmal mit einem guten Konzept: Der vierjährige Lille Lucero war gesund, elastisch, klar im Kopf und lernwillig. Es gab nur zwei Probleme: Eigentlich war er mir zu klein, und ich fühlte mich für ihn zu schwer.

Die eigene Veränderung

Und so traf ich eine Entscheidung: Wenn ich mir dieses Pferd kaufte, musste ich abnehmen. Und das tat ich! Ich stellte meine Ernährung um, machte Sport neben dem Reiten und nahm so knapp 20 Kilo in sieben Monaten ab. Nie wäre ich auf die Idee gekommen, das für mich zu tun, aber natürlich merkte ich die Veränderung auch in meinem eigenen Wohlbefinden. Ich bekam wieder Beweglichkeit, Kondition und, im wahrsten Sinne des Wortes, „Leichtigkeit".

Doch nach einer Bandscheiben-OP und dem Reiten eines triebigen Pferdes hatte ich mir Sitzfehler angewöhnt. Ich gab keine klaren Impulse mit der Wade und blockierte mit dem Becken den Vorwärtsdrang von Lille. Und so kam es , dass Iris nicht nur Lille, sondern auch mich ausbildete.

Körperbewusstsein

Nun nutze ich jedes Schrittreiten zur bewussten Korrektur meiner Beinhaltung, Überprüfung des Treibens mit der Wade und Mobilisation des Beckens. Ich mache mehr Pausen und reite kürzer, konzentriere mich aber darauf, richtig zu reiten. Nach jedem Reiten dehne ich vor allem die Beine, meine Schwachstelle, und ich mache verschiedene Übungen zur Kräftigung, Mobilisation und Koordination.

Das Ergebnis

Reiten macht wieder Spaß! Mit der richtigen Grundlage bin ich nicht mehr nur damit beschäftigt, mein Pferd überhaupt vorwärts zu treiben, sondern kann mich auf die richtige Hilfengebung konzentrieren. Dadurch wird das Reiten leicht. Und nicht nur ich bin darüber froh, auch Lille entwickelt sich besser.

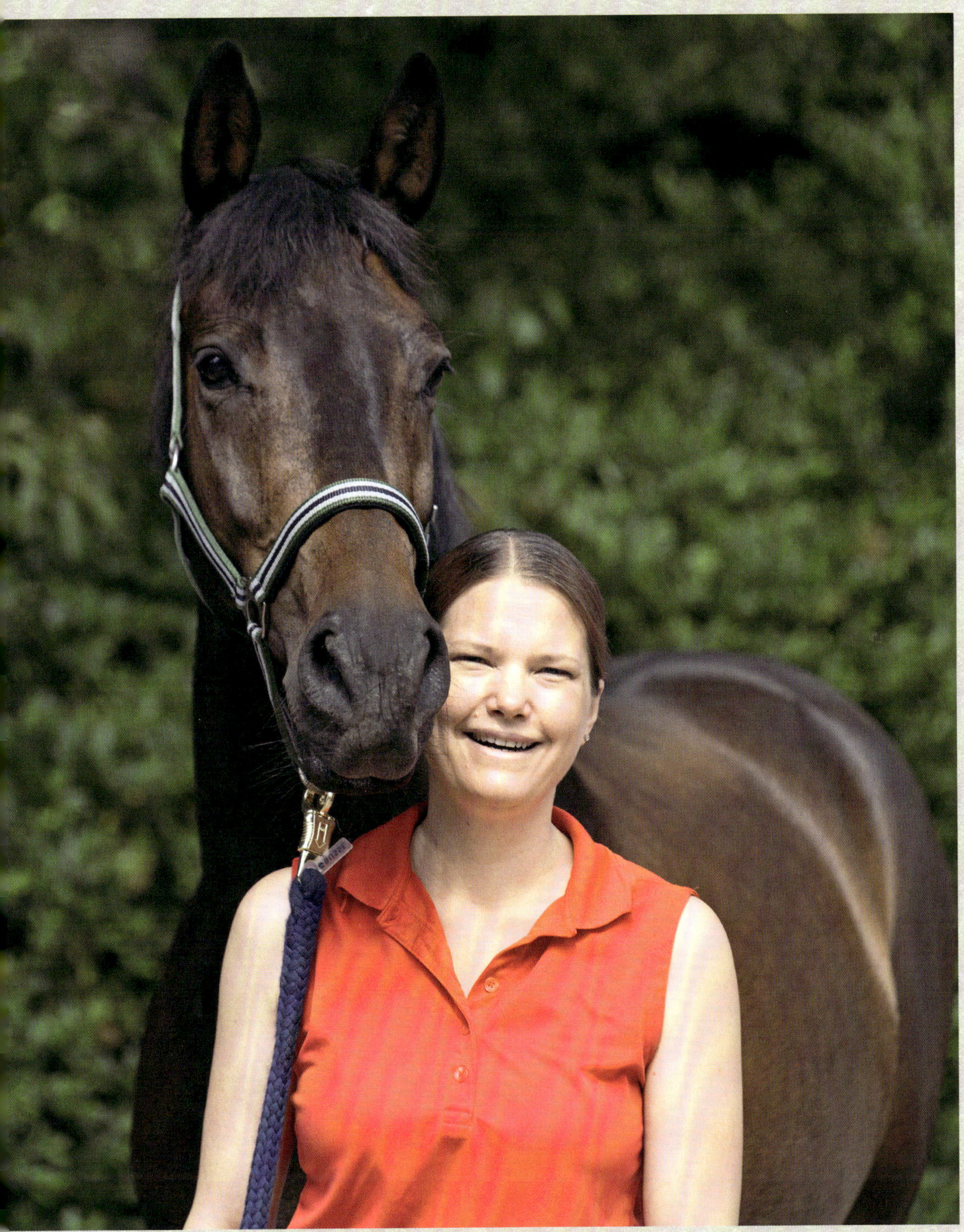

Der Fitness-Test

In nahezu jeder Sportart wird ein Grundlagentraining mit anschließender Spezialisierung durchgeführt. Im Reitsport (meistens noch) nicht, da sich hier die Aufmerksamkeit stark auf das Pferd fokussiert und den Reiter als leistungsbestimmenden Faktor wenig berücksichtigt. Dabei wissen wir es: Die Kooperation zwischen Pferd und Reiter kann mit einem gezielten Konditions- und Koordinationstraining deutlich verbessert werden.

Beim Reiten kommt es auf gute konditionelle Fähigkeiten an. Darüber hinaus spielen auch die koordinativen Fähigkeiten sowie die Körperspannung, Gleichgewichtsfähigkeit, Mobilität und Stabilität im Sattel eine entscheidende Rolle. Je besser die oben genannten Fähigkeiten ausgebildet und trainiert sind, desto leichter wird es dem Reiter fallen, ohne Verspannungen auf dem Pferd zu sitzen und die Hilfen differenziert geben zu können. Dies wiederum führt zu einer besseren Verständigung zwischen dem

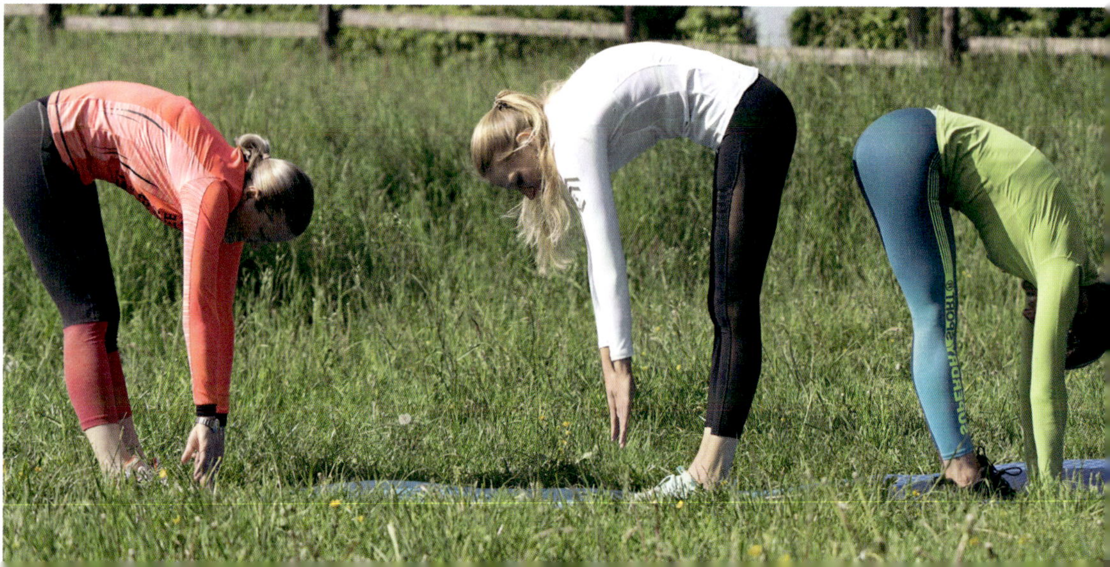

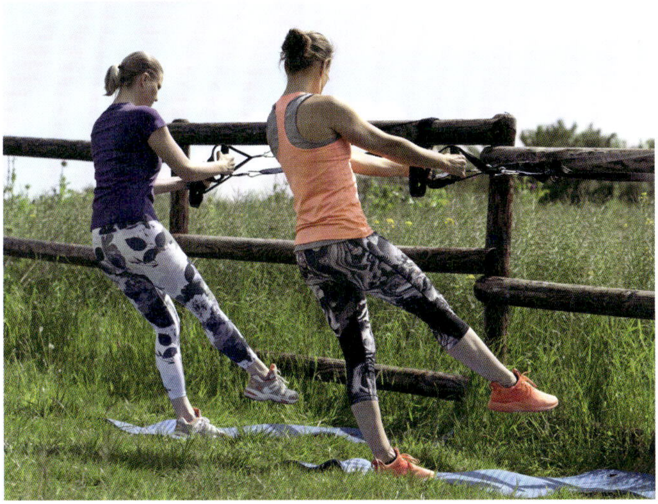

DIE AUSWERTUNG

Diese Einteilung gibt Ihnen eine einfache und direkte Auskunft über Ihren Trainingszustand.

- **Top** – sollte gehalten und weiter trainiert werden
- **Gut** – schon ganz gut, aber da geht noch mehr
- **Naja** – hier darf gern verstärkt trainiert werden

Machen Sie den Test auch gern zu zweit!

Reiter und seinem Pferd und somit automatisch zu einer verfeinerten Kommunikation.
Um herauszufinden, auf welchem Trainingsniveau Sie sich aktuell befinden, gibt es zu jedem der angesprochenen Bereiche einen Test, der zeigt, ob Sie sich bereits auf einem guten oder sehr hohen Trainingsstand befinden oder ob ein bisschen mehr Training sinnvoll ist.
Die Testübungen sind schnell und einfach zu absolvieren. Die Grundlage bilden wissenschaftlich belegte Tests, wie der Münchener Fitnesstest und der Motoriktest (MOT). Da diese Aufgaben jedoch nicht explizit für den Reitsport anwendbar sind, wurde vor dem Hintergrund jahrelanger Erfahrung eine Modifizierung speziell für Reiter vorgenommen und auf einen aufwendigen Testaufbau verzichtet. Alles, was Sie für den Fitness-Test benötigen, ist eine bequeme Hose, eine Matte (sofern vorhanden) und etwa zehn Minuten Zeit. Und natürlich die Motivation, erfolgreicher zu werden und besser im Sattel zu sitzen. Auf geht's!

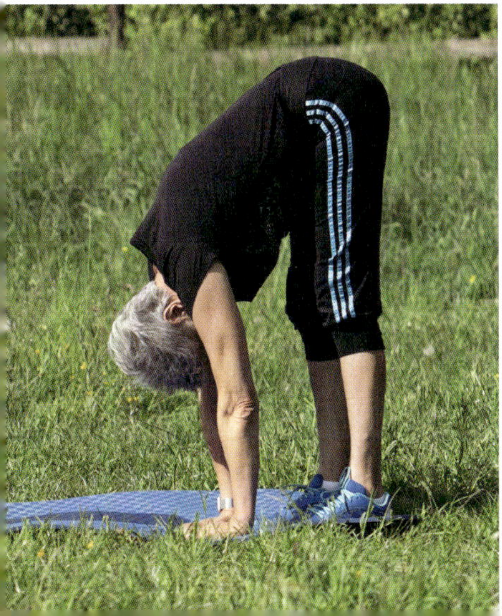

Holen Sie sich Ihre Matte und testen Sie, wie fit Sie sind!

TEST 1: KÖRPERSPANNUNG

Beim Reiten benötigen Sie eine gute Körperspannung, ohne verspannt zu sein. Zur Überprüfung eignen sich „Planks" besonders gut. Gehen Sie in den Unterarmstütz, spannen Sie den gesamten Körper an und halten Sie ihn gerade. Richten Sie den Blick zur Matte, um den Nacken nicht übermäßig zu beanspruchen.

Top: 60 Sekunden und mehr
Gut: 40 Sekunden
Naja: weniger als 20 Sekunden

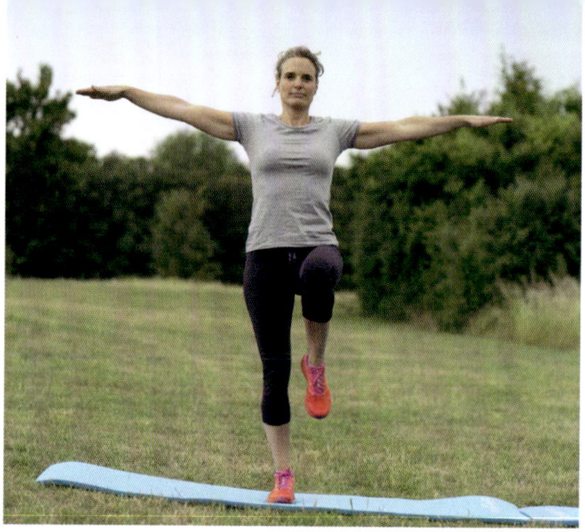

Test 2: Den Gleichgewichtssinn testen Sie im Einbeinstand mit geöffneten oder geschlossenen Augen.

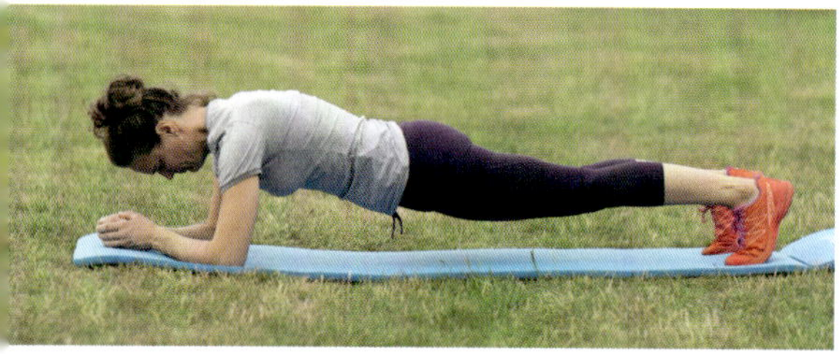

1

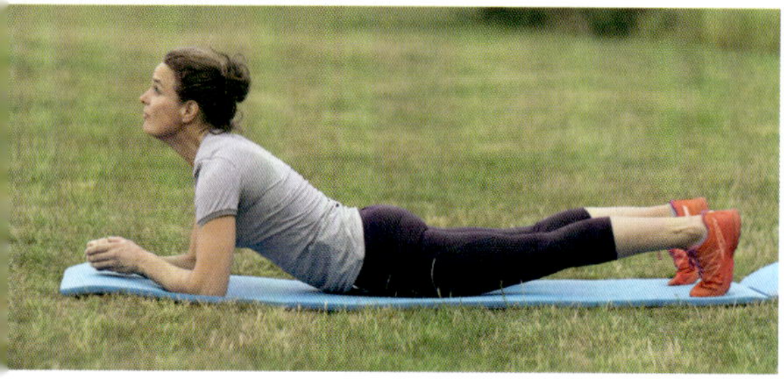

2

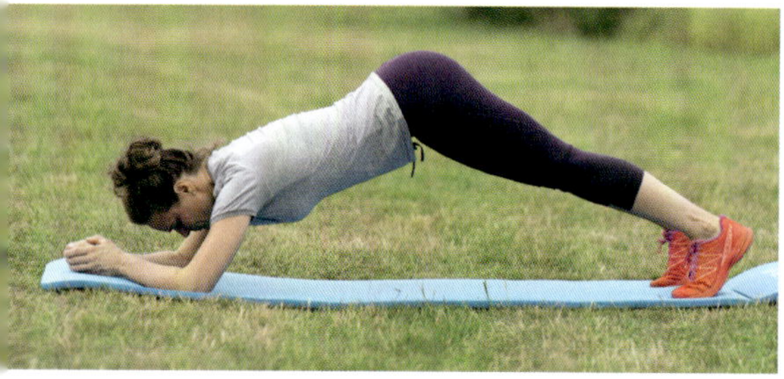

3

TEST 2: GLEICHGEWICHT

Im Sattel benötigen Sie eine gute Balance. Je besser Ihre Gleichgewichtsfähigkeit ausgeprägt ist, desto weniger Kraft müssen Sie unnötig aufwenden. Dies verschafft Ihnen mehr Reserven für das Reiten an sich.
Zur Überprüfung der Gleichgewichtsfähigkeit ist der Einbeinstand mit offenen oder geschlossenen Augen sinnvoll. Stellen Sie sich gerade hin, strecken Sie die Arme zur Seite und winkeln Sie nacheinander ein Bein zu 90 Grad an (siehe oben).
Führen Sie den Einbeinstand mit dem rechten und dem linken Bein durch. So werden Sie feststellen, ob es Unterschiede oder Dysbalancen gibt.

1 Test 1: Im Unterarmstütz (Planks) testen Sie die Körperspannung.

2 So nicht: Gehen Sie nicht ins Hohlkreuz, da dies die Lendenwirbelsäule zu stark belastet.

3 So nicht: Das Gesäß darf nicht nach oben gestreckt werden. Diese Ausgleichsbewegung verfälscht das Testergebnis.

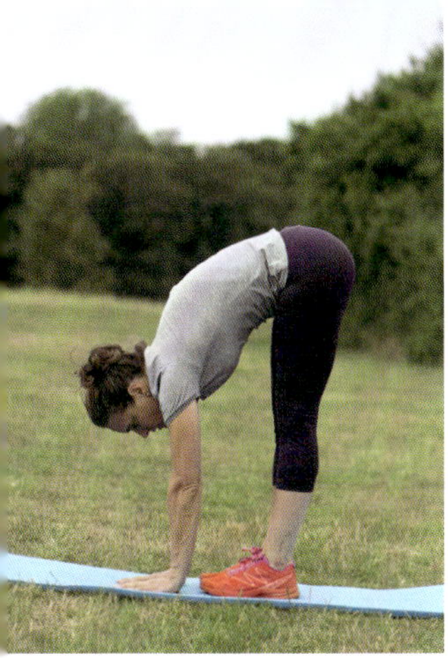

Test 3 – Top: Die ganze Hand liegt auf dem Boden.

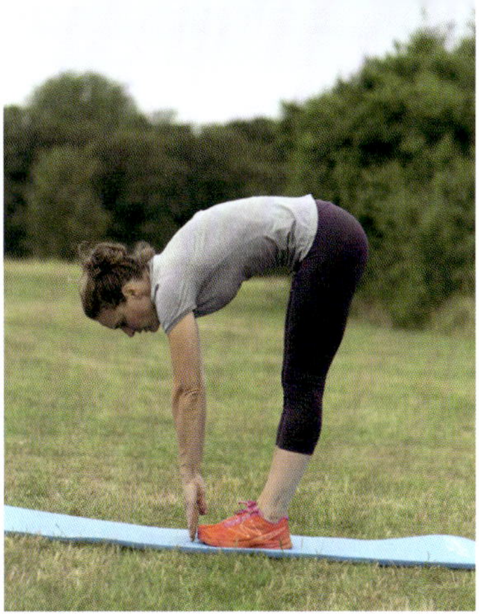

Gut: Die Fingerspitzen berühren den Boden.

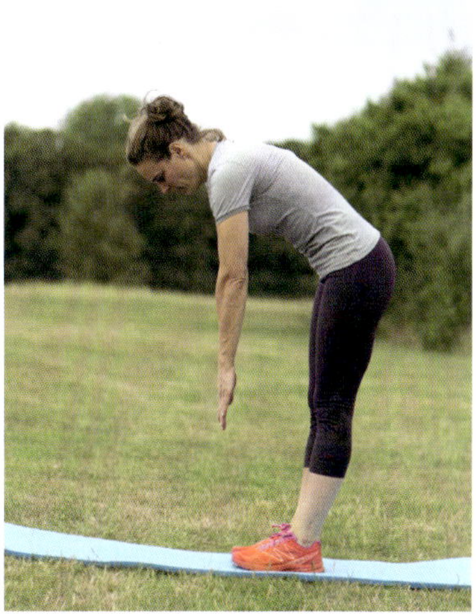

Naja: Die Hände bleiben auf Höhe der Knöchel oder darüber.

Stellen Sie sich zunächst sicher und gerade hin, fixieren Sie einen imaginären Punkt und schließen Sie erst dann (wenn möglich) die Augen. Wichtig: Je unebener der Untergrund ist, desto komplexer wird die Übung! Wählen Sie für den Test vorerst einen ebenen Untergrund.
Top: 30 Sekunden und mehr
Gut: 20 Sekunden
Naja: weniger als 15 Sekunden

TEST 3: MOBILISATION

Die Mobilität ist essenziell für alle (sportlichen) Bewegungen. Sie ist gleichzusetzen mit Elastizität und Dehnfähigkeit. Ohne sie wäre kein geschmeidiges Aussitzen oder Landen nach dem Sprung möglich.

Das Rumpfbeugen gibt einen guten Überblick über die eigene Mobilität: Stellen Sie sich mit durchgestreckten Beinen hin, versuchen Sie (ohne die Beine zu beugen), mit den Händen den Boden zu berühren und diese Position mindestens zwei Sekunden zu halten (Auswertung siehe oben).
Wichtig: Führen Sie die Übung vor dem Spiegel oder mit einem Partner durch, wenn Sie unsicher sind, ob Ihre Beine gestreckt bleiben.

TEST 4: STABILISATION

Sie brauchen Stabilität und Koordination, egal ob Sie mit dem Pferd einen Sprung überwinden, im Gelände unterwegs sind oder eine Traversale reiten.

Testen Sie Stabilität und Koordination, indem Sie in die Standwaage gehen. Beugen Sie dazu das Standbein leicht, kippen Sie den Oberkörper nach vorn, bis er fast parallel zum Boden ist, und strecken

Test 4: In der Standwaage testen Sie die Stabilität. Halten Sie die Position so lange wie möglich.

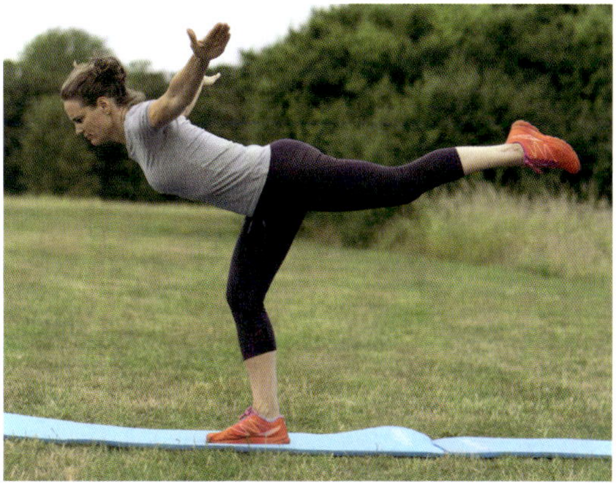

Sie dann das andere Bein gerade nach hinten aus, sodass die Oberlinie nahezu waagrecht ist. Die Arme sind dabei seitlich ausgestreckt.
Wichtig: Führen Sie auch diese Übung mit beiden Beinen durch und beobachten Sie, mit welchem Bein es Ihnen leichter oder schwerer fällt. Meistens ist die Seite, die schwerer fällt, diejenige, auf der man auch beim Reiten eher Schwierigkeiten hat.
Top: 60 Sekunden und mehr
Gut: 40 Sekunden
Naja: weniger als 20 Sekunden

TEST 5: KRAFTAUSDAUER

Vermutlich reiten Sie Ihr Pferd zwischen 30 und 60 Minuten am Tag. Sie benötigen also eine gute Kraftausdauer, besonders im Bereich der Bauch- und Rückenmuskulatur.
Setzen Sie sich für den Test leicht nach hinten gebeugt hin und heben Sie die Beine so weit an, dass Ihre Unterschenkel parallel zum Boden sind. Ziehen Sie dann Ihre Fußspitzen an, sodass sich die Füße im 90-Grad-Winkel zum Unterschenkel befinden. Neigen Sie nun den Oberkörper ca. 45 Grad

Test 5: Kraftausdauer: Achten Sie darauf, dass Sie nicht in ein Hohlkreuz fallen, da dies nicht gut für die Lendenwirbelsäule ist.

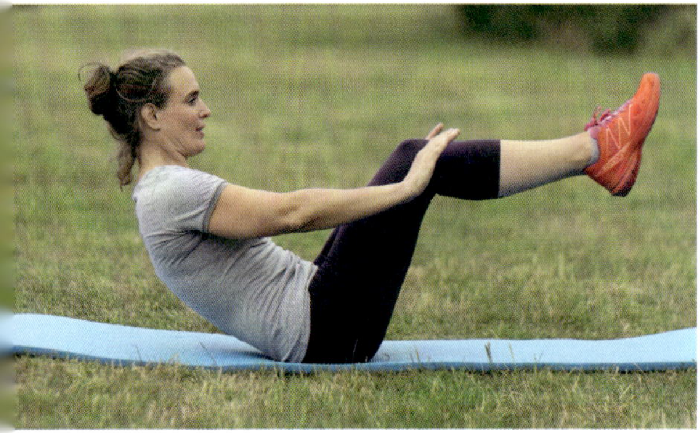

1
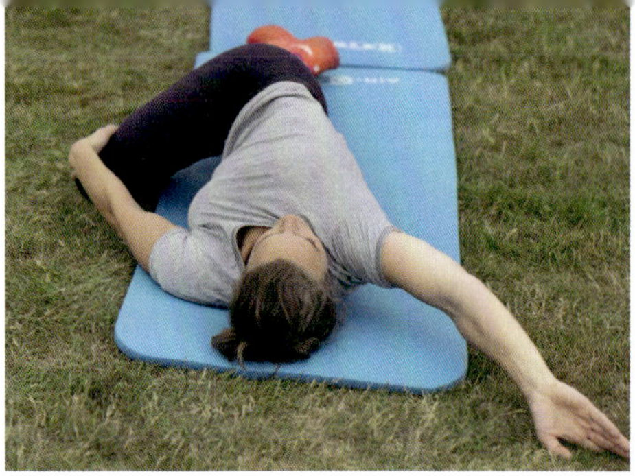

2
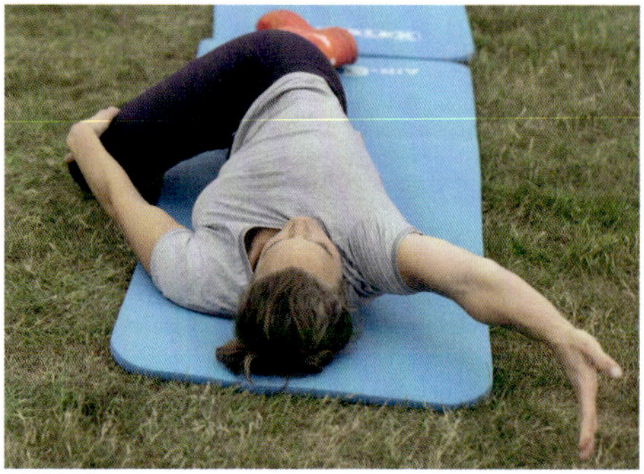

3
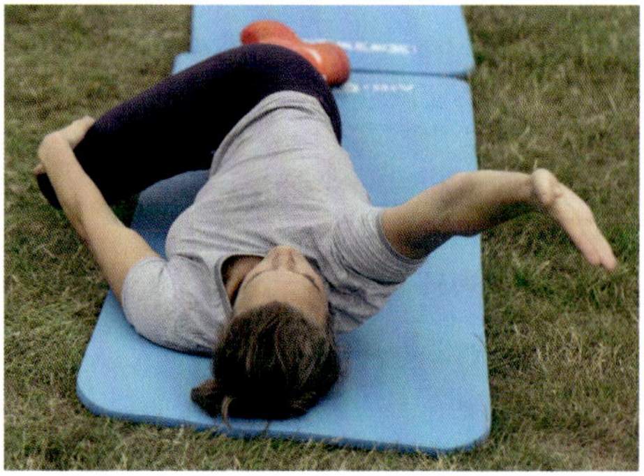

1 **Test 6 – Top:** Die Hand berührt bei gestrecktem Arm entspannt den Boden.

2 **Gut:** Die Finger der Hand schaffen es nur kurz, den Boden zu berühren, da es in der rechten Brustvorderseite und in der Schulter zieht.

3 **Naja:** Die Hand kann den Boden nicht berühren.

nach hinten und halten Sie die Hände locker auf Höhe der Knie. Man kann die Übung gut auf dem Boden durchführen, mit entsprechender Vorsicht auch auf einem Hocker oder auf einer Bank.
Top: 60 Sekunden und mehr
Gut: 40 Sekunden
Naja: weniger als 20 Sekunden

TEST 6: BEWEGLICHKEIT

Jeder Reiter weiß es: Die Beweglichkeit ist eine wichtige Komponente im Sattel.
Um die Beweglichkeit im Bereich der Schulter-, Brust- und seitlichen Rumpfmuskulatur zu überprüfen, legen Sie sich auf die linke Seite und winkeln das rechte Bein vor dem Körper an. Dann halten Sie das rechte Knie mit der linken Hand am Boden. Schauen Sie nun nach rechts und drehen Sie den Oberkörper ebenfalls in diese Richtung. Jetzt senken Sie langsam den rechten Arm so weit es geht zum Boden (Auswertung siehe links).
Wichtig: Achten Sie darauf, dass das Knie nicht vom Boden abhebt und atmen Sie ruhig weiter. Erzwingen Sie es nicht, mit dem Arm den Boden zu berühren, wenn die Dehnung unangenehm ist. Arbeiten Sie lieber in Ruhe daran!

TESTAUSWERTUNG

Geschafft – herzlichen Glückwunsch zum absolvierten Fitness-Test!
Nach jeder Übung sehen Sie direkt die Auswertung im Text oder bei den Fotos. Tragen Sie nun in die Tabelle oben ein, welche Übungen Sie mit welchem Ergebnis durchführen konnten. In der letzten Spalte „Fazit“ vermerken Sie schließlich Ihren Gesamtüberblick.
Resultierend aus dem Ergebnis des Fitness-Tests ist es nun sinnvoll und empfehlenswert, sich näher mit den einzelnen Disziplinen zu beschäftigen und besonders jene zu trainieren, die mit einem „Naja“ abgeschlossen wurden.

DISZIPLIN	TOP	GUT	NAJA
1. Körperspannung			
2. Gleichgewicht			
3. Mobilisation			
4. Stabilisation			
5. Kraftausdauer			
6. Beweglichkeit			
Fazit			

Die Disziplinen, die Sie mit „Gut“ und „Top“ durchführen konnten, sollten Sie natürlich weiterhin trainieren, um den Zustand in dieser Form zu erhalten. Diese fallen Ihnen ja sowieso leicht und sorgen somit immer für Motivation, wenn es an anderen Stellen etwas kniffliger wird.
In den nächsten Kapiteln machen wir uns dann gemeinsam „Fit für's Pferd“ und erhalten oder verbessern unseren Trainingszustand mit schnellen und einfachen Übungen.

Sie finden die „seitliche Krähe“ unmöglich? Denken Sie immer daran, dass man eine Sache lernt, indem man sie macht! Versuchen Sie es einfach!

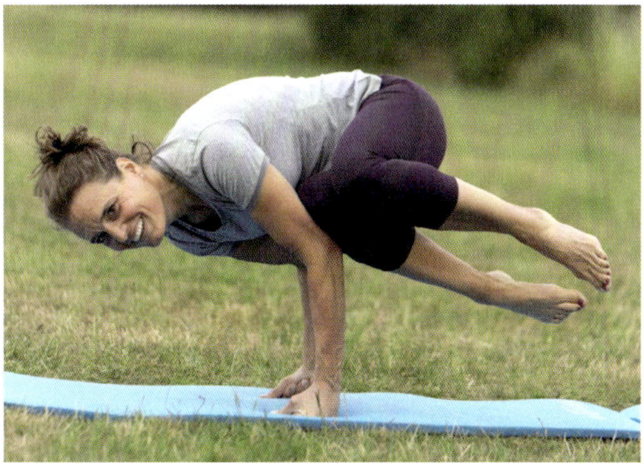

SO GEHT

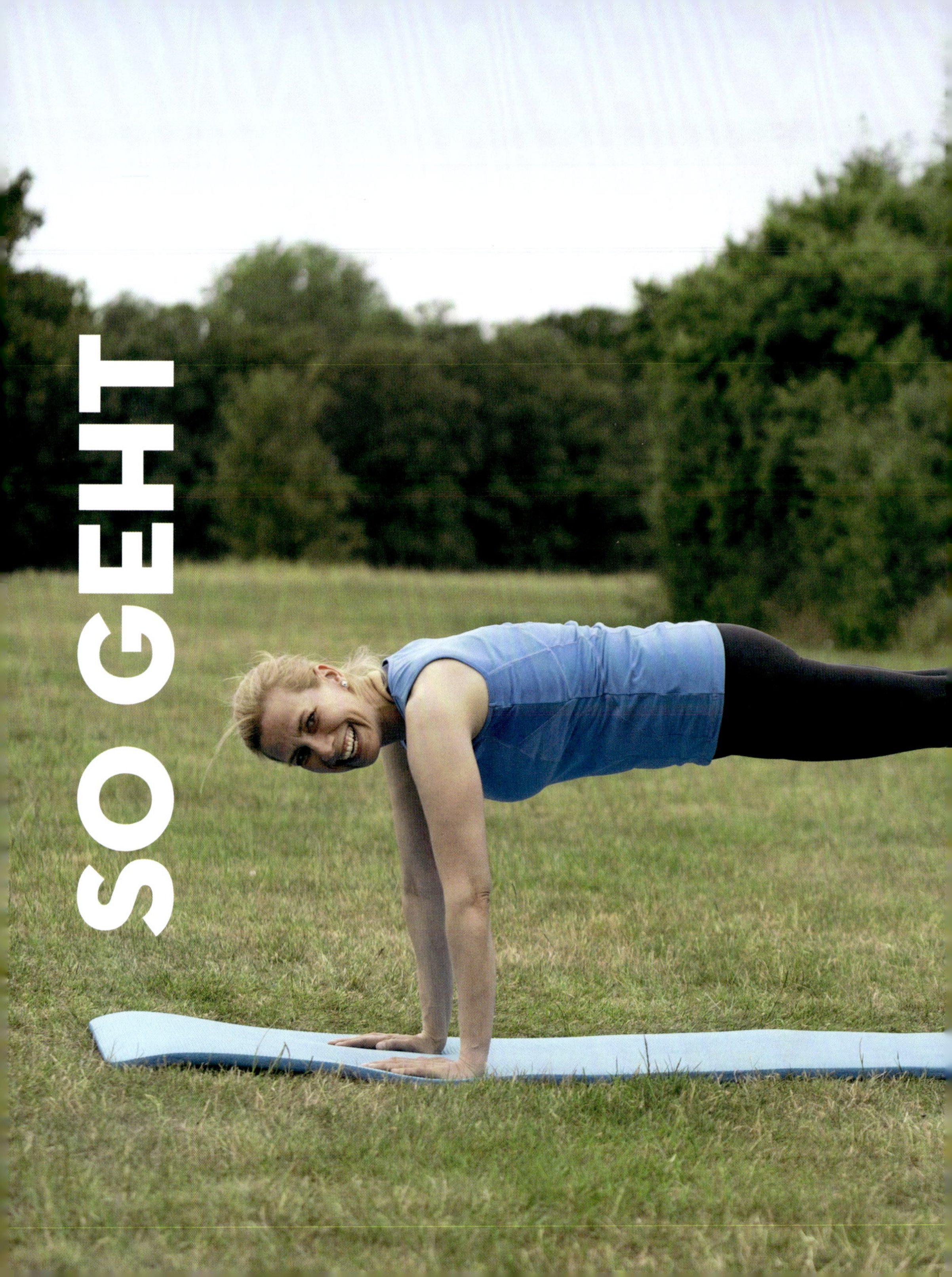

GUTES TRAINING

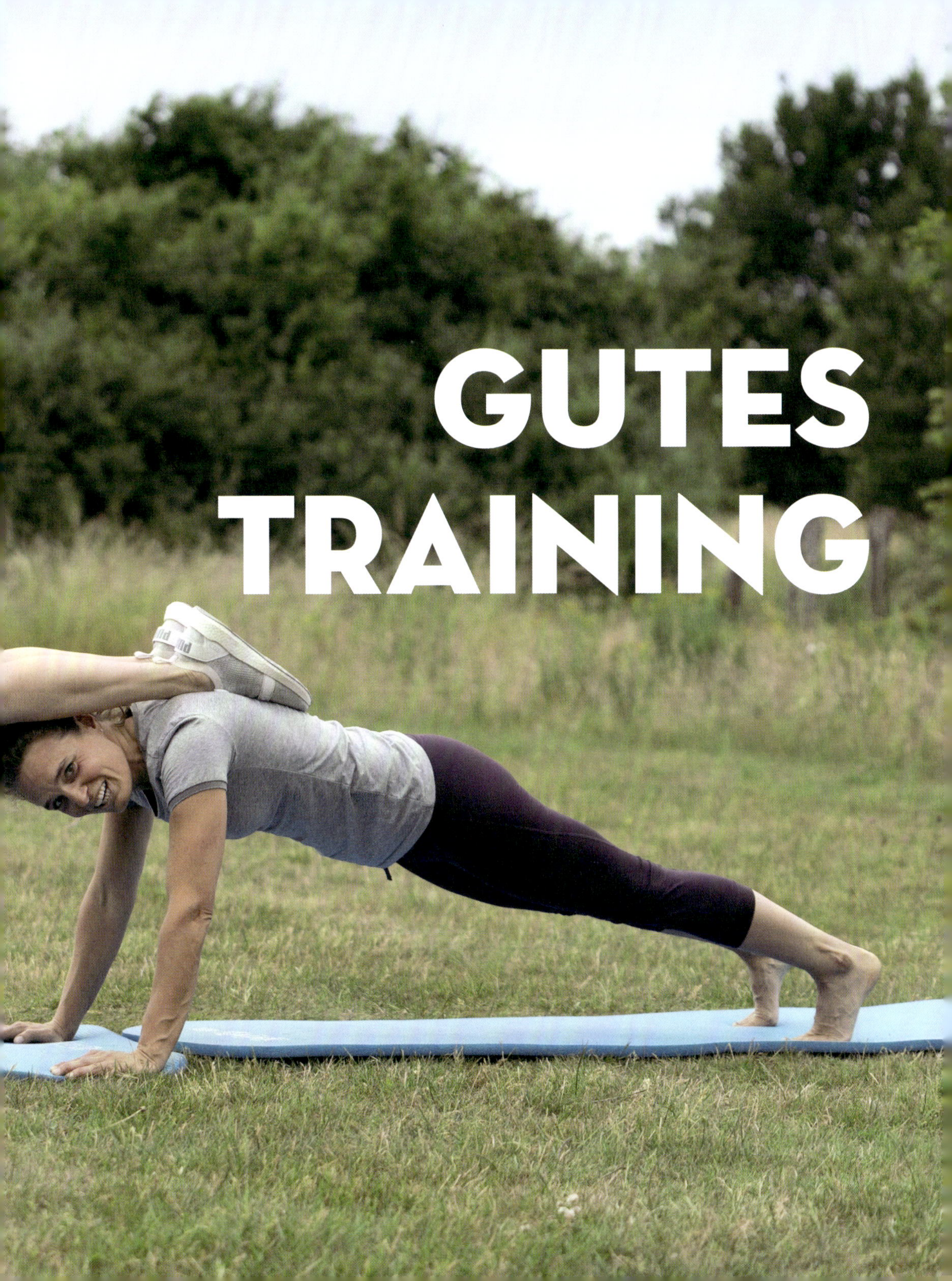

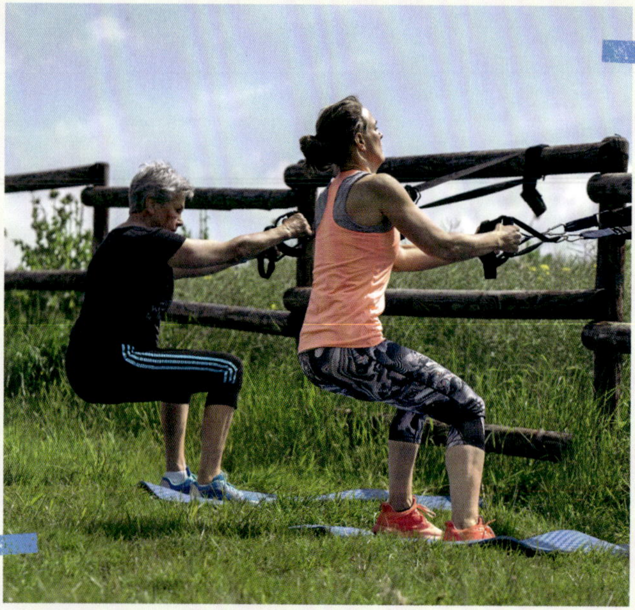

Richtig trainieren macht Spaß und bringt einen sicht- und spürbaren Effekt!

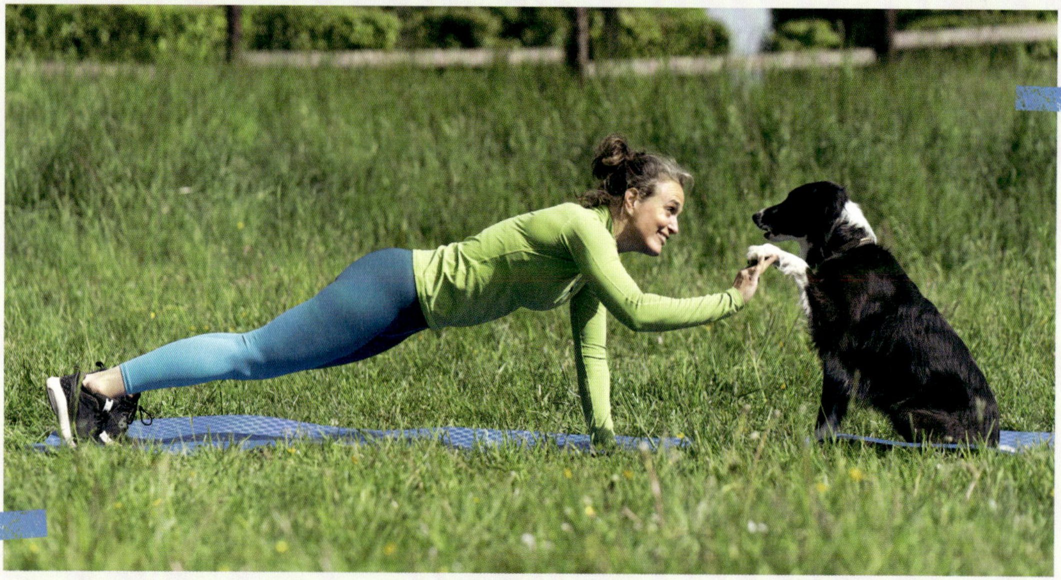

Das richtige Maß

Um möglichst sinnvoll und effektiv zu trainieren, gilt es, dies richtig dosiert zu tun. Ist ein Trainingsreiz zu schwach, ist er wirkungslos und führt sogar zum Leistungsabfall. Ist er dagegen zu stark, kann er den Organismus überfordern.

Doch wie findet man das gute Mittelmaß? Um dies zu beantworten, muss man zwischen einem Erhaltungsreiz und einem Trainingsreiz unterscheiden. Ein Erhaltungsreiz sorgt dafür, dass ein Trainingsreiz gesetzt wird und dadurch das bisherige Leistungsniveau erhalten wird, ohne eine Leistungssteigerung zu bewirken. Anders beim Trainingsreiz: Hier geht es darum, die Reizschwelle zu überschreiten und dadurch eine Steigerung der Leistungsfähigkeit zu erreichen.

ERHALTUNGSREIZ UND TRAININGSREIZ

Ein Beispiel: Haben Sie beim Fitness-Test im Bereich Körperspannung nur ein „Naja“ erzielt, ist dies ein Hinweis darauf, dass das Ausgangniveau eher gering ist und gesteigert werden sollte. Schaffen Sie es, zu Beginn Ihres Trainings, die Plank 20 Sekunden

Trainingsmittel wie das Theraband können einen Trainingsreiz verstärken.

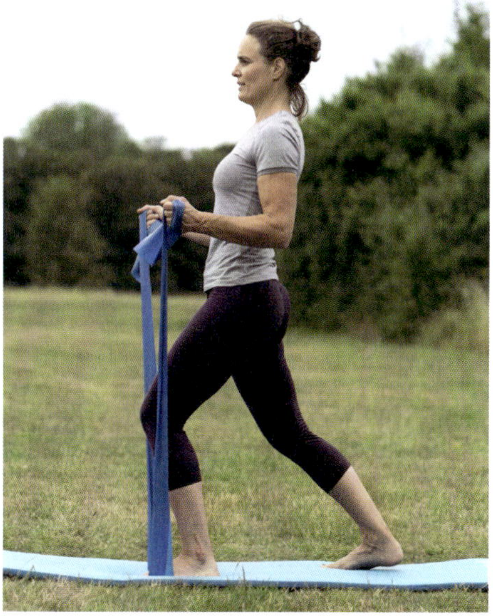

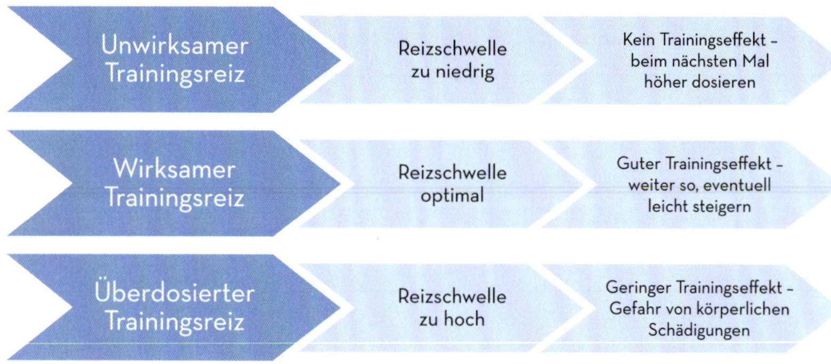

Unterschiedliche Trainingsreize

zu halten, so können Sie die Dauer und/oder den Umfang der Übung nach und nach erhöhen. Konkret bedeutet das, dass Sie entweder die Planks jede Woche 10 Sekunden länger halten oder bei den 20 Sekunden bleiben, dafür aber die Anzahl der Sätze erhöhen (in der 1. Woche üben Sie 1 x 20 Sekunden, in der 2. Woche 2 x 20 Sekunden, in der 3. Woche 3 x 20 Sekunden usw.).

Haben Sie im Fitness-Test ein „Top" erreicht, gilt es, die gute Form zu erhalten oder, je nach Motivation, sogar noch etwas weiter zu steigern. Auch hier wieder ganz konkret am Beispiel der Planks erklärt: Wollen Sie die Form erhalten und schaffen im Test 60 Sekunden in der Plank, wäre der Erhaltungsreiz, genau mit dieser Belastung weiter zu trainieren. Möchten Sie einen Trainingsreiz setzen, um noch fitter zu werden, erhöhen Sie entweder die Trainingsdauer (von 60 auf 70 Sekunden) oder den Trainingsumfang (von einem Satz auf zwei oder drei Sätze).

PAUSEN MÜSSEN SEIN

Beim Training mit dem Pferd sollte auf ein abwechslungsreiches Training geachtet werden, um ein Übertraining zu vermeiden. Ein Zuviel des Guten wirkt sich negativ auf die Leistungsentwicklung aus! Dies gilt ebenso für den Reiter. Wer nur trainiert, ohne Pause zu machen, dessen Leistungsniveau sinkt ab. Bei zu vielen Pausen verpufft jedoch der Trainingsreiz.

Das Ziel ist es, eine sogenannte Superkompensation zu erreichen.

SATZ ODER SERIE

Ein Satz oder eine Serie ist immer eine Wiederholung der vorangegangenen Trainingsleistung mit einer Pause dazwischen.

Leistung steigern – Übertraining vermeiden

Das „Prinzip der Superkompensation“ besagt, dass der Körper nach einer Belastung mit anschließender Erholung ein höheres Ausgangniveau erreicht als zuvor. Setzt man nun in dieser Phase einen erneuten Trainingsreiz, setzt sich die positive Leistungskurve fort. Wartet man mit dem neuen Trainingsreiz zu lange, geht der Trainingseffekt wieder verloren. Trainiert man zu früh wieder, kann der Körper nicht lange genug regenerieren, und es kommt zu einem Abfall des Leistungsniveaus. Dies nennt man Übertraining.

Das wollen wir natürlich vermeiden. Am besten funktioniert das, indem Sie immer wieder verschiedenartige

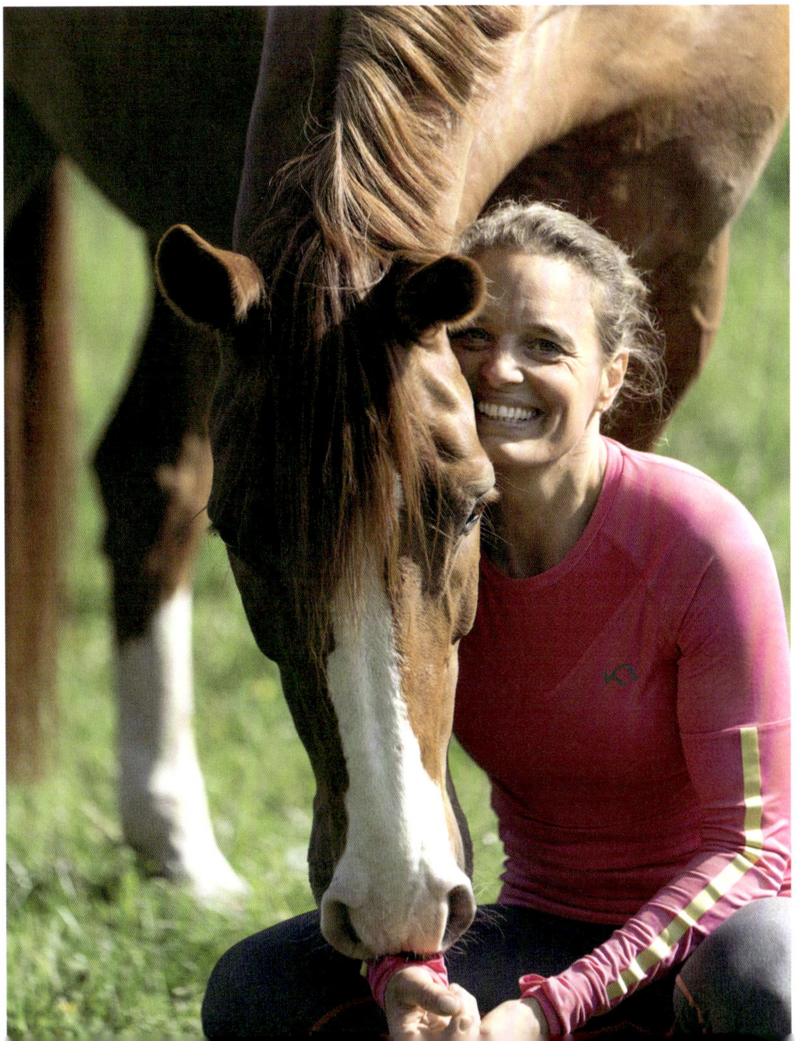

Wichtig ist die optimale Gestaltung von Belastung und Erholung.

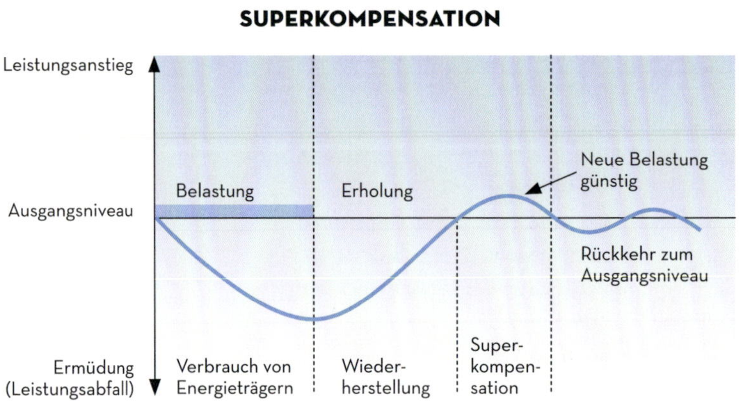

Bei der Superkompensation kommt es zu einer Leistungssteigerung, wenn Belastung und Pause richtig dosiert eingesetzt werden.

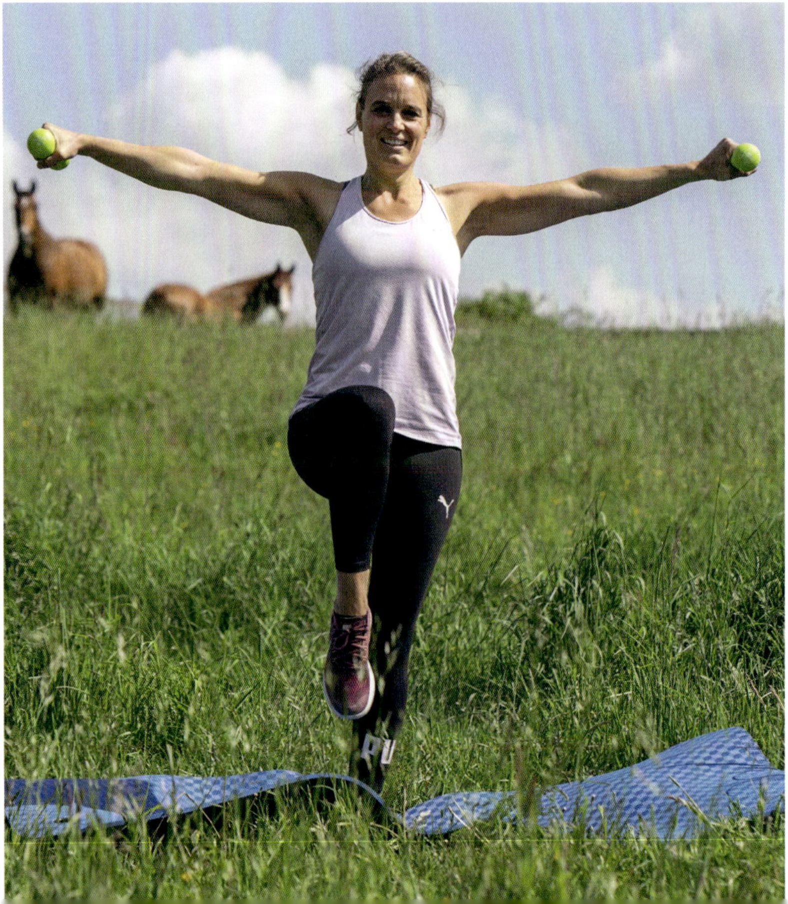

Mit etwas Übung merken Sie nach kurzer Zeit selbst, wann der richtige Zeitpunkt für einen neuen Trainingsreiz gekommen ist.

FAUSTREGEL

Wer sich nach einer Trainingseinheit noch sehr fit und wenig ermüdet fühlt, kann und sollte durchaus noch einen weiteren Trainingsreiz setzen. Wer sich am Tag nach dem Training grundsätzlich fit und ausgeruht fühlt, kann das Training ohne Probleme weiterführen.

man definitiv einen intensiven Trainingsreiz gesetzt. Dann sollte aber auf jeden Fall ein bis drei Tage pausiert werden. Der Körper braucht nun Regeneration!

Was ist eigentlich Muskelkater?

Setzt man einen zu großen oder neuen, ungewohnten Trainingsreiz, kommt es zu winzigen Rissen in den Muskelfasern. Es lagert sich Flüssigkeit an, sodass der Muskel etwas anschwillt und dadurch die Nervenzellen gereizt werden, dabei entsteht

Trainingsreize setzen. Sie können zum Beispiel am ersten Tag joggen gehen, am zweiten Tag pausieren, am dritten Tag Freeletics machen, am vierten Tag pausieren, am fünften Tag Yoga und als Abschluss der Trainingswoche Koordinations- oder Mobilisationsübungen machen. Wer weniger Zeit investieren möchte, passt den Plan einfach individuell an.

WIRKSAME BELASTUNGSREIZE

Was ist aber nun ein richtiger und wirksamer Trainingsreiz? Wie bemerkt man, ob das Training passt? Verspürt man lediglich einen leichten Muskelkater, ist dies ein Indiz für einen gut gesetzten Trainingsimpuls. Man kann einige Übungen variieren, um andere Muskelgruppen anzusprechen, ansonsten aber weitermachen. Hat man einen starken Muskelkater oder fühlt sich sehr erschöpft, hat

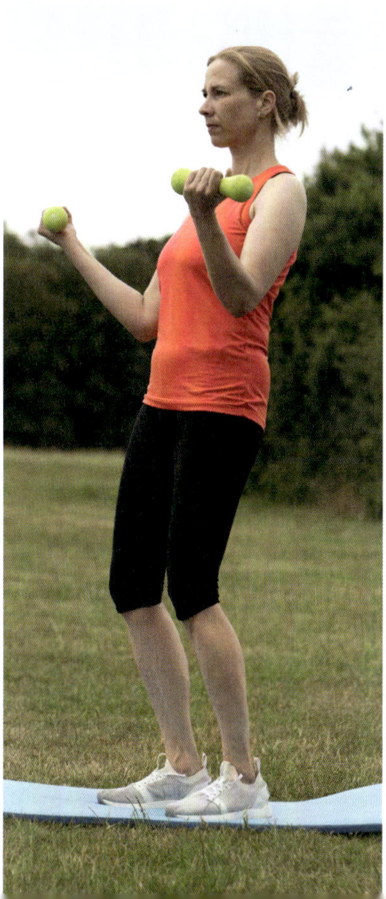

TIPP

Besser regelmäßig ein bisschen trainieren als gar nicht!

Auch das Training mit Hanteln erhöht den Trainingsreiz. Es gibt unterschiedliche Gewichte, steigern Sie langsam.

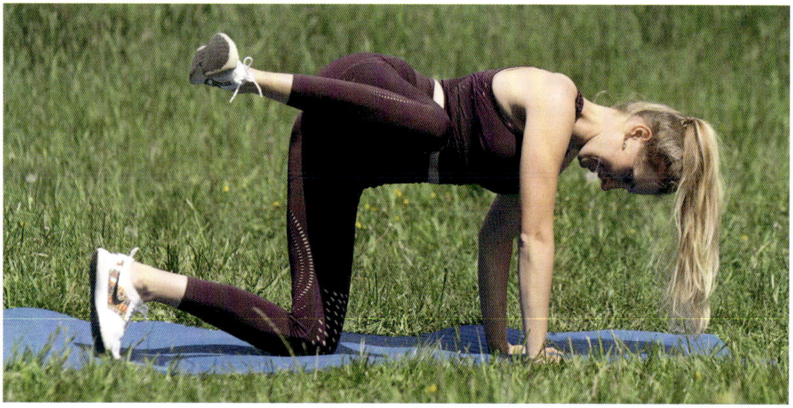

Fangen Sie mit Übungen an, die Ihnen Spaß machen – dies motiviert und führt zu Erfolgserlebnissen!

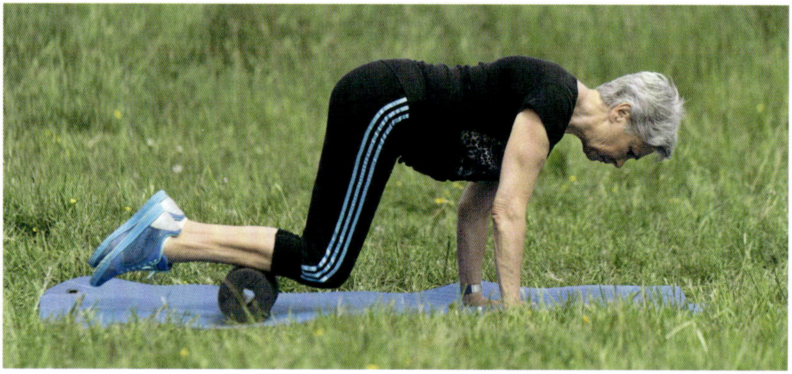

Faszienrollen steigern die Durchblutung und fördern die Regeneration.

TIPP

Hat man so trainiert, dass man maximal ein leichtes Ziehen in der beanspruchten Muskulatur spürt, das nach ein paar Stunden weg ist, hat man für sich optimal trainiert!

Schmerz. Wenn Sie sich nicht sicher sind, wie fit die Muskulatur ist, tasten Sie sich lieber langsam an die Reizschwelle heran und steigern Sie das Training dann moderat.
Trainiert man doch einmal etwas zu viel, empfiehlt es sich, die Durchblutung anzuregen, damit Entzündungsstoffe schneller abtransportiert werden können. Für eine bessere Durchblutung kann man zum Beispiel mit Faszienrollen arbeiten. Diese beschleunigen die Regeneration.

MOTIVATION

Motivation ist eine große Antriebsfeder. Die Motive für „mehr Sport" unterscheiden sich oft sehr. Haben Sie gesundheitliche Probleme, wie zum Beispiel einen Bandscheibenvorfall? Dann ist Ihre Motivation vielleicht ein Ausgleichstraining, um wieder schmerzfrei fürs Pferd zu werden. Steht der Anreiz, besser auf dem Pferd sitzen zu können, für Sie im Vordergrund? Haben Sie Freude am Sport und an der Bewegung? Möchten Sie

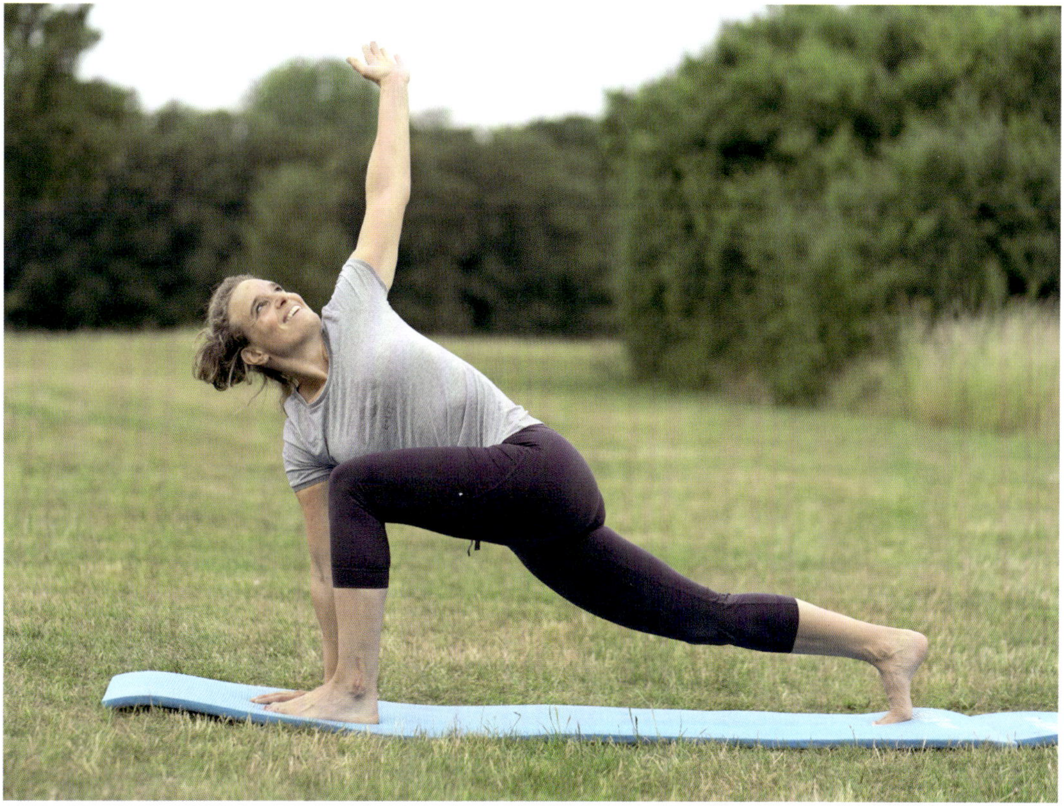

beweglich bleiben oder an Ihrer Koordination arbeiten? All diese Fragen bestimmen, welchen Ausgleichssport bzw. welche Übungen Sie sich aussuchen, wie oft Sie trainieren und ob Sie langfristig am Ball bleiben.

Belastungsvariationen

Jeder Reiter hat andere Hobbys, die er (neben dem Reitsport) mag und die ihm Spaß machen. Bedenken Sie Ihre Ziele, persönlichen Eigenschaften, Stärken und Vorlieben, um sie effektiv in Ihren Trainingsprozess einzugliedern und positiv zu nutzen. Vermeiden Sie zu Beginn Ihres Trainings Übungen, die Sie frustrieren, sondern erfreuen Sie sich an den Übungen, die Ihnen gut gelingen. Das stärkt die Motivation. Bauen Sie erst nach und nach die Übungen ein, die Sie herausfordern, dann sind Sie durch die leichteren Übungen schon fitter und im Trainingsmodus. Nun werden Sie auch die komplexeren Herausforderungen meistern!

Durch abwechselnde Belastung der unterschiedlichen Muskelgruppen wird eine Überlastung vermieden.

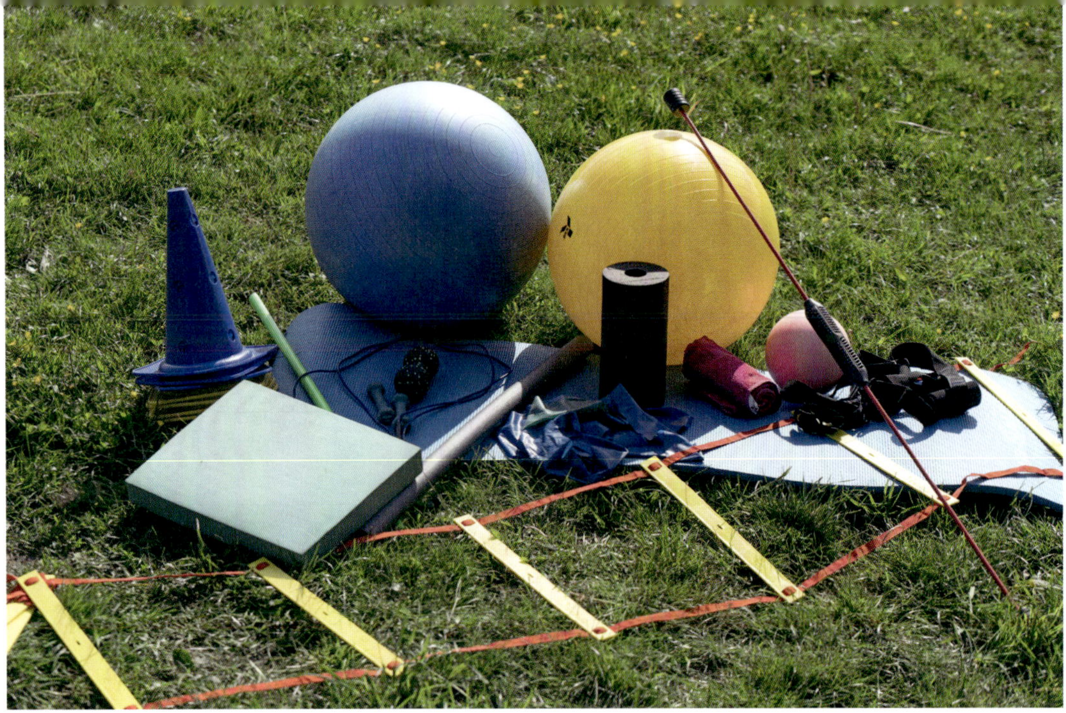

Es gibt eine große Auswahl an verschiedenen Trainingsgeräten.

Trainingsplan, Trainingsinhalte und Trainingsmittel

Genau wie das Pferd am besten arbeitet, wenn es viel Abwechslung bekommt, so ist es auch beim Reiter. Es gilt also, ganz individuell herauszufinden, welche Trainingsinhalte (Sportarten, Übungen) Ihnen am meisten Spaß machen und Sie motivieren. Daran orientiert sich natürlich auch Ihre Auswahl der Trainingsmittel (TRX-Band, Pezziball, Theraband, Faszienrolle, Flexibar, Koordinationsleiter usw.). Suchen Sie sich Trainingsgeräte, die Ihnen liegen und die Ihnen ein gutes Gefühl geben. Bleiben Sie aber neugierig, es gibt immer wieder spannende, neue und effektive Hilfsmittel, die sich lohnen, dass sie ausprobiert werden.

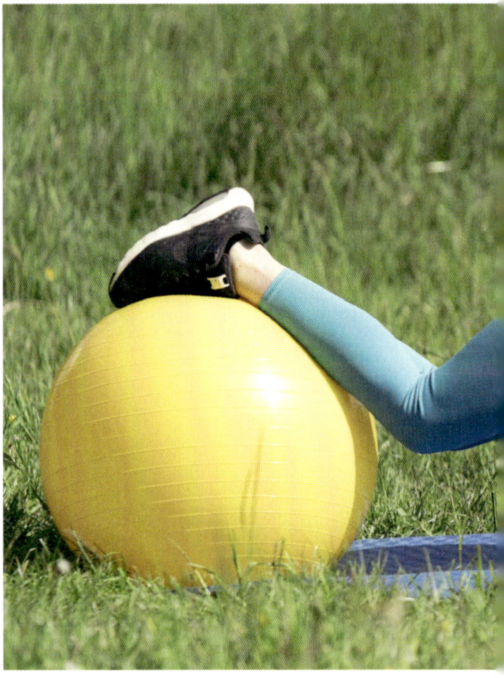

Augen auf bei der Wahl der Trainingspartner …

TIPP

Den inneren Schweinehund besiegen: Der Körper sorgt selbst dafür, dass man regelmäßige Bewegungseinheiten durchführt – man muss ihn nur lassen!

So macht Sport Spaß

Während einer Sporteinheit schüttet der Körper Dopamin aus. Dies bewirkt, dass man sich nach einer Trainingseinheit immer besser fühlt. Dopamin stimmt uns positiv und glücklich. Außerdem bewirkt dieser „Wunderstoff" eine längerfristige Motivationssteigerung.
Und doch: Schaffen Sie es, bei der Stange zu bleiben? Besonders am Anfang sind wir meist hoch motiviert und nehmen uns natürlich vor, das Training langfristig beizubehalten. Doch dann gesellt sich leider oft genug eine Tiergestalt in Form des inneren Schweinehundes dazu. Dieser ist sehr erfinderisch in der Auswahl der Ausreden: mal ist keine Zeit, mal ist das Wetter schlecht, mal fühlt man sich nicht so gut und dann hatte man auch noch Stress im Job.
Führen Sie sich vor Augen, dass es nur drei Wochen dauert, um eine neue Gewohnheit zu entwickeln. Haben Sie diesen Zeitraum trainingstechnisch geschafft, tritt eine Automatisierung ein. Zusammen mit den Trainingserfolgen wird sich danach vermehrt Spaß und Leichtigkeit einstellen, und es wird Ihnen etwas fehlen, wenn Sie die Übungen nicht machen.
Gratulation, Sie haben Ihren Schweinehund erfolgreich besiegt!

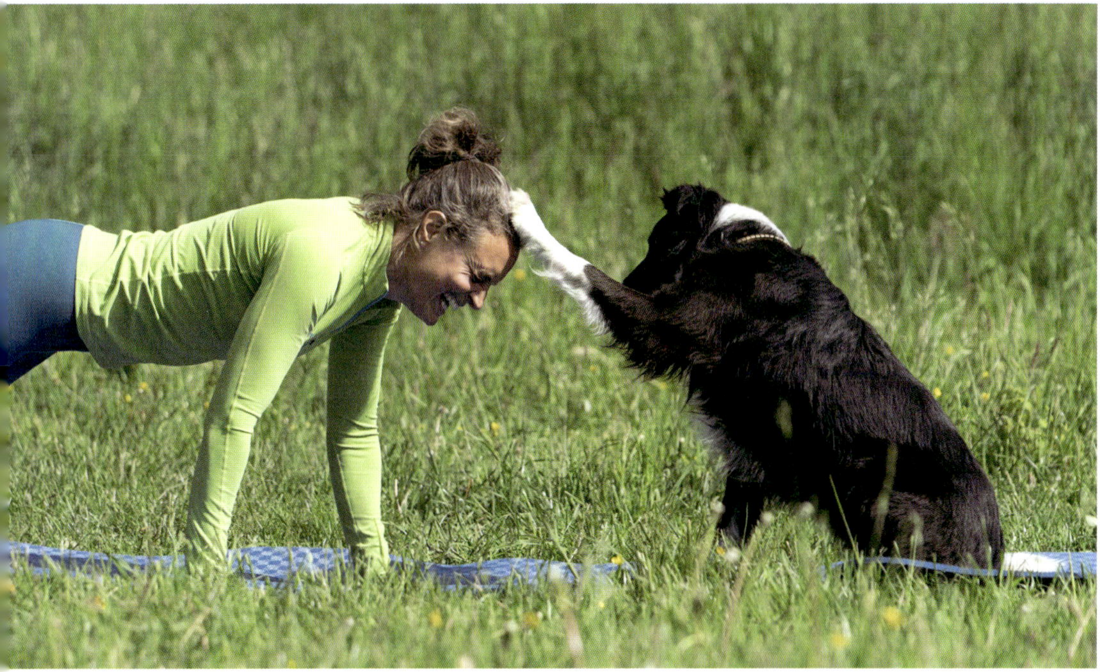

SITZPROBLEME ANALYSIEREN

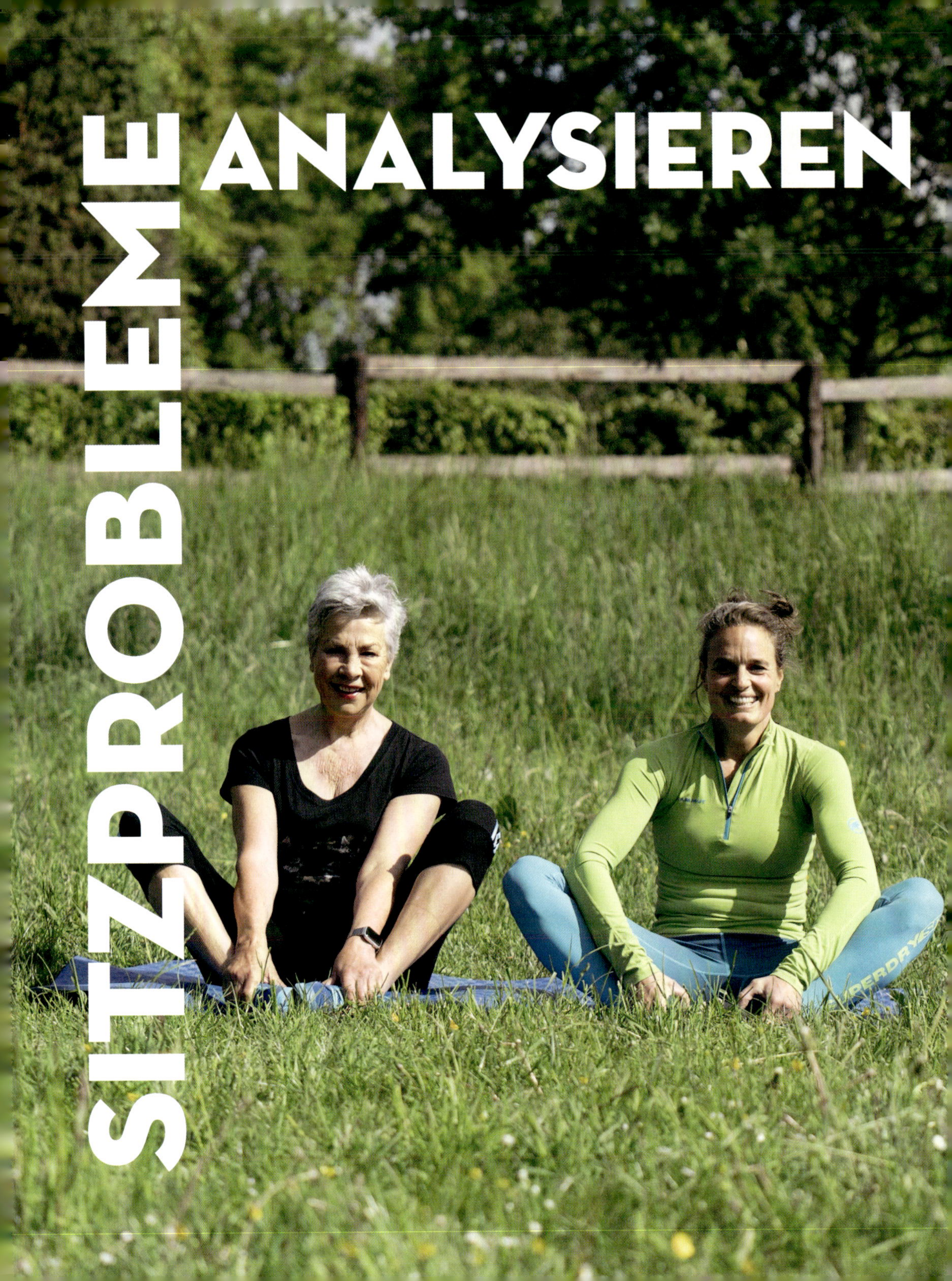

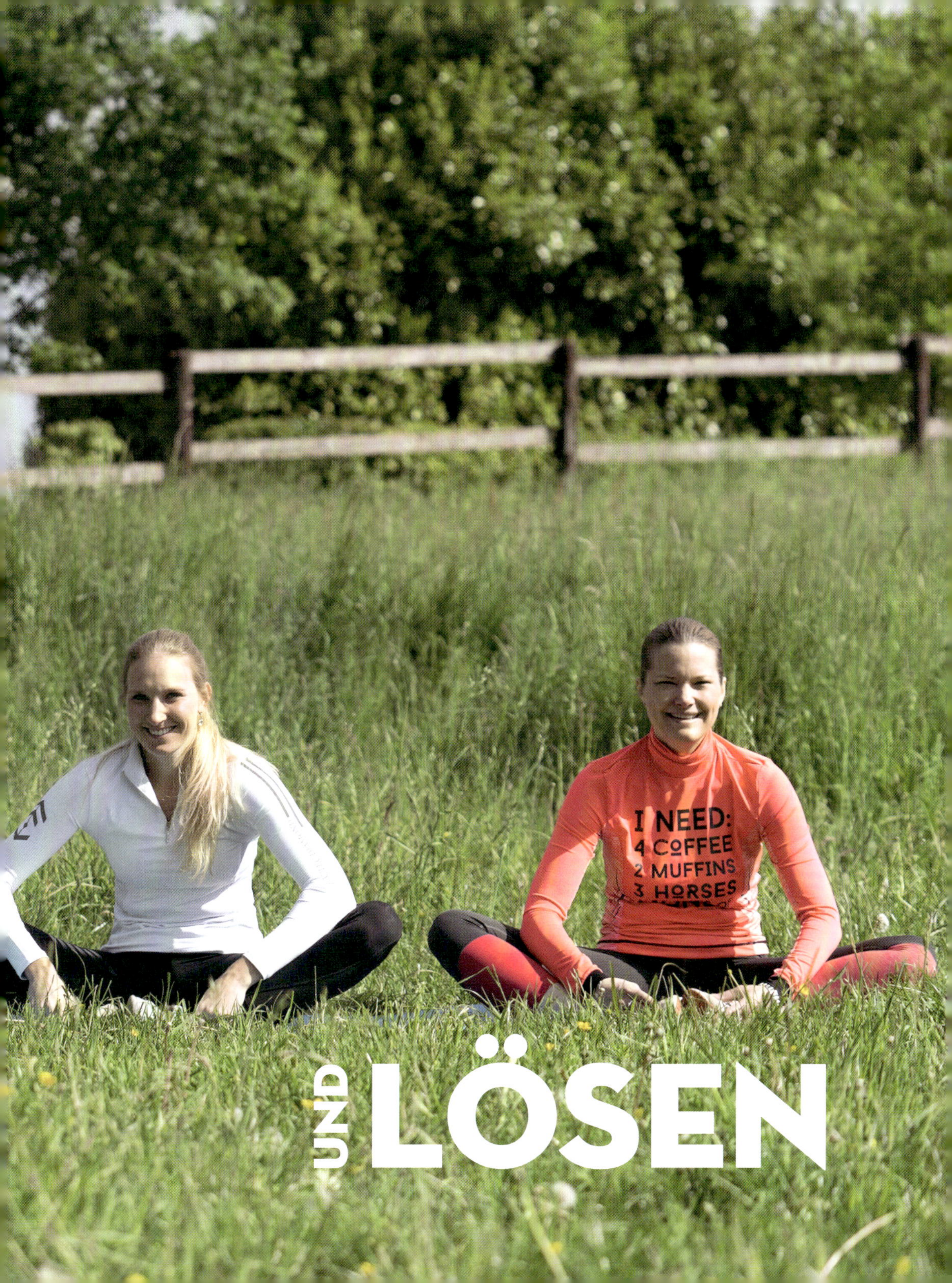

UND LÖSEN

Die Biomechanik von Reiter und Pferd

Oft haben sich Sitzfehler über einen längeren Zeitraum hinweg eingeschliffen und sind schwierig abzustellen. Aber warum eigentlich? Die Erklärung lautet: Automatisierte Bewegungsmuster sind im Langzeitgedächtnis gespeichert. Um sie zu verändern, bedarf es einer „Überschreibung“. Hierbei helfen die passenden Übungen.

Aus biomechanischer Sicht gibt es bei allen sportlichen Bewegungen Zusammenhänge, die sich gegenseitig bedingen und beeinflussen. Dies bedeutet vereinfacht, dass jede Bewegung eines Körperteils eine Gegenbewegung anderer Körperteile zur Folge hat. Dieses Prinzip gilt auch für die Bewegungen des Pferdes. Nimmt das Pferd mit der Hinterhand zunehmend Last auf und beugt vermehrt die Hanken, zum Beispiel vor einem Sprung oder in einer Pirouette, hat dies Auswirkungen auf die Anlehnung: Das Pferd richtet sich vorne auf, es wirkt größer. Genauso ist es in der Dehnungshaltung: Lässt ein Pferd sich fallen und tritt verspannungsfrei, korrekt ans Gebiss heran, wölbt es

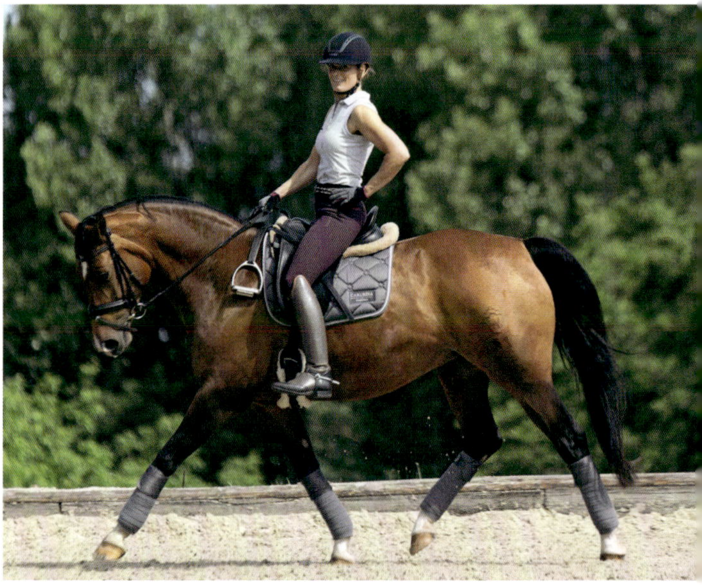

Manchmal können Kleinigkeiten große Veränderungen hervorrufen.

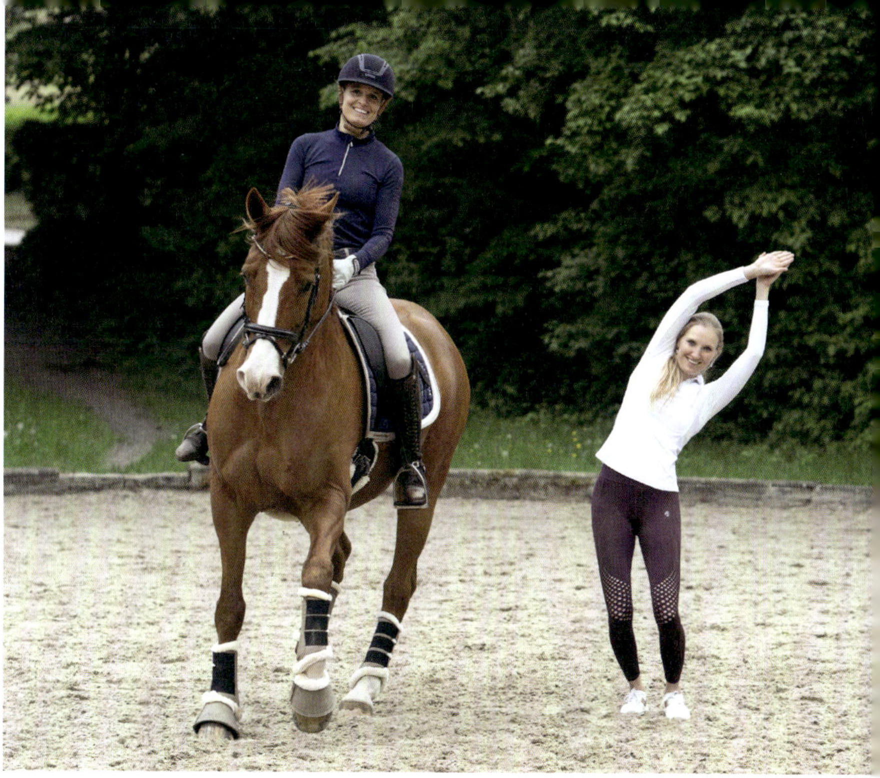

Bei Galopp-Pirouetten ist eine korrekte Biegung und die Lastaufnahme der Hinterhand wichtig.

automatisch den Rücken auf, und die Hinterhand ist in der Lage, unter den Schwerpunkt zu fußen.
Ebenso kann man die biomechanischen Prinzipien beim Reiter erkennen. Beim Laufen beispielsweise gehen immer automatisch das linke Bein und der rechte Arm nach vorn, verbunden mit einer gegengleichen Verwringung des Oberkörpers.
Die Schwierigkeit beim Reiten besteht darin, die biomechanischen Systeme von Reiter und Pferd gleichermaßen zu berücksichtigen, da sie sich gegenseitig beeinflussen. Um Bewegungen funktional ausführen zu können, müssen also immer die biomechanischen Voraussetzungen (Kraftgegebenheiten, Proportionen, Hebelwirkungen, Körperbau, Größenverhältnisse, usw.) von Pferd und Reiter einbezogen werden. Dabei geht es gar nicht darum, bilderbuchreif auf dem Pferd zu sitzen. Ziel ist es, dass die Funktionalität in optimaler Weise Beachtung findet.

FUNKTIONALE HILFENGEBUNG

Das Zentrum des Reitersitzes ist die Mittelpositur. Diese sorgt für einen mitschwingenden Sitz, eine ruhige, kontrollierte Hand und ist zuständig für die richtige Lage des Schenkels. Die richtige Schenkellage ist auch ein gutes Beispiel für die biomechanischen

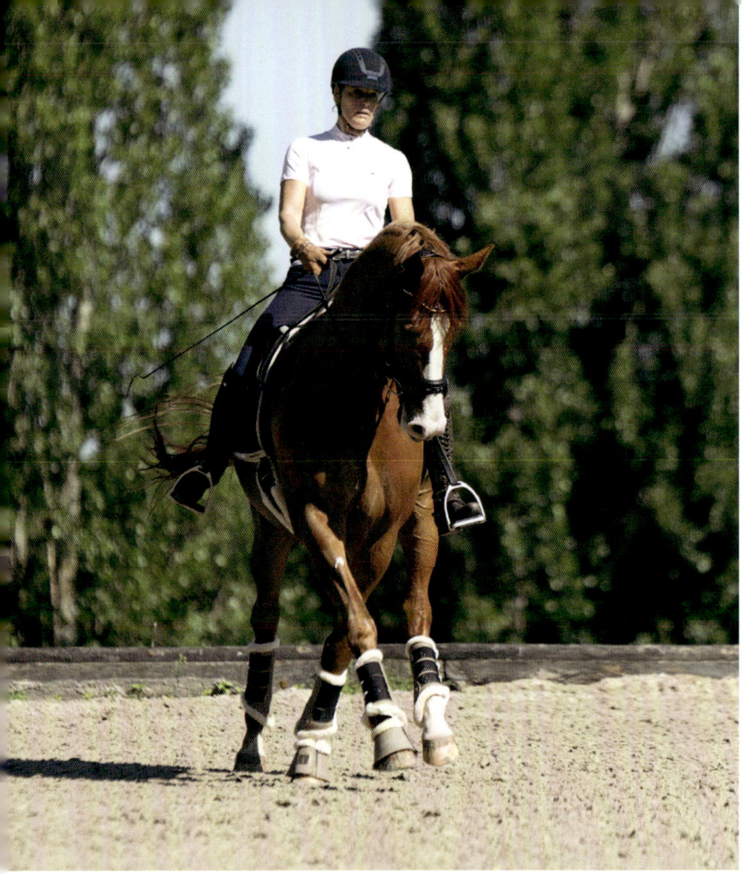

TIPP

Eine verkrampfte Mittelpositur hat negative Auswirkungen auf die treibenden Hilfen und eine unabhängige Hand. Ein verkrampftes Bein verhindert ein lockeres Mitschwingen in der Hüfte.

Beim Reiten einer Traversale kommt es auf das gute Zusammenspiel der Hilfen an.

Zusammenhänge. Sie ergibt sich aus der Länge von Ober- und Unterschenkel sowie der optimalen Winkelung des Knies. Nur aus der richtigen Schenkellage heraus ist effektives Treiben möglich. Ist aber die Muskulatur der Wade, der Adduktoren und des hinteren Oberschenkels (sie ist für die treibenden Hilfen verantwortlich) nicht gut genug ausgebildet, hat das negative Folgen für den Sitz. Es kommt dann häufig zu Ausgleichsbewegungen bzw. einem Festhalten in der Hüfte. Auch ein klemmender oder klopfender Schenkel kann die Folge sein.

1

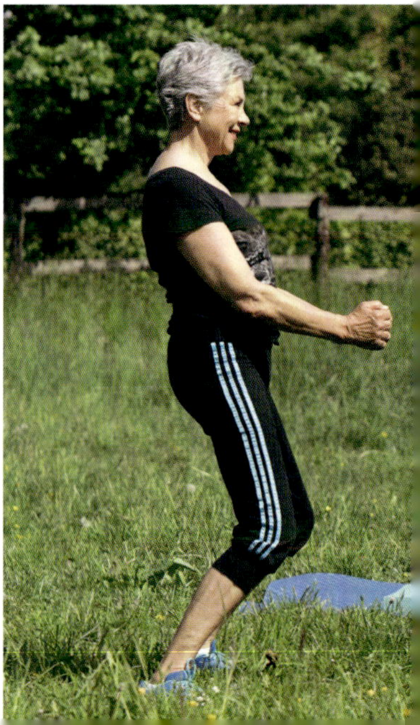

Es ist hilfreich zu wissen, dass Korrekturen wie „Drück den Absatz tief“ oder „Hebe die Fußspitzen an“ in erster Linie keine optischen Gründe haben, sondern funktionale! Man könnte ebenso sagen : „Löse das Knie“ oder „Federe im Sprunggelenk mehr durch“. Letztlich soll erreicht werden, dass die Hüfte freier mitschwingen kann, das Knie locker am Sattel anliegt und der Unterschenkel nicht verkrampft ist, um das frische Vorwärtsgehen des Pferdes zu unterstützen.

WECHSELWIRKUNGEN

Sitzprobleme sind hochkomplex, weshalb es bei den Korrekturen auf ein geschultes Auge des Trainers ankommt. Sinnvollerweise setzen Korrekturen am Kern des Problems an, nur so können Wechselwirkungen minimiert werden.

Eng verbunden mit der Hüfte ist die Hand des Reiters. Ist die Hüfte festgehalten, kann die Reiterhand nicht elastisch und unabhängig vom Sitz einwirken.

Neigt ein Reiter dazu, den Oberkörper nach hinten zu lehnen, um das festgehaltene und nach hinten gekippte Becken auszugleichen, hat dies biomechanisch immer Auswirkungen auf die Position der Hand und die Lage des Schenkels. Der Unterschenkel wird tendenziell mit einem hochgezogenen Absatz nach vorne rutschen, während die Hand Richtung Bauch wandert.

Ist das Becken nach vorne gekippt, fällt der Reiter in einen Spaltsitz. Dann geht es biomechanisch gar nicht anders, als dass der Unterschenkel nach hinten rutscht und Schultern und Hände festgehalten sind.

1 So ist die Mittelpositur ohne Pferd …

2 … und so verändert sich die Biomechanik im Dressur- und Springsitz.

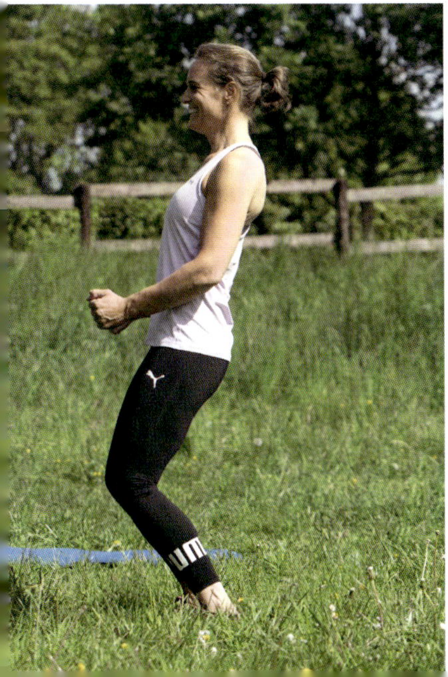

2

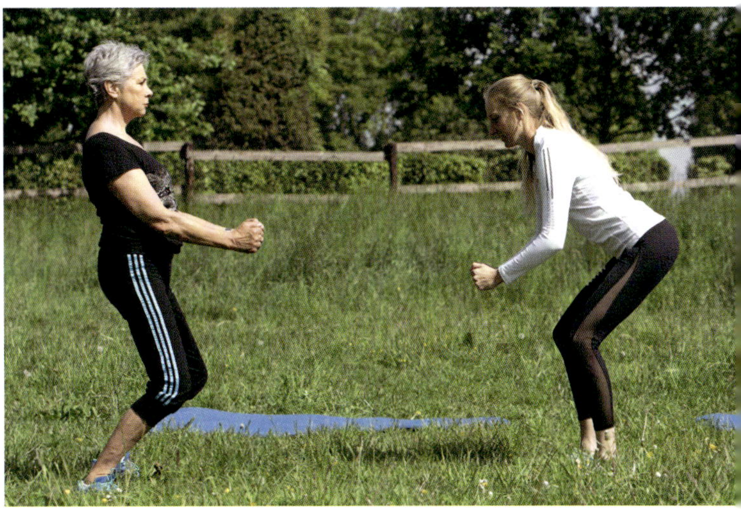

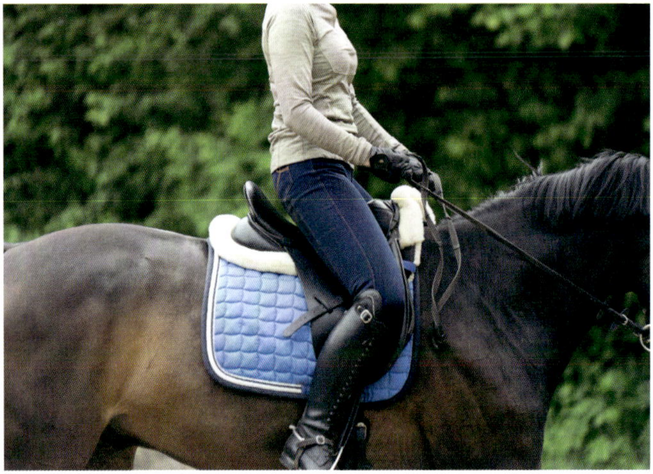

1

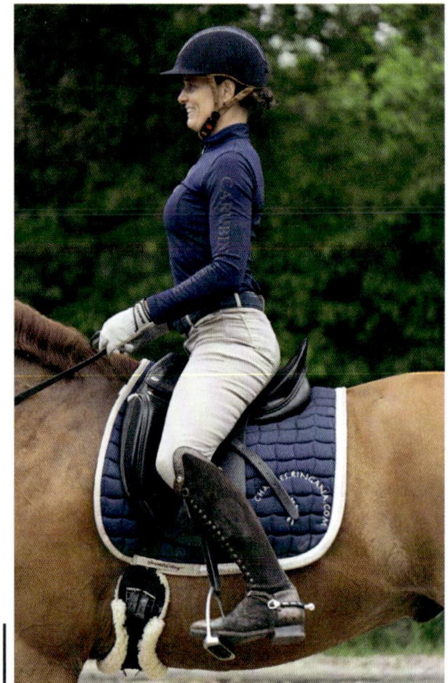

2

Eine weitere wichtige Rolle für den Sitz spielen Schultern und Kopf des Reiters. Ist der Kopf (auch im übertragenen Sinn) nicht frei (beweglich), wird es dem Reiter schwer fallen, gerade und im Gleichgewicht zu sitzen. Schaut der Reiter oft zu einer Seite auf sein Pferd, ist ein Einknicken in der Hüfte die logische Folge. Dies führt zu einer falschen Belastung und macht es sehr schwierig für das Pferd, die Hilfen richtig zu deuten. Ein Beispiel: Schaut man beim Reiten auf der linken Hand nach innen herunter, knickt man in der Hüfte ein, belastet dadurch schwerpunktmäßig rechts und wundert sich dann, dass sich das Pferd nicht nach links stellen und biegen lässt.

Schaut der Reiter nach unten, wirken meist auch die Hilfen rückwärts, und es kommt zu vermehrter Handeinwirkung. Der Kopf eines Menschen wiegt ca. 4 – 6 kg. Wird er nicht gerade und in Fortsetzung zur Wirbelsäule getragen, kommt es zu Verspannungen im Nacken- und Schulterbereich.
Wird der Kopf zu weit vorn getragen oder ist der Blick nach unten auf das Pferd gerichtet, übt dies einen dauerhaften Zug auf die Nacken- und Schultermuskulatur aus. Dies ist besonders der Fall, wenn eine Verkürzung des großen Brustmuskels (m. pectoralis major) und eine Schwäche des Rückenstreckers (m. erector spinae) vorliegen. Häufiges Sitzen am PC, wenig Bewegung und ein geringer

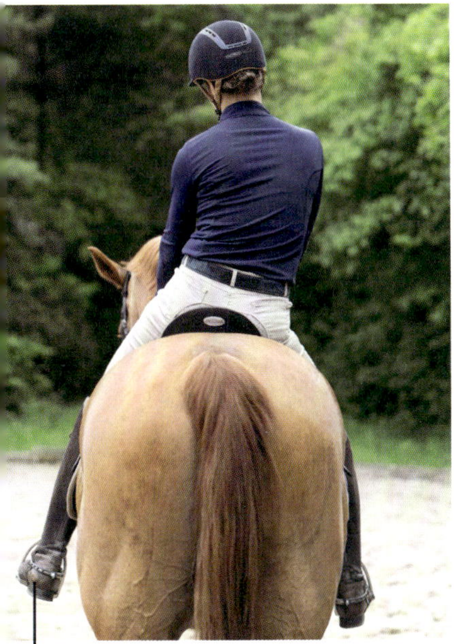

3

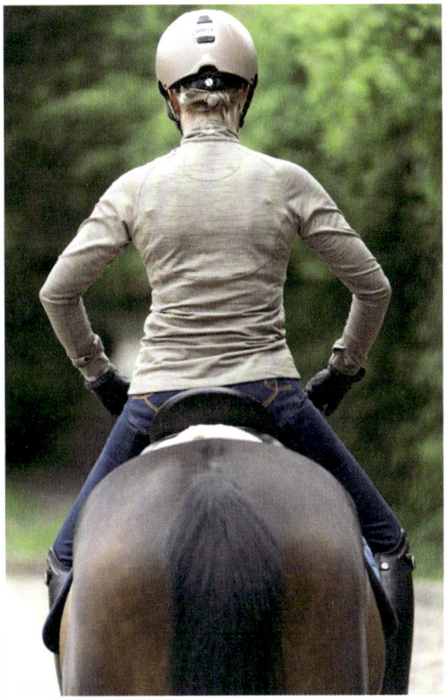

4

1 Eine steife Hand erzeugt eine feste Hüfte und daraus resultierend hochgezogene Absätze.

2 Aus einer Hohlkreuzposition kann ein Spaltsitz entstehen. Oft rutscht dann der Unterschenkel zurück.

3 Ein seitliches Einknicken in der Hüfte verhindert eine korrekte Gewichtshilfe.

4 Eine starre Hand und abgespreizte Oberarme verhindern ein frisches Vorwärtsgehen des Pferdes.

Muskeltonus fördern Fehlhaltungen, die sich auch auf dem Pferd bemerkbar machen. Biomechanisch führt dies oft zu einem Rundrücken und einem Abspreizen der Oberarme, was wiederum eine starre Hand zur Folge hat. Kommt es zu solchen Haltungsfehlern, ist es wichtig, ein Ausgleichstraining zu machen, das Rücken- und Brustmuskeln kräftigt und mobilisiert.

Übung 1: Einknicken vermeiden

Setzen Sie sich auf beide Handinnenflächen und bewegen Sie die Hüfte vor und zurück, sowie nach rechts und links. Knicken Sie nun in der Hüfte ein. Sie werden feststellen, dass sich Ihre Sitzbeinhöcker nicht mehr von hinten nach vorn bewegen. Knicken

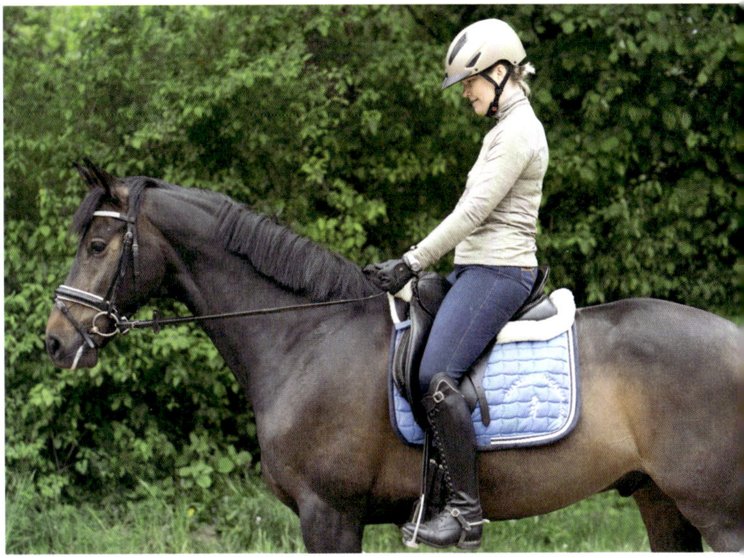

Schaut der Reiter nach unten verspannt die Nackenmuskulatur. Die Schultern sacken nach vorne, die Hüfte wird fest.

MUSKELTONUS

Unter Muskeltonus versteht man den Grundspannungszustand der Muskulatur, der auch in Ruhe aufrechterhalten bleibt.

1 Schaffen Sie durch Ihren Sitz die Grundvoraussetzungen für leichtes Reiten!

2 Ein guter Muskeltonus ist nötig, um das Pferd vor die treibenden Hilfen zu bekommen.

Sie auf dem Pferd in der Hüfte ein, wird Ihr Pferd dies mit einem seitlichen Ausweichen und weniger Vorwärtstendenz quittieren.
Ein Reiter formt durch seinen Reitstil und seine Hilfengebung sein Pferd. So kann man oft feststellen, dass verschiedene Pferde eines Reiters ähnliche Probleme aufweisen. Bestehen keine funktionalen Einschränkungen im Sitz, entwickeln sich auch ganz unterschiedliche Pferde im Normalfall gut.

TREIBEN

Der Antrieb des Pferdes nach vorne ist die Basis für jede Sitzschulung! Lässt sich das Pferd nicht frisch vorwärts reiten, muss der Reiter diesem Aspekt zu viel Aufmerksamkeit und Energie widmen, sodass die Arbeit am Sitz leicht in den Hintergrund gerät. Sitzen Sie entspannt und gelassen. Erziehen Sie Ihr Pferd so, dass es auf feine Impulse am Bein reagiert (Achtung: Dies funktioniert nur, wenn das Knie locker am Pferd liegt!), und treiben Sie es nicht in jedem Trabtritt und Galoppsprung! Das stumpft nur ab.

1

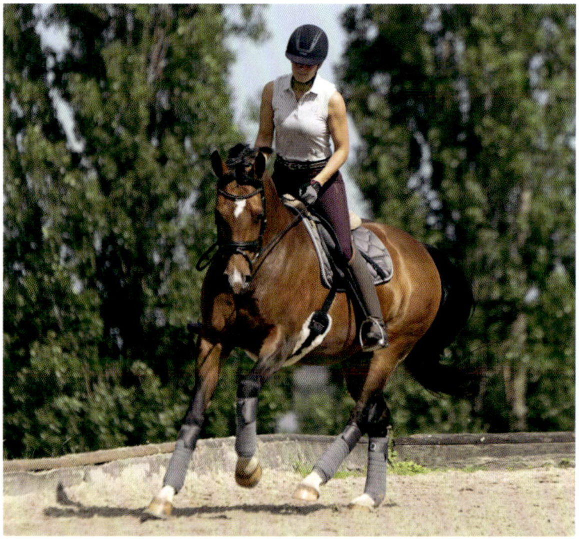

2

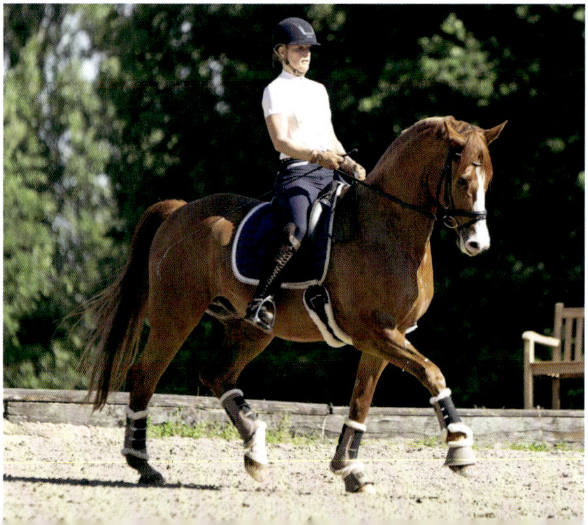

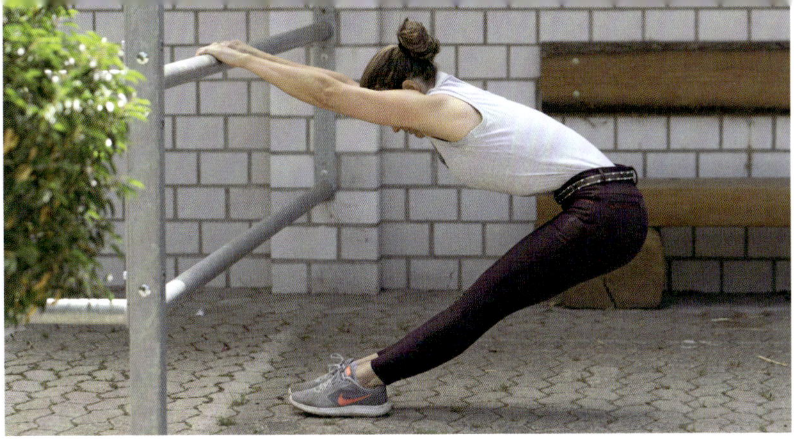

Die Mobilisation und Dehnung der hinteren Oberschenkel- und Rumpfmuskulatur ist vor und nach dem Reiten empfehlenswert.

Ist Ihr Pferd faul, geben Sie einen (!) wirksamen Impuls und versuchen Sie dann, leicht zu werden, um dem Pferd dadurch zu signalisieren, dass es das ist, was Sie wollen.

Übung 2: Skifahren

Stellen Sie sich vor, Sie wollen beim Skifahren an Ihrer Kurventechnik feilen. Auf einem zu flachen Hang und ohne eine Grundgeschwindigkeit ist dies nicht möglich! Es braucht immer ein gewisses Tempo, damit der Schwung erhalten bleibt und die Technikübungen gelingen können.

EINRAHMEN

Klappt der Antrieb nach vorn, rahmen Sie mit einer leichten Anlehnung an beiden Zügeln Ihr Pferd ein. So weicht es nicht seitlich aus und kommt über den Rücken zum Schwingen. Nur wenn die Bewegungsrichtung des Pferdes nach vorne orientiert ist, geht Ihr Pferd auch gerade nach vorne! Weicht es seitlich aus, weil der äußere Zügel und Schenkel es nicht richtig begrenzen, geht die Energie verloren.

Übung 3: Visualisieren

Tragen Sie beim Bergwandern einen gut sitzenden Rucksack auf dem Rücken? Mit diesem können Sie mühelos auch schneller gehen, da er Sie nicht behindert. Müssen Sie aber einen Sack Möhren (ohne Rucksack) den Berg hochtransportieren, der Ihnen bei jedem Schritt verrutscht und immer schwerer zu werden scheint, haben Sie mehr Mühe. Seien Sie der „Rucksack", und machen Sie es Ihrem Pferd leicht!

MITSCHWINGEN

Im dritten Schritt ist es wichtig, dass Sie Ihr Pferd nicht blockieren. Ein blockierter Reiter sorgt für ein blockiertes Pferd! Wenn Ihr Pferd besonders schwungvoll geht oder schwierig auszusitzen ist, mobilisieren Sie sich, bevor Sie aufsteigen, und versuchen Sie dann einmal, die klassische Reihenfolge der Gangarten zu verändern. Meistens ist das Aussitzen im Galopp einfacher als im Trab. So können Sie sich bequemer auf Ihr Pferd einstellen.

TIPP

Reiten Sie mit einer zu losen Zügelverbindung, ist es, als wenn Sie Gas geben und gleichzeitig die Kupplung treten! Ist die Verbindung zu stramm, ist es, als wenn Sie mit einer schleifenden Bremse fahren. Sie verhindern damit den Bewegungsfluss nach vorne!

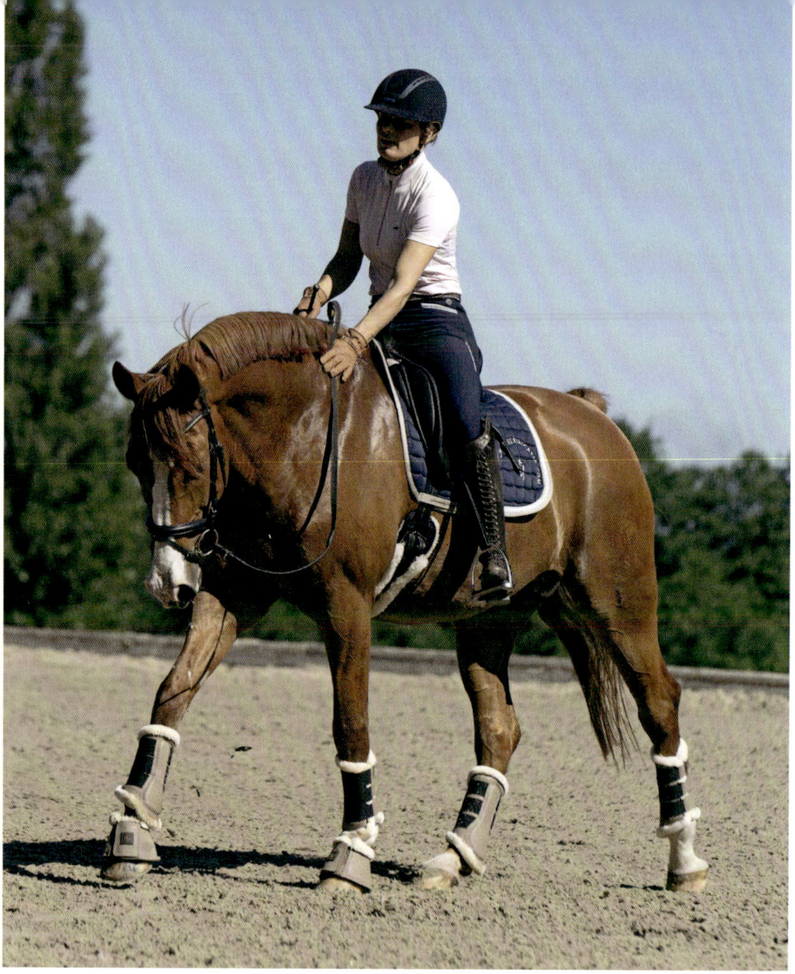

Loben Sie Ihr Pferd. Dies motiviert nicht nur, sondern es sorgt auch für eine Lockerung des Schulter- und Armbereichs.

Reiten Sie 20 Minuten bewusst Schritt, dann Galopp und heben Sie sich die schwierigste Gangart, den Trab, bis zum Schluss auf. Dann sind Sie und Ihr Pferd schon einmal warm und locker, das Aussitzen fällt leichter. Machen Sie eine Pause, wenn Sie merken, dass Ihre Muskulatur verkrampft. Dann funktioniert das Prinzip der wechselseitigen An- und Entspannung nicht mehr, und die Muskulatur kann nicht mehr effektiv arbeiten.

Übung 4: Reiten und fühlen

Bauen Sie immer wieder kurze Reflexionsphasen ein, in denen Sie Ihren Sitz von oben nach unten checken. Ist mein Kopf gerade und schaue ich vorausschauend dorthin, wo ich hin reiten möchte? Ist mein Oberkörper aufrecht, meine Hüfte elastisch? Ist meine Hand fein, und habe ich eine konstante Verbindung zum Pferdemaul? Ist mein Knie locker, ist mein Sprunggelenk mobil?

PROBLEME UND LÖSUNGEN

Selten macht ein Pferd etwas, um den Reiter zu „ärgern". Meist ist die Kommunikation einfach unklar, zum Beispiel weil sich unbewusst ein Fehler im Sitz oder in der Hilfengebung eingeschlichen hat. Dann hilft eine Schrittpause, um den Dingen auf den Grund zu gehen.

Mein Pferd hebt sich im Trab und im Galopp häufig heraus und geht gegen die Hand.

- Überprüfen Sie, ob Sie bei einem schwingenden Becken locker aus der Wade an die Hand herantreiben oder ob Sie mit der Hand rückwärts wirken.
- Schauen Sie (im Spiegel), ob Sie eventuell schief sitzen und dadurch keinen „Zug" von hinten nach vorn herstellen können, weil das Pferd über den äußeren Zügel/Schenkel ausweicht.
- Sind Ihre treibenden Hilfen schwächer als Ihre Hand?
- Haben Sie das richtige Timing zwischen annehmenden, durchhaltenden und nachgebenden Zügelhilfen?

Mein Pferd geht nicht gut vorwärts und reagiert zu wenig auf den treibenden Schenkel.

- Überprüfen Sie, ob Ihr Schenkel mit einem entspannten Sprunggelenk locker am Pferd anliegt und Sie nicht den Absatz hochziehen und dadurch mit dem Knie klemmen.
- Stimmt Ihr Timing? Oder treiben Sie und blockieren das Pferd gleichzeitig (meist unbewusst) mit der Hand?
- Ist Ihre Waden- und rückseitige Oberschenkelmuskulatur gut genug trainiert, damit der Impuls am Schenkel beim Pferd ankommt?
- Sitzen Sie „stolz" und atmen Sie gleichzeitig?

Mein Pferd wird immer eng, wenn ich eine Volte oder Traversale reite.

- Ist Ihre Schulterachse parallel zu der Ihres Pferdes?
- Bleibt Ihr Pferd „vor" dem Schenkel, oder wird Ihr Bein in der Wendung zu passiv?
- Schwingen Sie genügend in der Hüfte mit?
- Parieren Sie Ihr Pferd zwischendurch mit halben Paraden, um es auch in der Biegung aktiv und aufmerksam zu halten?

Mein Pferd schwingt nicht im Rücken.

- Sitzen Sie im Takt und schwingen Sie selber genügend, sodass Sie in der Lage sind, über Ihre eigene Körperspannung den Rücken des Pferdes „anzusaugen"?
- Treiben Sie effektiv die Hinterhand Ihres Pferdes gerade unter den Schwerpunkt?
- Haben Sie eine elastische und konstante Verbindung zum Pferdemaul, die Ihr Pferd in eine positive Grundspannung bringt?

Bewusster Sitzen

Katharina mit Farell & Qaschcaya

Zwei reitende Elternteile weckten bei mir schon früh die Leidenschaft für Pferde … Ich ritt voller Begeisterung bis Anfang zwanzig. Danach folgte eine ca. 12-jährige Pferdepause! In dieser Zeit wurde meine zweite Leidenschaft geweckt: Ich begann, intensiv und leistungsorientiert mit Freifallformationsspringen. Bei diesem Sport geht es vorrangig um Körperspannung und -kontrolle, um in einem Team von vier Personen schnelle, präzise und aufeinander abgestimmte Formationswechsel bei ca. 200 km/h im Freifall durchzuführen. Um das leisten zu können, trieb ich auch „nebenbei" viel Sport, vorrangig Kraft- und Ausdauertraining, aber auch regelmäßige Dehn- und Gymnastikübungen waren dabei, um die Flexibilität der Muskulatur zu erhalten.

Irgendwann traten dann auch wieder die Pferde in mein Leben. Einige Jahre nahm ich mir die Zeit für beide Hobbys, doch 2011 hatte ich einen Unfall. Nach einer längeren Zwangspause habe ich mich aus dem Wettkampfsport zurückgezogen, und die Pferde nahmen einen immer größeren Teil meines Lebens ein, bis ich mich 2014 komplett für sie entschied. Das war der Zeitpunkt, als Farell 5-jährig zu mir kam. Mit ihm war es nicht immer einfach: Er ist ein übereifriges Pferd. Sitzt man nicht korrekt, dann bietet er alle Lektionen an, die gemeint sein könnten … Er neigt dazu, sich hinter der Reiterhand zu verkriechen und eilig zu werden. Unbewusst (und falsch) habe ich oft versucht, ihn dann mit der Hand „hochzuheben", was natürlich nicht funktioniert, sondern das Problem verschlechtert.

Mein Sitz- und Übergängetag

Um bewusster zu reiten, habe ich mit Farell einen „Sitz- und Übergängetag" in der Woche eingeführt. An diesen Tagen reite ich viel mit Zügelbrücke und achte ganz bewusst auf meine Einwirkungen am Sitz, meine Mittelpositur und seine Reaktion auf Veränderungen meines Sitzes. Es hilft mir Galoppsprünge oder Trabtritte zu zählen und mir genaue Wege zwischen den Punkten vorzunehmen, an denen ich das Tempo verändere. Und siehe da, die Anlehnung wurde konstant besser. Wir sind gemeinsam bis M*-Dressur erfolgreich.

Sitzanalyse

2019 hat Farell sich leider mehrere Verletzungen zugezogen, sodass ich nur noch unregelmäßig geritten bin. Im Herbst kam die 3Jährige Qaschcaya zu mir. Ich wollte es dem jungen Pferd leicht machen, doch ich merkte, wie es mir an Körperspannung und Mobilität im Becken mangelte! Beruflich war ich ziemlich eingespannt, sodass mir wenig Zeit für Sport blieb. Seit einigen Jahren mache ich einmal die Woche Pilates, was mich beim Reiten unterstützt und vor allem für meinen Rücken sehr gut ist. Aber insgesamt hatte ich mich viel zu wenig bewegt.

Als wir nach einiger Zeit begannen auszusitzen und eine Videoaufnahme machten, war ich über meinen Sitz wirklich erschrocken. Ich habe zusammen mit Iris meinen Sitz analysiert, und wir haben verschiedene Übungen erarbeitet, die mir bei genau diesen Problemen helfen.

Perfekt ist es noch lange nicht, aber ich merke eine deutliche und stetige Verbesserung in meinem Sitz. Gerade bei dem jungen Pferd ist es wichtig, korrekt und unterstützend zu reiter, denn es geht um ihre Grundausbildung. Der regelmäßige Sport hilft uns beiden.

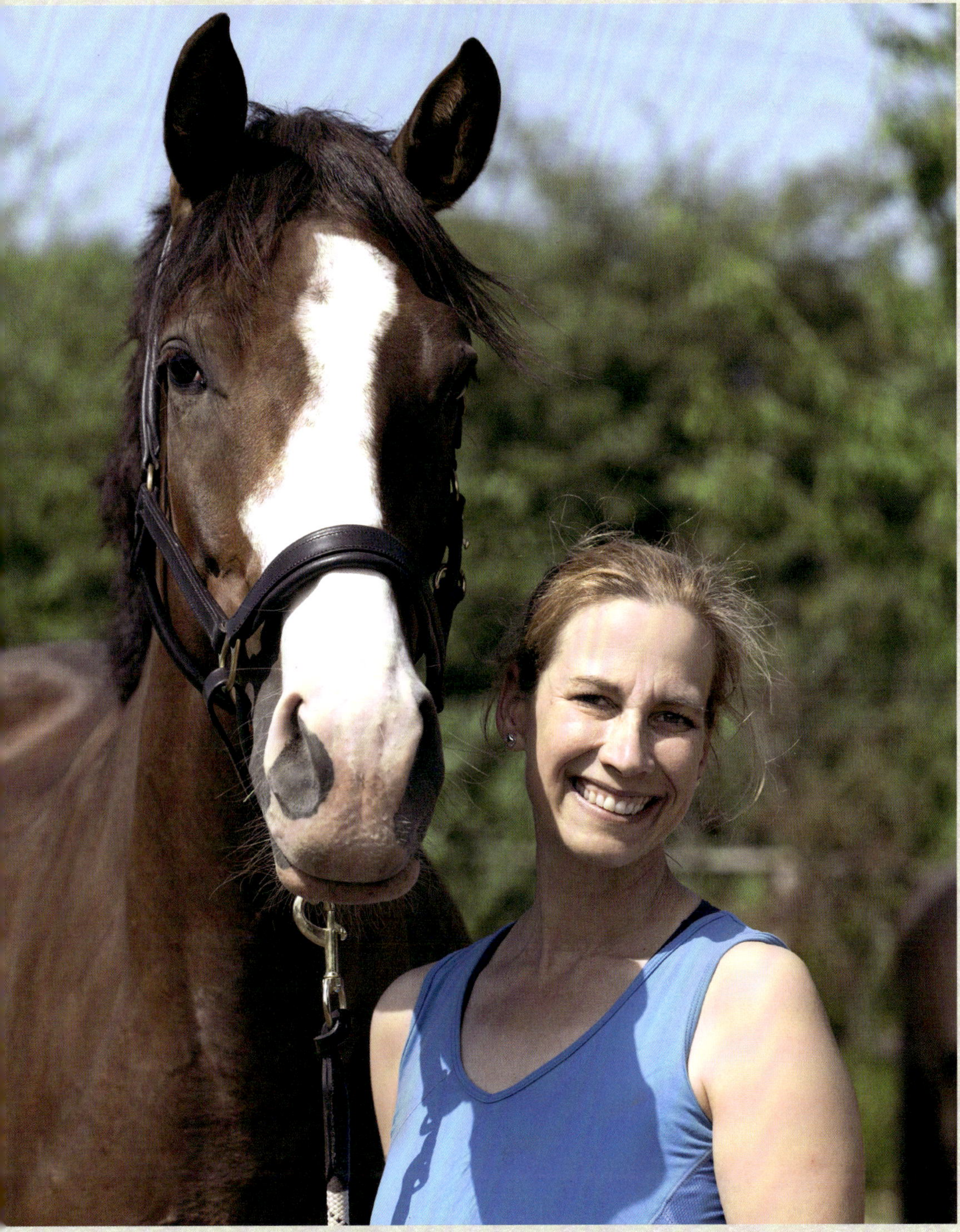

Module für besseres Reiten

Jeder Reiter ist mit seinem Körperbau, seinen sportlichen Voraussetzungen und seinen Proportionen prädestiniert für ganz individuelle (Sitz-)Probleme auf dem Pferd. Daher sind die folgenden Übungen als Module zu verstehen. Sie können sie ganz nach Ihren Bedürfnissen kombinieren und anwenden.

1. BASIS-MODUL: MITTELPOSITUR

Eine elastische Mittelpositur sorgt wie ein „Adapter“ dafür, die dreidimensionale Bewegung des Pferdes aufzufangen und über das Becken auf den Reitersitz zu übertragen. Das Becken sollte möglichst frei und flexibel mitschwingen. Fühlen Sie sich schon beim Schritt reiten in die Bewegungen ein und gehen Sie bewusst mit. Stellen Sie sich vor, dass Ihr Becken die Bewegung einer liegenden Acht beschreibt.

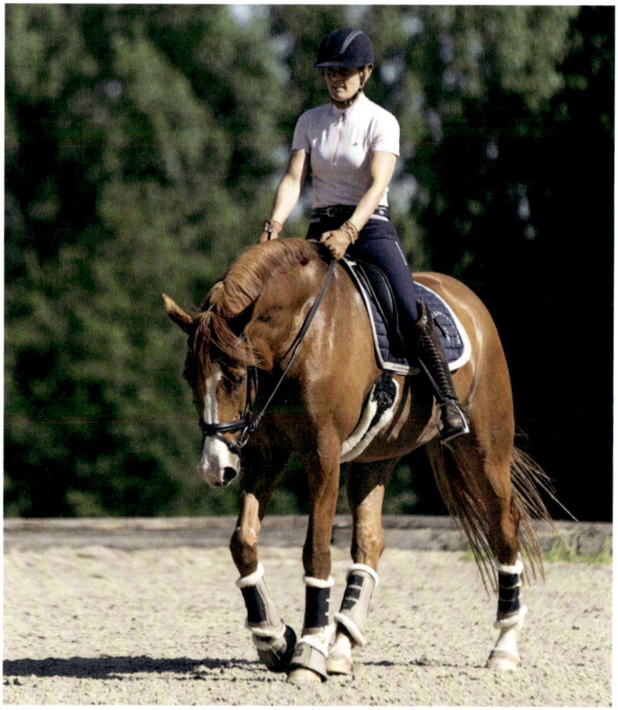

Ihre Mittelpositur ist fest? Mobilisieren Sie Ihren Körper!

Ein festgehaltenes Becken kann für viele Sitzfehler verantwortlich sein, da es das Verbindungsglied zwischen Ober- und Unterkörper ist und genau in der Körpermitte liegt. Ist das Becken festgehalten, wirkt sich dies auch auf die darüber und darunterliegenden Gelenke und Körperpartien aus. Deshalb ist es sinnvoll, sich gut zu dehnen und zu mobilisieren.

Bewusstes Nachgurten

Da es sich sowieso empfiehlt, beidseitig nachzugurten, können Sie dies nutzen, um die gesamte Oberkörpermuskulatur sowie Anteile der Gesäßmuskulatur zu dehnen. Beugen Sie sich mit der rechten und linken Hand zur jeweiligen Fußspitze hinunter.

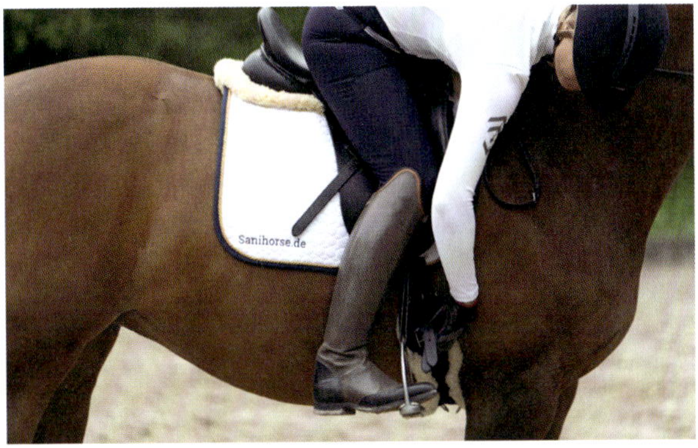

Streicheleinheiten

Kraulen Sie Ihr Pferd neben der Schweifrübe! Dabei neigen Sie Ihren Oberkörper nach hinten und rotieren ihn, das erhöht die Beweglichkeit und dehnt. Achtung: Pferde, die dies nicht kennen, reagieren manchmal überrascht. Tasten Sie sich langsam heran.

Viele Reiter haben eine „Schokoladenseite", d. h. auf einer Seite erscheinen die Übungen leichter als auf der anderen. Ist das bei Ihnen auch der Fall, sollten Sie gezielt die schlechtere Seite mobilisieren.

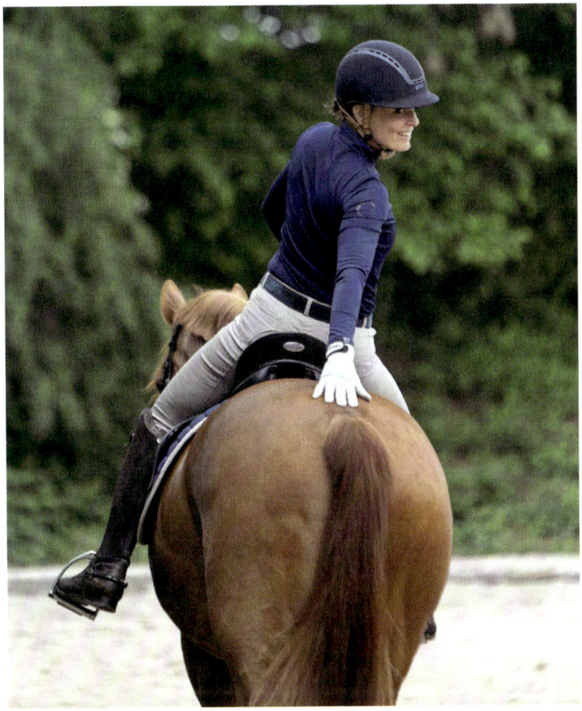

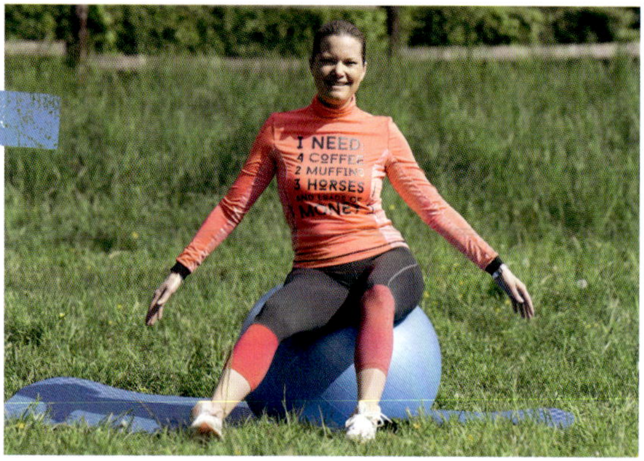

Mobilisation auf dem Pezziball

Da auf dem Pezziball die Dreidimensionalität der Bewegung auf dem Pferd nachempfunden wird, eignet er sich hervorragend, um die Hüfte zu mobilisieren. Bewegen Sie die Hüfte dazu in alle Richtungen, auch mit kreisenden Bewegungen, und fühlen Sie, wo es vielleicht klemmt oder hakt.

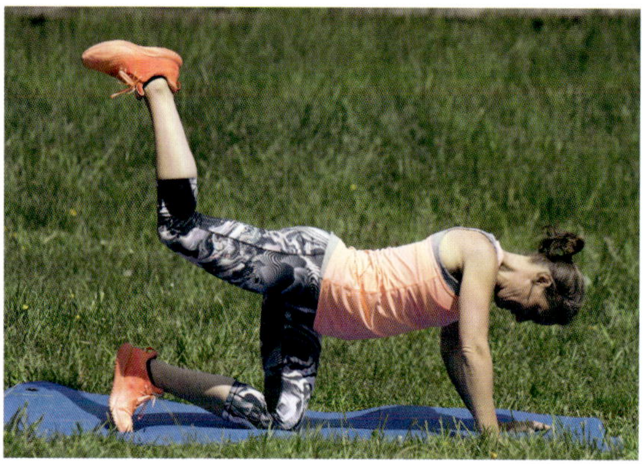

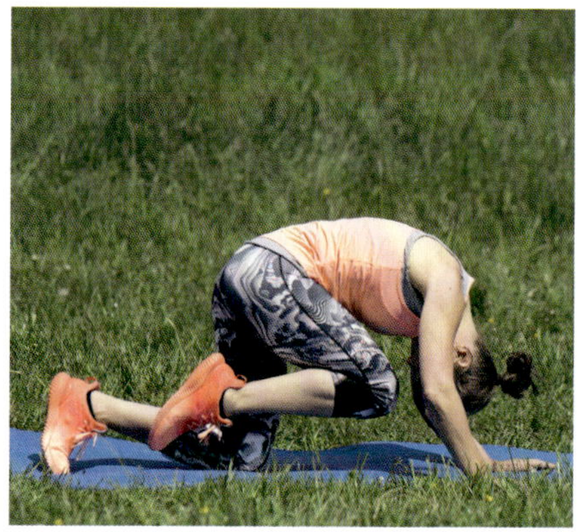

Beinheber

Aus dem Vierfüßlerstand wird ein Bein angehoben und im Knie angewinkelt, die Fußsohle zeigt nach oben. Halten Sie diese Position ein paar Sekunden, und ziehen Sie dann das Bein aktiv unter den Körper. Bewegen Sie dabei den Kopf Richtung Knie. Durch das dynamische Heranziehen und Strecken der Extremitäten dehnen und kräftigen Sie die Beine, genauso wie Sie es auf dem Pferd brauchen.

Sie haben Probleme, losgelassen in der Bewegung mitzuschwingen? Lassen Sie doch einmal die Hilfen und den Sattel weg!

Kann der Reiter nicht richtig in der Hüfte mitschwingen, stabilisiert er den Sitz oft über die Hand. Diese wird unruhig und stört das Pferd im Maul und damit verbunden auch beim Durchschwingen im Rücken. Was hilft? Reiten Sie eine Stunde an der „Sitzlonge“. Hier können Sie in Ihren Körper hineinfühlen, ohne sich auf die Hilfengebung konzentrieren zu müssen, aufmerksam atmen und den Fehlern gezielt auf den Grund gehen. Am Boden helfen Übungen zur Mobilisation der Hüfte, die dennoch den Rumpf stabilisieren.

Reiten ohne …
Beim Reiten ohne Bügel und nur mit der äußeren Hand am Sattel wird das Gleichgewicht und das Gefühl für die richtige Belastung verbessert.

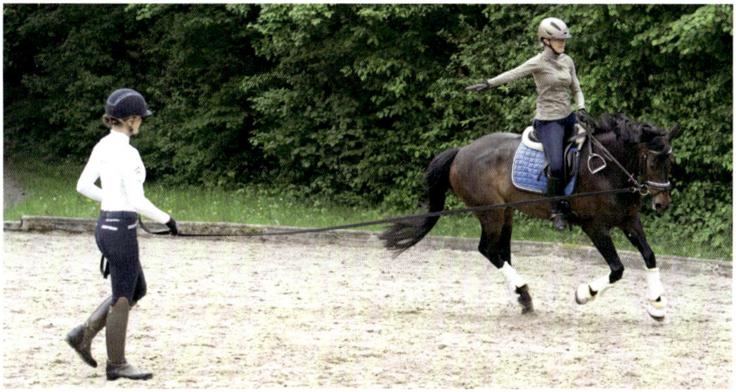

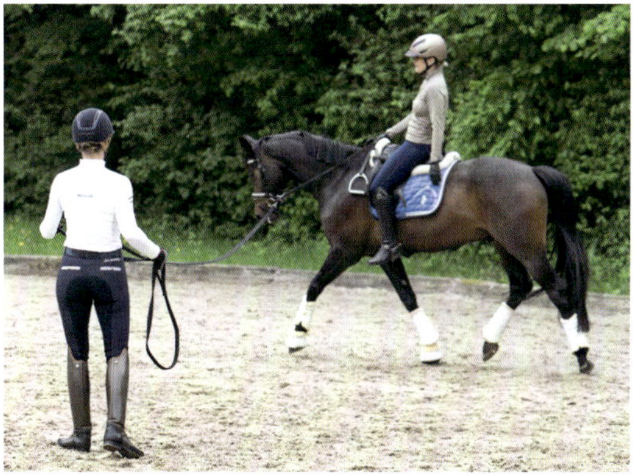

Das bewusste Hängenlassen des inneren Arms verändert die Wahrnehmung und löst die Spannung im Oberkörper. Der Reiter kommt besser zum Sitzen.

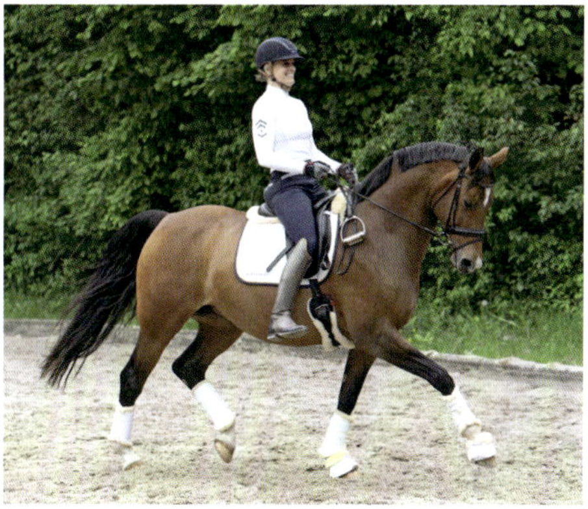

Auch das Reiten ohne Steigbügel ist eine gute Übung zur Verbesserung der Balance und Losgelassenheit.

Reiten ohne Sattel verbessert das Gefühl für den Bewegungsablauf des Pferdes und das eigene Körpergefühl. Man kann sehr gut feststellen, wo und wann man nicht mehr zentriert sitzt. Achtung: Viele Pferde kennen dies nicht. Lassen Sie sich zu Beginn auf jeden Fall führen, um auch Ihrem Pferd die Möglichkeit zu geben, sich an die neue Situation zu gewöhnen.

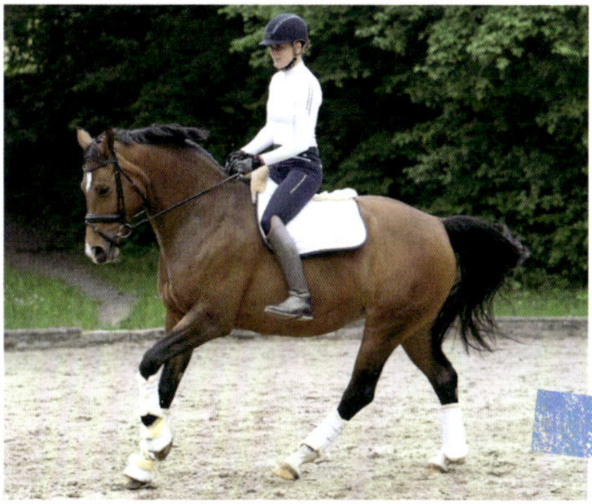

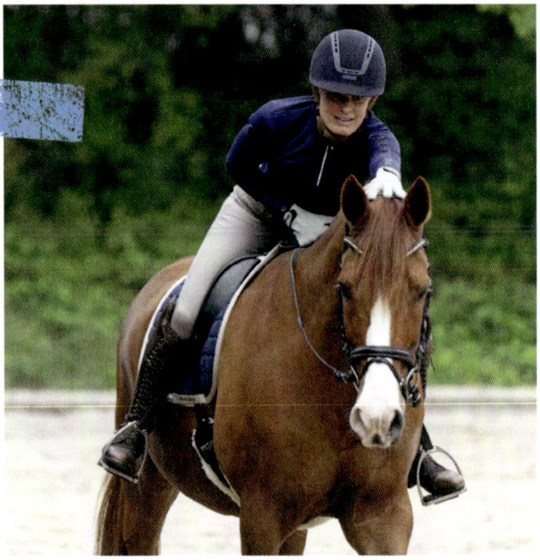

Ohren kraulen

Um den langen Rückenmuskel, der an den Bewegungen der Hüfte und damit auch des Beins beteiligt ist, zu dehnen, können Sie sich während des Reitens immer wieder nach vorn beugen, um quasi die Ohren des Pferdes zu kraulen. Wenn Sie dies abwechselnd mit dem rechten und linken Arm machen, sorgt das für eine gute Dehnung.
Auch hier gilt: Tasten Sie sich bei empfindlichen Pferden langsam heran, üben Sie an der Longe oder sichern Sie mit der freien Hand die Zügelverbindung.

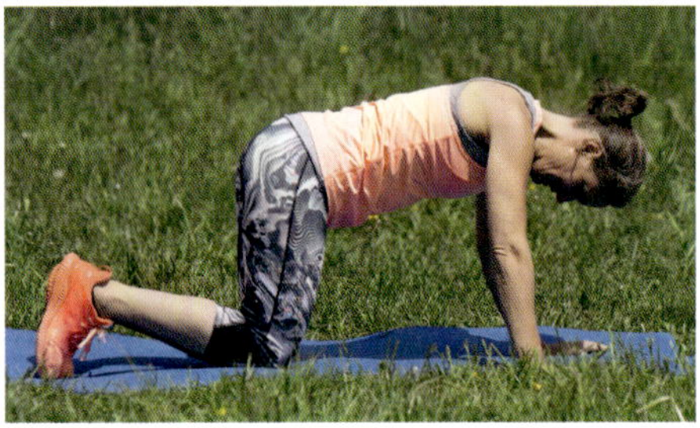

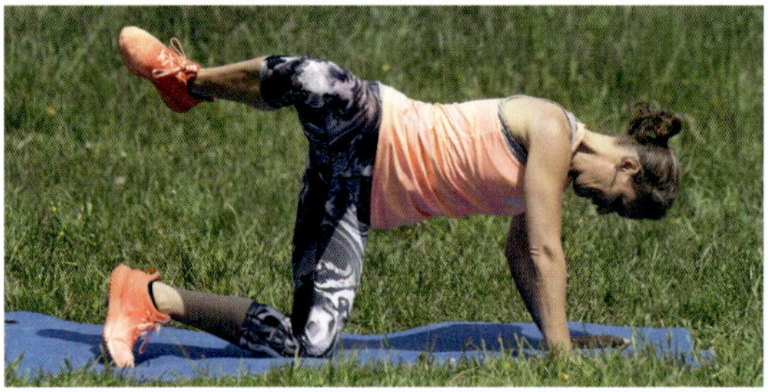

Hund am Baum

Diese Übung im Vierfüßlerstand mobilisiert die Hüfte und kräftigt die Gesäßmuskulatur. Die Unterschenkel werden im Wechsel angewinkelt und seitlich abgespreizt. Achten Sie darauf, nicht ins Hohlkreuz zu fallen.

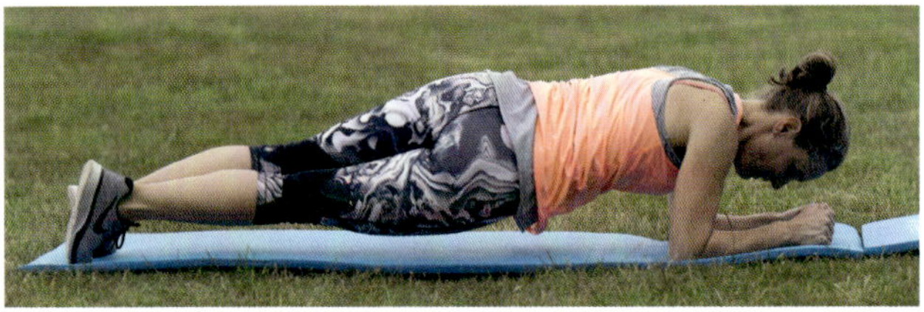

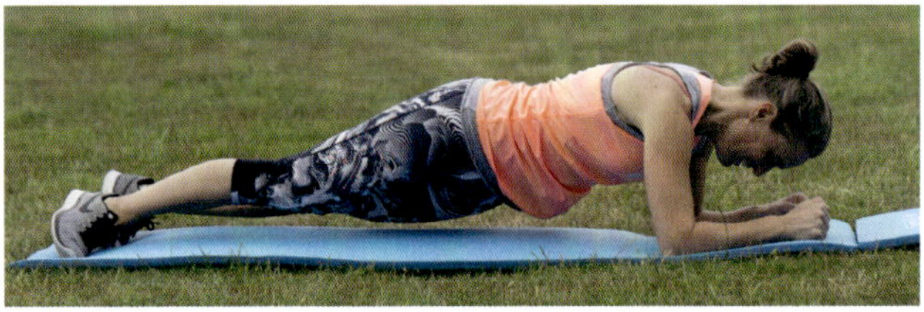

Rotationplanks

Gehen Sie in die Plankposition, spannen Sie Bauch und Gesäß an und lassen Sie die Hüfte nach rechts und links rotieren.
Die Rotationsbewegung führt zur Verbesserung der Beweglichkeit in der Hüfte, während die Planks gleichzeitig der Stabilisierung dienen.

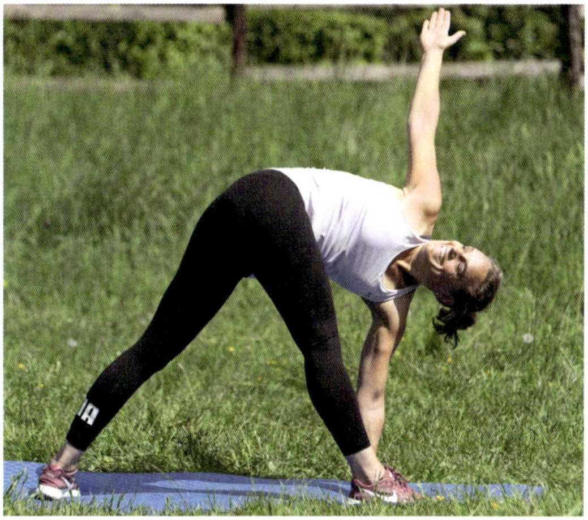

Gedrehtes Dreieck

Stellen Sie den rechten Fuß nach vorn, und berühren Sie ihn mit der linken Hand. Die rechte Hand wandert nun nach oben, bis beide Arme eine Gerade bilden. Halten Sie die Übung für 3 bis 10 Atemzüge und wechseln Sie dann die Seite.
Diese Übung ist eine „3-in-1-Übung", denn sie stabilisiert, mobilisiert und dehnt.

Sie haben „Rücken" und fallen häufiger ins Hohlkreuz? Dehnen Sie die Muskulatur der Lendenwirbelsäule und kräftigen Sie Ihre Bauchmuskulatur!

Reiter mit nach vorn gekipptem Becken schwingen eher nach hinten als nach vorn und wirken dadurch mehr bremsend als treibend auf das Pferd ein. Daher fällt es Ihnen oft sehr schwer, das Pferd vor die treibenden Hilfen zu bekommen.
Ist Ihre Muskulatur zu wenig ausgebildet, können Sie dies durch ein gezieltes Training schnell und effektiv ändern. Das Beste daran ist, dass Sie auch beim Reiten rasch eine Verbesserung feststellen werden.

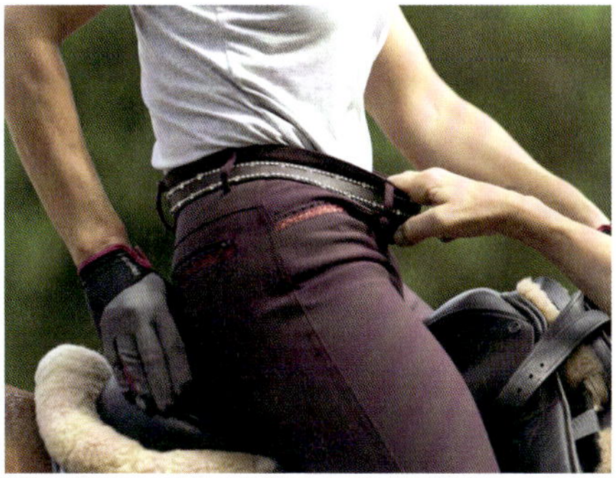

Gürtelschnalle

Setzen Sie sich relativ weit nach vorn in den Sattel. Stellen Sie sich beim Aussitzen vor, dass Sie jemand an der Gürtelschnalle aus dem Sattel ziehen möchte. „Verhindern" Sie dies durch ein Nach-hinten-Kippen des Beckens.

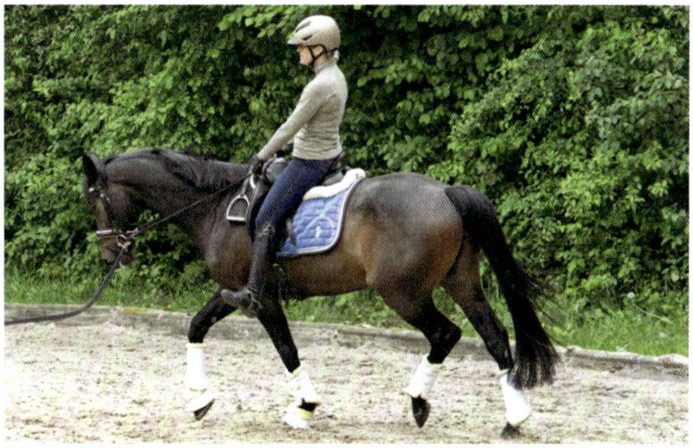

Beine hängen lassen

Reiten Sie ohne Steigbügel und lassen Sie die Beine einfach locker hängen. Stellen Sie sich vor, Sie hätten kleine Sandsäckchen an beiden Füßen, die Ihre Beine etwas nach unten ziehen. Dadurch öffnet sich die Hüfte, und Sie können sich auch besser im Oberkörper aufrichten.

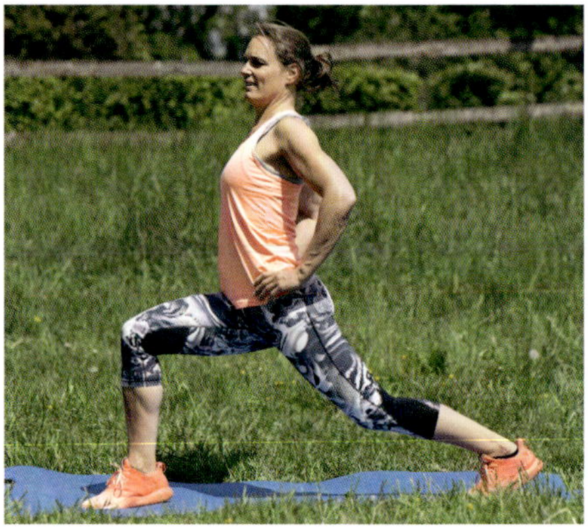

Dehnung des Hüftbeugers

Neigt man zum Hohlkreuz, ist der Hüftbeuger meist verkürzt und muss gedehnt werden. Stellen Sie ein Bein rechtwinklig nach vorne, das andere nach hinten. Halten Sie dies für etwa 10 Sekunden, dann wechseln Sie die Seite. Wichtig: Bleiben Sie im Oberkörper aufrecht, damit die Dehnung effektiv ist.

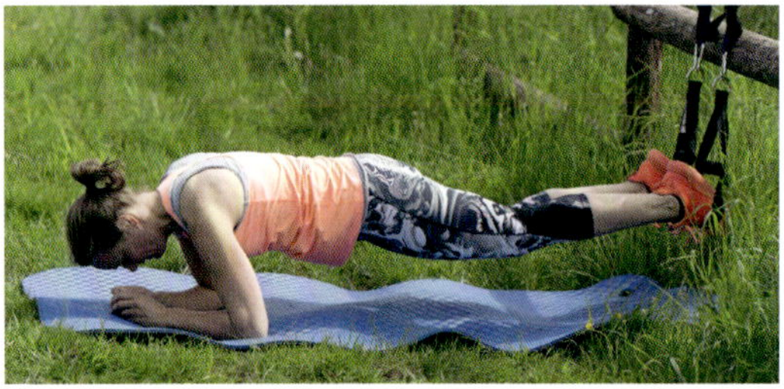

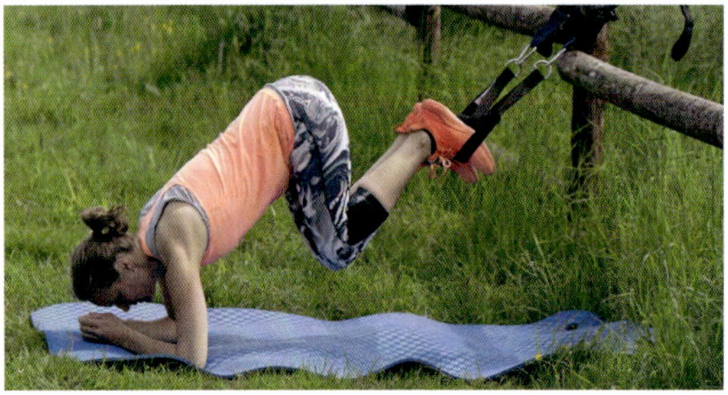

TRX-Kneelift

Um die Muskulatur in der unteren Lendenwirbelsäule und den Rücken zu kräftigen, bietet sich das Training mit dem TRX-Band an. TRX bedeutet „Total Body Resistance Exercise". Alle funktionalen Übungen können mit dem Band durchgeführt werden, durch die Dreidimensionalität wird auch die Tiefenmuskulatur trainiert.

Beim Kneelift ziehen Sie aus der Plankposition die Beine an und sorgen so für einen Rundrücken im Bereich der Lendenwirbelsäule. Dies hilft später beim Reiten, das Hohlkreuz zu vermeiden.

Käfer

Der Käfer hilft Ihnen, in der Bewegung nicht ins Hohlkreuz zu fallen und über die seitliche Bauchmuskulatur den Rumpf zu stabilisieren. Legen Sie sich mit angewinkelten Beinen auf den Boden, die Hände sind locker am Hinterkopf. Heben Sie nun den Oberkörper und die Knie an und führen Sie den rechten Ellenbogen zum linken Knie. Haben sich Knie und Ellenbogen berührt, geht es zurück in die Ausgangsposition, und die Seiten werden gewechselt. Je tiefer der Oberkörper in der Ausgangsposition ist, desto anstrengender wird die Übung. Führen Sie die Übung am Stück oder mit Unterbrechungen für ca. 60 Sekunden durch.

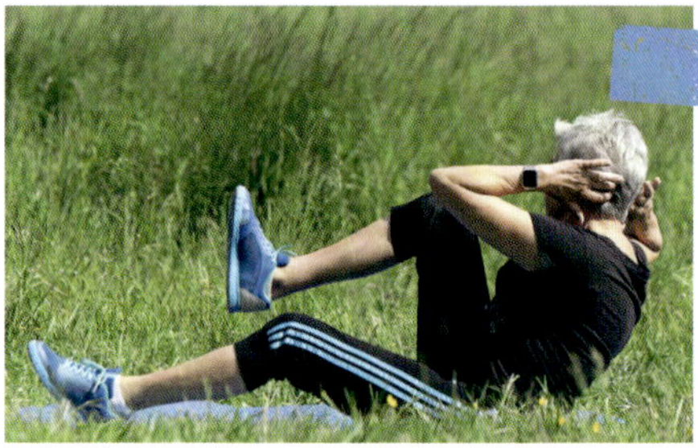

Static-Hold-Crunch

Um dem Hohlkreuz entgegenzuwirken, muss die Bauchmuskulatur trainiert werden. Sie sitzen mit angewinkelten Beinen, heben die Unterschenkel an und verlagern Ihren Oberkörper leicht nach hinten, bis Sie in der Balance sind. Die Hände sind auf Höhe der Knie/Unterschenkel. Halten Sie die Übung so lange Sie können und atmen Sie dabei weiter!

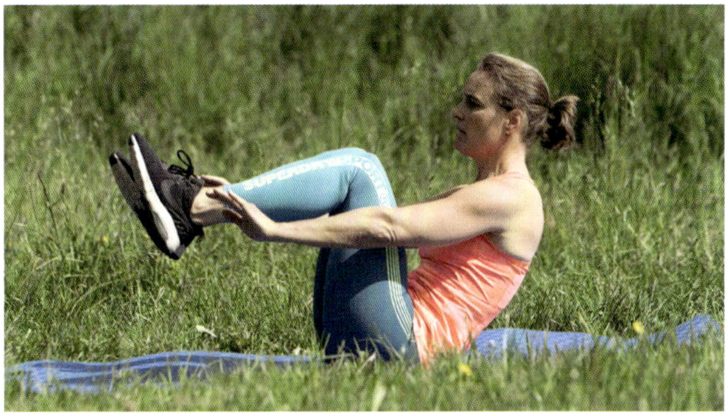

Static-Hold-Crunch mit dem Pezziball

Für Fortgeschrittene: Fixieren Sie den Ball gut mit den Unterschenkeln. Das trainiert neben Bauch und Rücken auch noch die Adduktoren an der Beininnenseite. Sie verhindern, dass wir mit den Oberschenkeln klemmen.

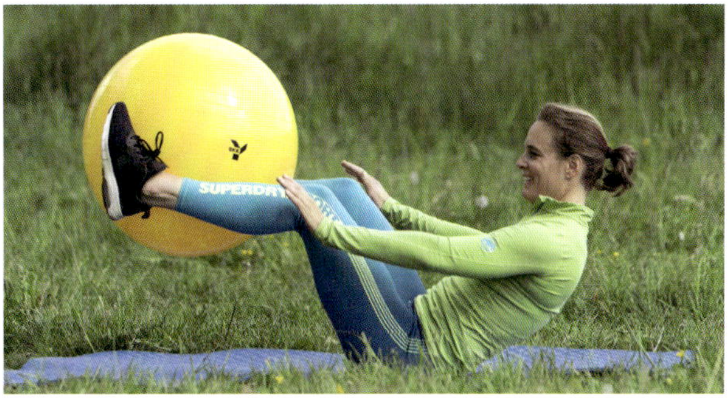

Crunches

Crunches bauen die Bauchmuskulatur auf. Legen Sie sich mit angewinkelten Beinen auf die Matte, die Füße aufgestellt. Die Hände sind locker am Hinterkopf, Ellenbogen zeigen zur Seite. Heben Sie den Oberkörper leicht gekrümmt an (engl. „crunch"), atmen Sie aus und senken Sie einatmend wieder ab. Nicht ganz ablegen!

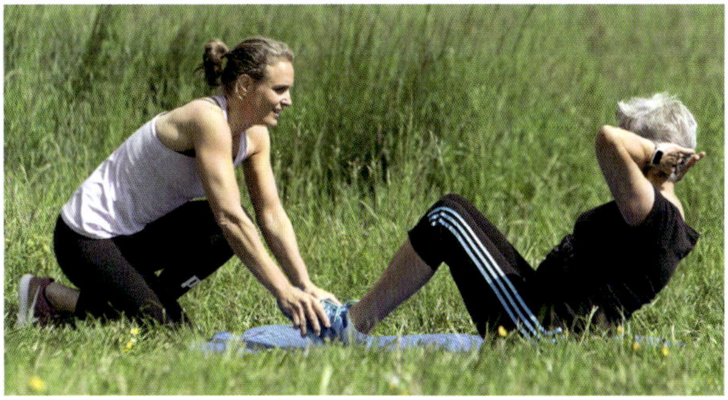

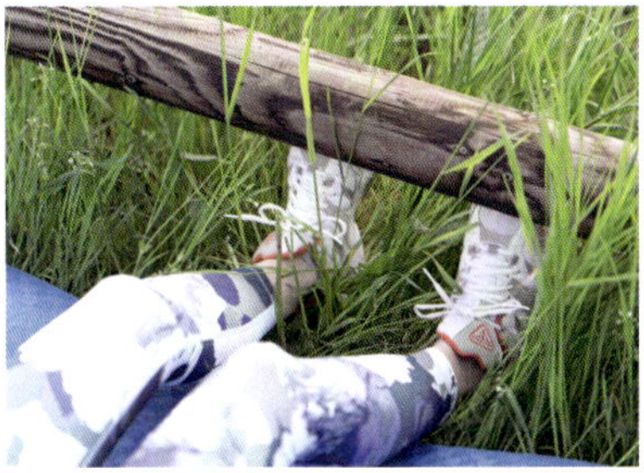

Mit fixierten Füßen ist es für Einsteiger leichter – das geht am Weidezaun oder mit einem Partner. Wichtig: Die Übungen langsam durchführen, und die Beine anwinkeln, da sonst zu viel Druck auf die Lendenwirbelsäule kommt! Steigern Sie die Wiederholungen.

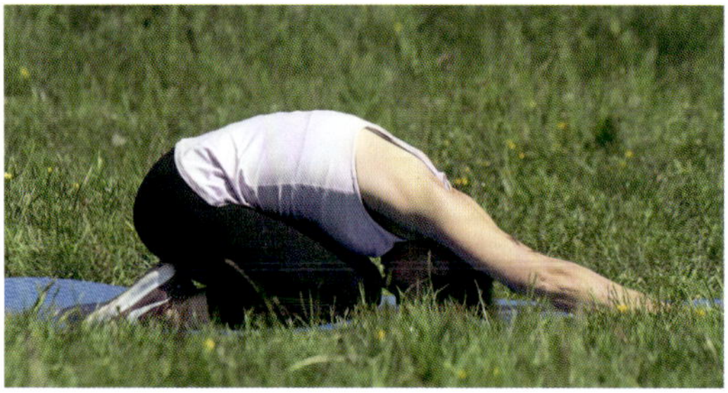

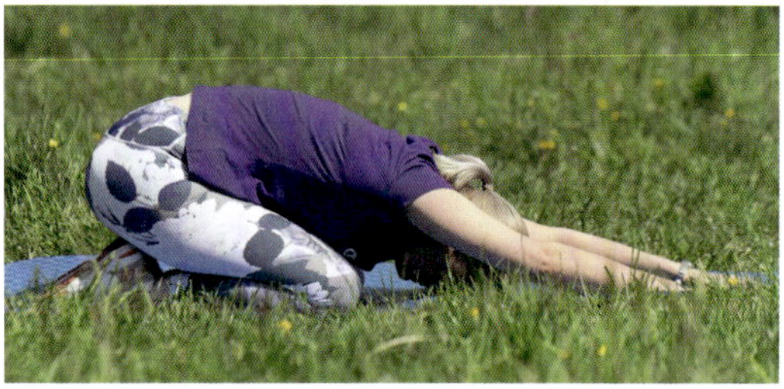

Schlafender Igel

Der „Schlafende Igel" ist eine Übung aus dem Yoga. Er dehnt die Lendenwirbelsäule sowie die Rücken- und die Schultermuskulatur. Setzen Sie sich mit geschlossenen Beinen auf die Fersen und beugen Sie sich mit gestreckten Armen nach vorn, bis der Bauch auf den Oberschenkeln ruht und Sie die Stirn entspannt auf dem Boden ablegen können.

Auch in dieser Übung wird deutlich: Jeder Körper ist anders. Nehmen Sie die individuellen Unterschiede an. Üben Sie, aber erzwingen Sie nichts.

Einknicken in der Hüfte? Verbessern Sie Ihre seitliche Rumpfstabilität!

Besonders anfällig dafür, in der Hüfte einzuknicken, sind Reiter, die oft liebevoll rechts oder links auf's Pferd schauen oder die versuchen, ihr Pferd auf der festeren Seite mit mehr Kraft zu stellen und zu biegen. Der Druck sorgt für ein Festhalten, welches das Pferd meistens mit einem Dagegenhalten beantwortet. In der Folge knickt der Reiter seitlich ein.

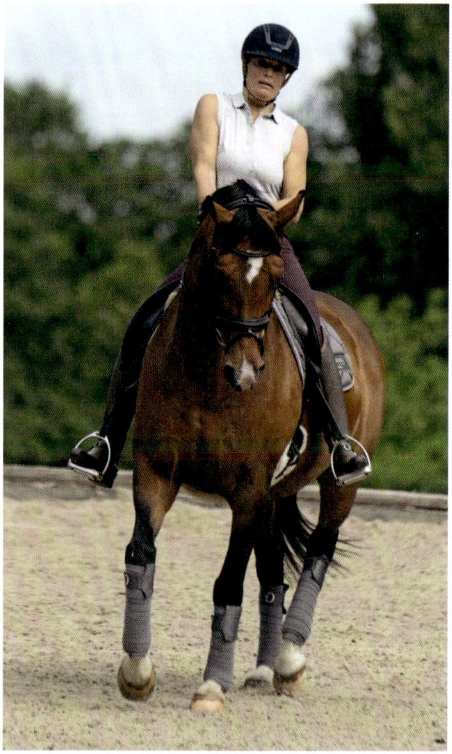

Beim Einknicken in der Hüfte verdreht sich der ganze Sitz, sodass eine korrekte Hilfengebung unmöglich ist. Eine eingeknickte Hüfte hat immer auch negative Auswirkungen auf die richtige Lage der Unterschenkel.

Steigbügel durchtreten

Knicken Sie zum Beispiel beim Reiten einer Traversale nach rechts in der Hüfte ein, treten Sie bewusst den linken Steigbügel aus. Dies richtet den Oberkörper auf und sorgt für die seitliche Stabilität.

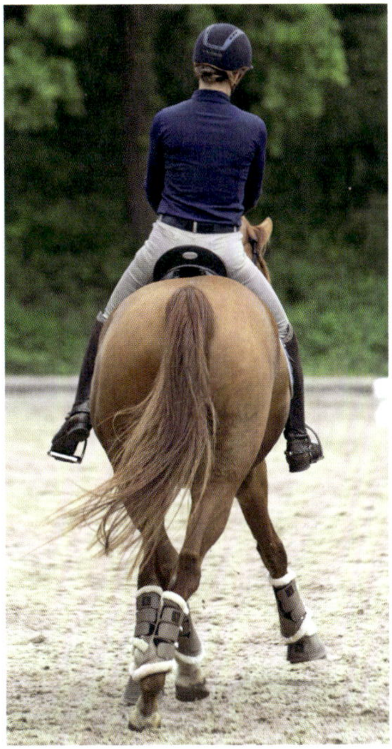

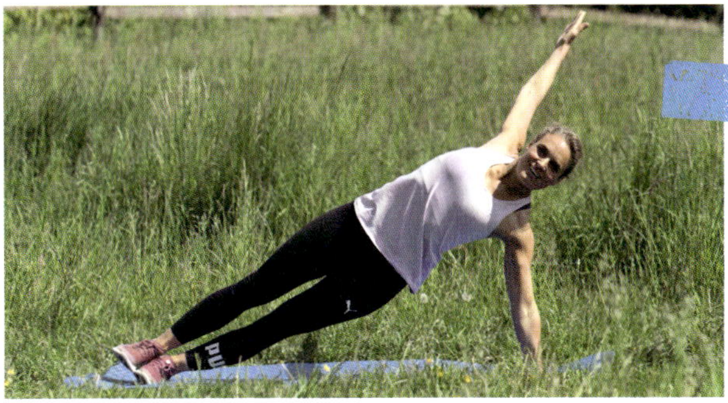

Side-Planks

Side-Planks trainieren besonders die Spannung in der Mittelpositur. Auch die seitliche Bauchmuskulatur wird gekräftigt. Das sorgt für eine gute und stabile Basis im Körper. Anstrengend, aber effektiv: Side-Planks mit einer Dehnung der Schulter.

Für Könner: Side-Planks mit zusätzlicher Kräftigung der Gesäß- und Beinmuskulatur. Heben Sie aus einer stabilen Side-Plank-Position heraus das obere Bein an und halten Sie dies. Wenn Sie merken, dass die Kraft nachlässt: absetzen, kurze Pause und noch einmal wiederholen.

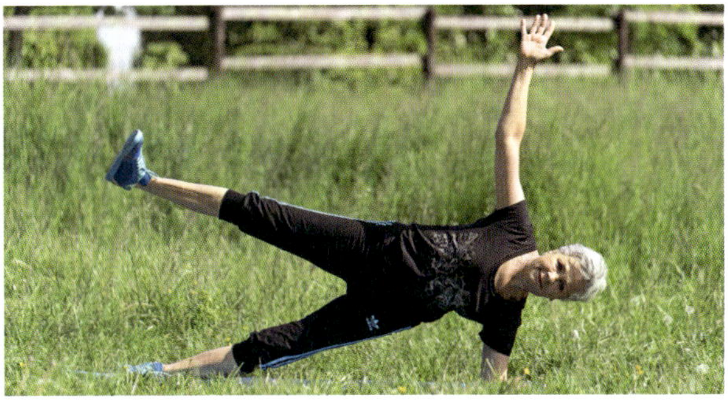

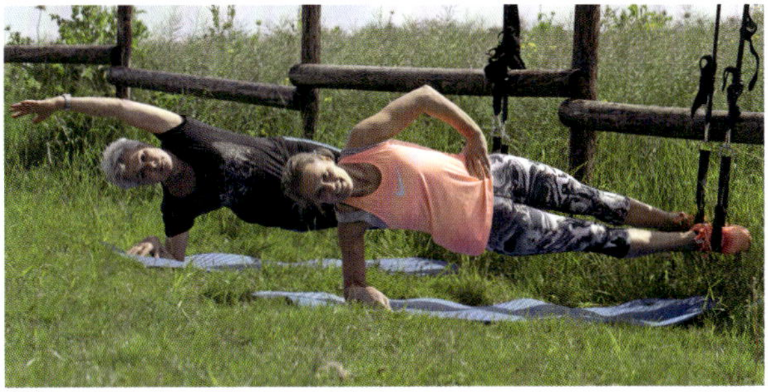

Und wer Herausforderungen sucht: Side-Planks im TRX-Band.

Rotation-Lunges

Setzen Sie die Füße in einer gedachten Linie weit auseinander und beugen Sie das vordere Bein rechtwinklig. Führen Sie die Arme seitlich nach oben und drehen Sie den Oberkörper mit den Armen nach rechts und links. Wechseln Sie die Beine und wiederholen Sie die Übung. Sie hilft, den Oberkörper beim Reiten auch in der Drehung stabil zu halten.

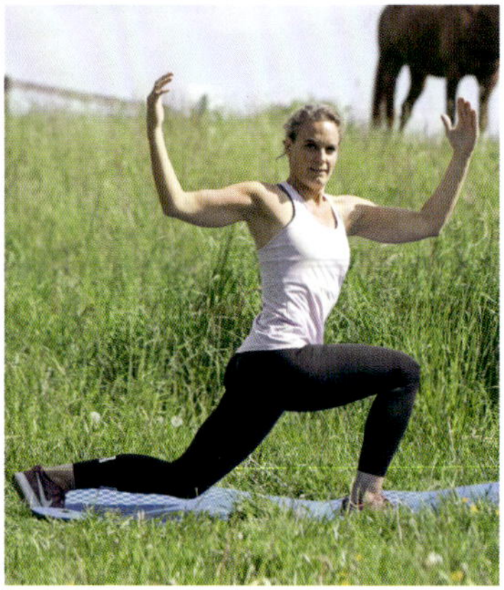

Koordinationsbooster Flexibar

Wer oft in der Hüfte einknickt, kann mithilfe der Flexibar die Stabilität verbessern. Egal, welche der drei Übungen Sie durchführen: Achten Sie darauf, eine gute Körperspannung aufzubauen, den Bauchnabel einzuziehen und das Gesäß anzuspannen. Nun können Sie die Flexibar in eine gleichmäßige, rhythmische Schwingung versetzen.

Da die Minischwingungen nur mit einer guten Körperspannung und einem guten Timing ausgelöst werden können, bekommt man ein direktes Feedback.

Sie werden fühlen, wann Sie den Takt haben. Dies hilft auch, den Takt beim Reiten besser zu finden. Übertragen Sie dieses Gefühl aufs Pferd und Ihr Sitz wird sich verbessern.

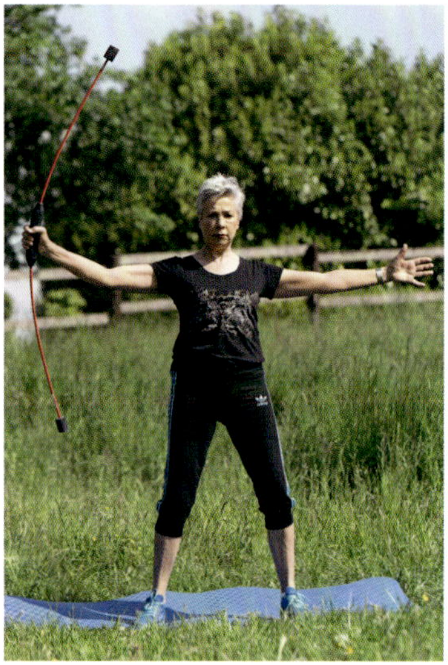

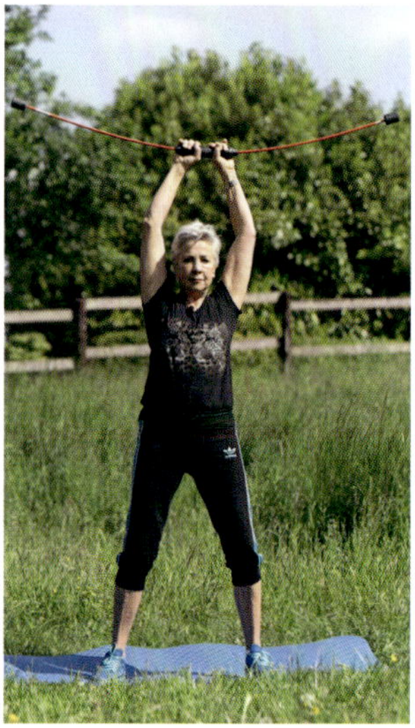

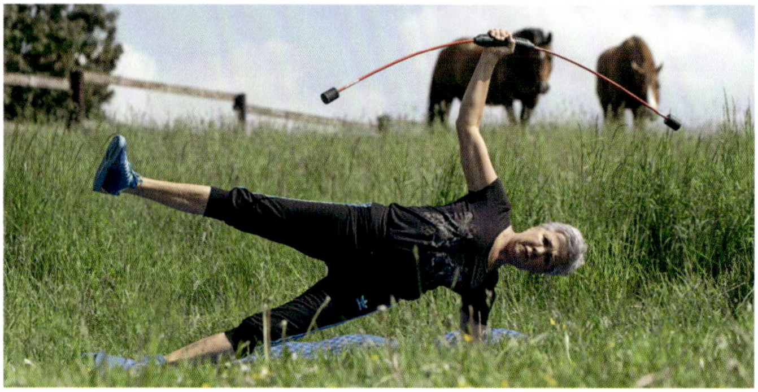

2. BASIS-MODUL: SCHENKEL

Klopfendes Bein und festes Knie? Dehnen und mobilisieren Sie Ihre Fuß- und Beinmuskulatur!

Ein unruhiger, klemmender Schenkel verhindert einen guten Sitz. Er ist ein Hinweis darauf, dass entweder das Fuß- oder das Kniegelenk nicht richtig arbeiten. Wer nicht über genügend Spannung in der Körpermitte verfügt, muss sich anders stabilisieren, zum Beispiel durch einen zu hohen Druck mit dem Knie. Das Knie klemmt auch, wenn der Absatz nicht durchfedern kann. Bei der Sitzanalyse muss man daher immer das Bein bis zur Hüfte betrachten.

Ist ein Gelenk fest (gehalten), hat dies biomechanisch immer negative Auswirkungen auf darunter- und darüberliegende Gelenke. Ein fester Schenkel wirkt sich zudem negativ auf die Elastizität des Pferdes aus.

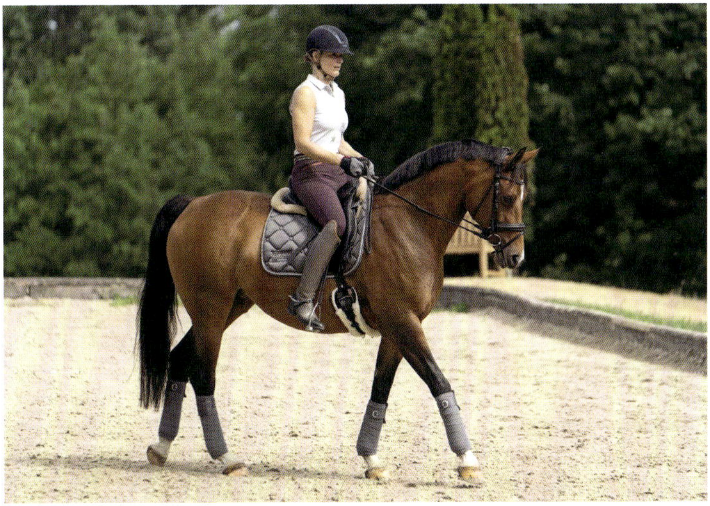

Mobilisation der Fußgelenke

Ist das Knie fest, weil das Fußgelenk nicht locker ist, hilft es, dieses durch Kreisen der Füße beweglicher zu machen. Bewegen Sie durch gezieltes Hochziehen und Herunterdrücken der Fußspitzen die Fußgelenke.

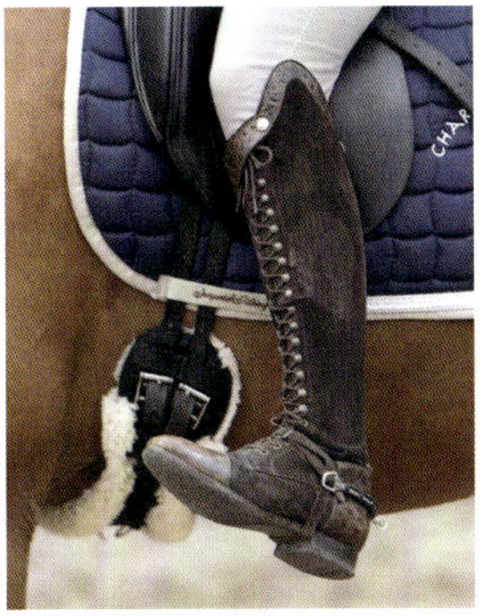

Auch der Absatz kann merklich besser durchfedern, wenn die Fußgelenke locker sind.

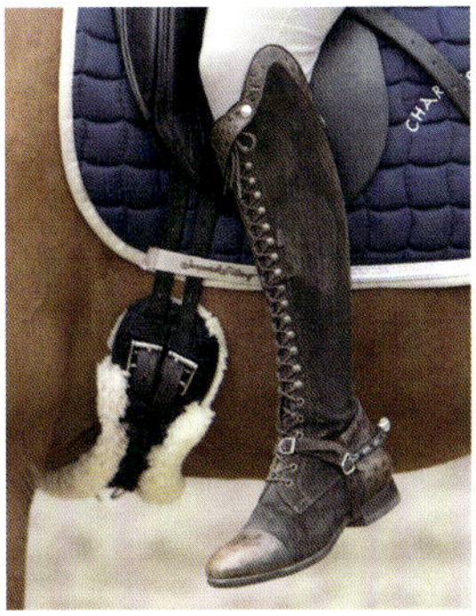

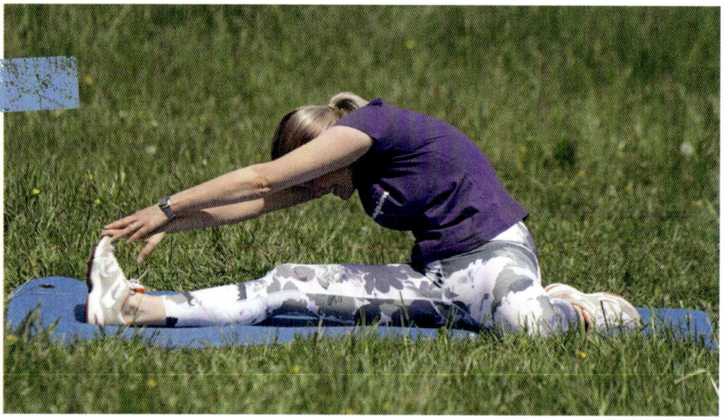

Hürdensitz

Im Hürdensitz dehnt man die Adduktoren, die Waden- und die hintere Oberschenkelmuskulatur. Dadurch werden verkürzte Muskelpartien wieder elastischer. Das rechte Bein ist nach vorn gestreckt, das linke nach hinten abgewinkelt. Versuchen Sie nun, mit beiden Händen Ihre Füße zu berühren. Alternativ geht das am Anfang auch nur mit einer Hand.

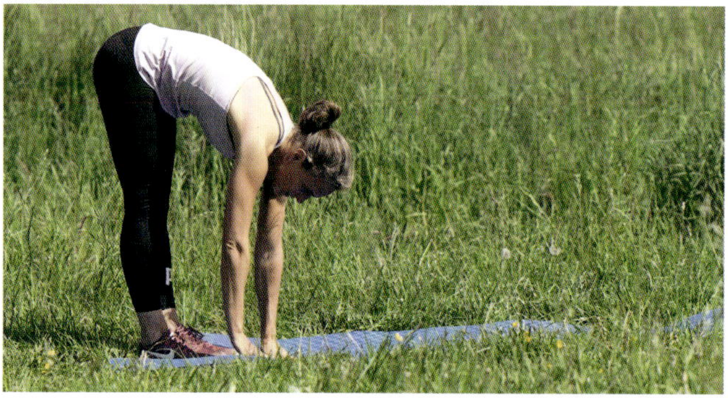

Rumpfbeugen mit Liegestütz

Wenn Sie beim Rumpfbeugen mit den Händen nach vorn gehen …

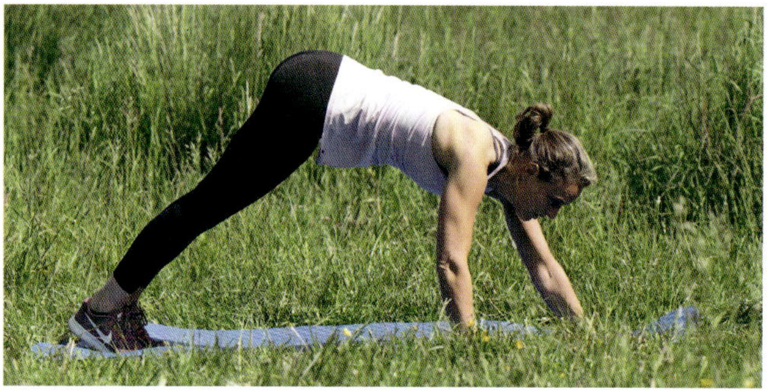

… bis Sie in einer aufrechten Liegestützposition sind, und sich danach wieder zurück in die Ausgangsposition bewegen, dehnt dies die Oberschenkelrückseite und verbessert zusätzlich die Körperspannung und Koordination.

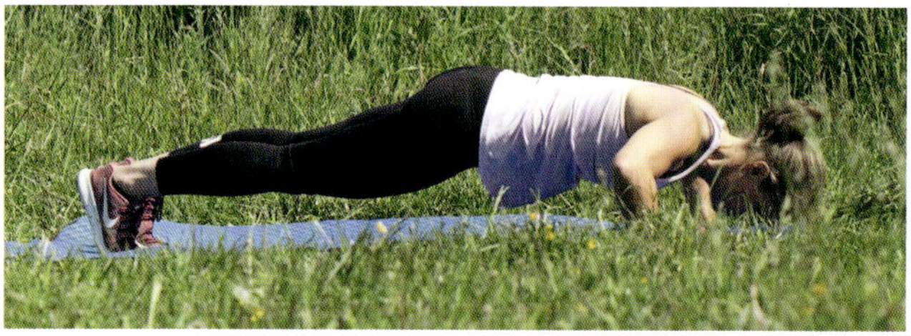

Variante: Wer schon ganz fit ist, kann dies natürlich auch mit einer Liegestütze kombinieren!

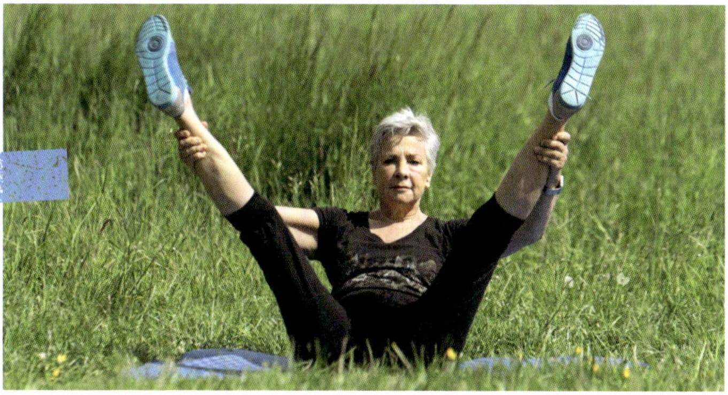

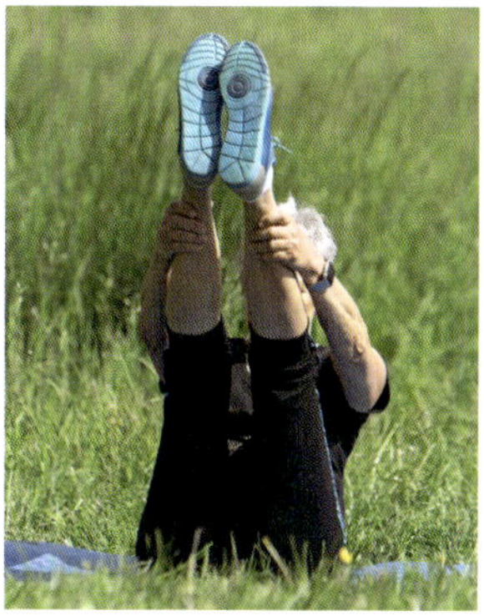

V-Sitz
Bei dieser Übung werden Dehnung und Balance miteinander verknüpft. Der Rücken sollte gerade, das Brustbein aufgerichtet bleiben.

Variante:
Öffnen und schließen Sie die Beine abwechselnd.

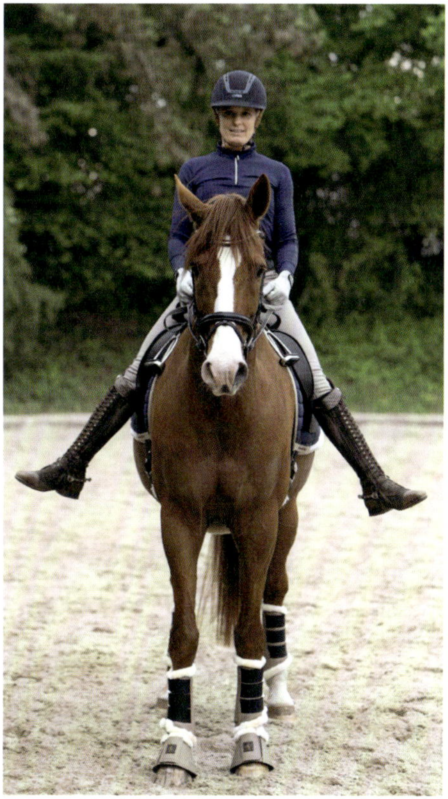

Beine kreisen
Ist das Knie zu fest am Sattel, lösen Sie es durch Kreisen der Beine aus der Hüfte heraus. Diese Übung führt dazu, dass Ihre Knie lockerer am Pferd anliegen und somit Fuß- und Hüftgelenke freier arbeiten können.

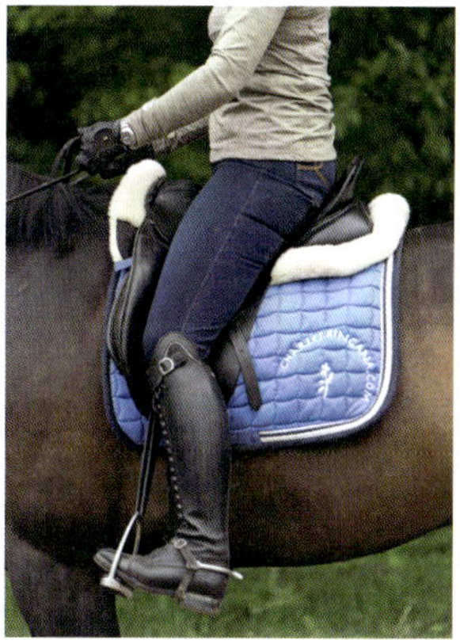

Checken Sie Ihr Equipment
Auch ein zu langer oder zu kurzer Steigbügel kann einen unruhigen Unterschenkel zur Folge haben. Reiten Sie einmal ohne Steigbügel und schauen Sie danach, welche Bügellänge für Sie angenehm ist und es Ihnen ermöglicht, den Unterschenkel still am Pferd zu lassen.

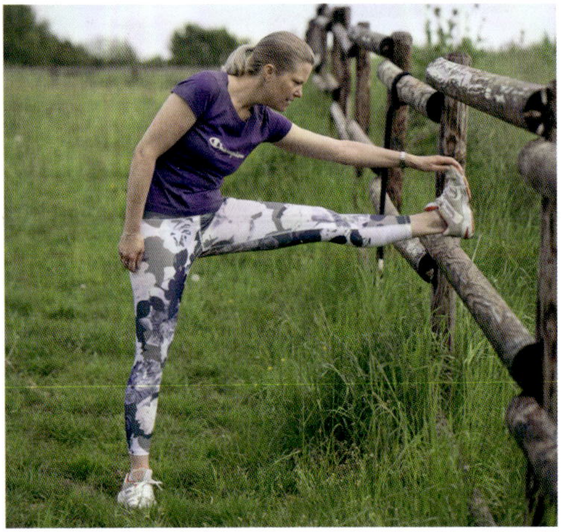

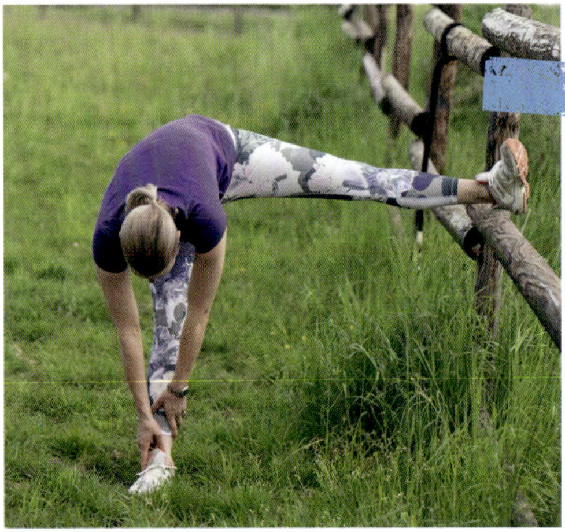

Dehnung der Adduktoren

Die Adduktoren (Beinanzieher) sind bei Reitern sehr stark ausgebildet und sollten gut gedehnt werden, um ein Klemmen der Knie zu verhindern. Legen Sie ein Bein so auf eine Stange, dass es etwa einen rechten Winkel beschreibt. Lassen Sie das Standbein durchgedrückt.

Nun können Sie sich mit einer Hand oder auch mit beiden zum Fuß des „Zaunbeins" oder zum Fuß des Standbeins bewegen.
Tipp: Wenn Sie die Lage des Oberkörpers immer wieder etwas verändern, erreichen Sie alle Bereiche des Muskels.

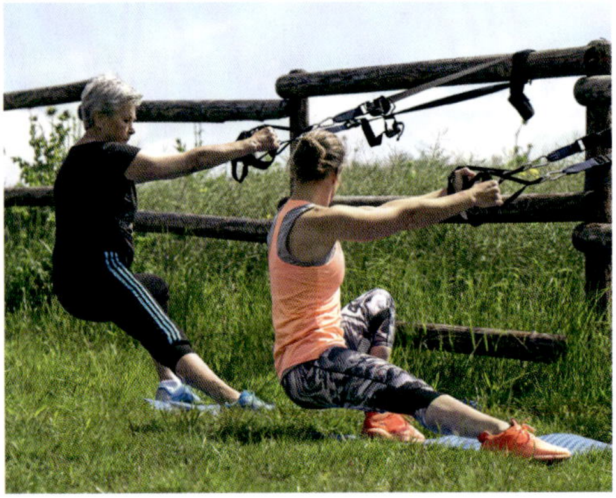

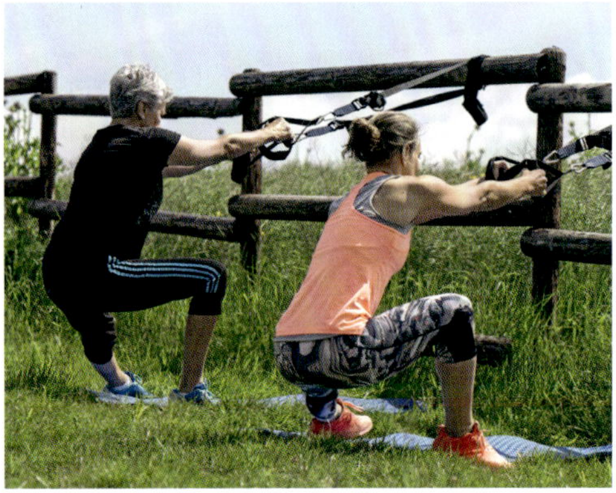

Deep-Lunges mit dem TRX-Band

Zu einer Kräftigung des vorderen Oberschenkel- und Gesäßmuskels kommt die Dehnung der Abduktoren. Dies stabilisiert den Sitz und mobilisiert ihn gleichzeitig.

Achten Sie darauf, das gerade Bein durchgestreckt zu lassen sowie das Hochdrücken und den Seitenwechsel langsam durchzuführen. Durch die Beteiligung der Arme können Sie variieren wie viel Bein oder Arm Sie trainieren möchten. Versuchen Sie 10 – 20 Wiederholungen je Seite, gern mit Pausen.

Ihr Pferd ignoriert Ihre Schenkelhilfen, obwohl Sie doch schon so viel treiben? Verbessern Sie Ihr Timing!

Reagiert ein Pferd nicht gut auf die vorwärts- oder seitwärtstreibenden Hilfen, dann versucht der Reiter, dies besonders energisch einzufordern. Dabei gibt er aber oft seinen Sitz auf. In diesem Fall sollte auf das Timing der Hilfengebung geachtet werden. Der Reiter muss lernen zu erspüren, wann der richtige Zeitpunkt für die treibende Hilfe gekommen ist, und dann mit Impulsen arbeiten.

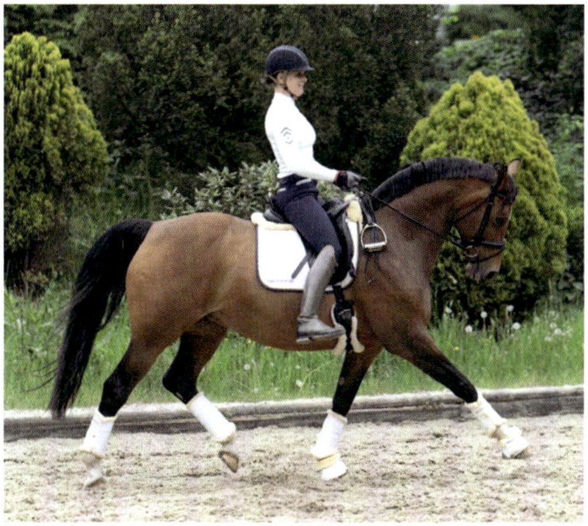

Loslassen, Körperspannung, Impulse

Lassen Sie im Sitz los, atmen Sie tief durch und ziehen Sie den Bauchnabel ein. So können Sie eine gute Körperspannung aus der Körpermitte heraus aufbauen. Schließen Sie dann die Augen und erfühlen Sie den passenden Zeitpunkt für die treibende Hilfe. Wenn Ihr Pferd beginnt, fein auf Ihre Impulse zu reagieren, stimmt Ihr Timing. Sitzen Sie hinter der Bewegung, kommt die treibende Hilfe zu spät, vor der Bewegung zu früh. Versuchen Sie, das Pferd aus der Mitte heraus „anzusaugen" und über die Losgelassenheit zum Schwingen zu bringen. Feine Impulse am Bein halten das Pferd an den treibenden Hilfen.

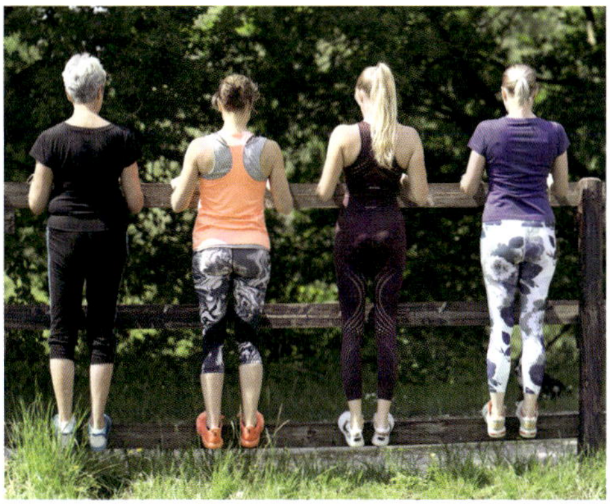

Durchfedern

Stellen Sie sich auf eine Weidezaunlatte oder Treppenstufe und federn Sie gleichmäßig mit beiden Füßen nach unten durch. Versuchen Sie immer, in der Muskulatur loszulassen und spannen Sie die Waden nur über Impulse an. Genau das benötigen Sie beim Treiben.

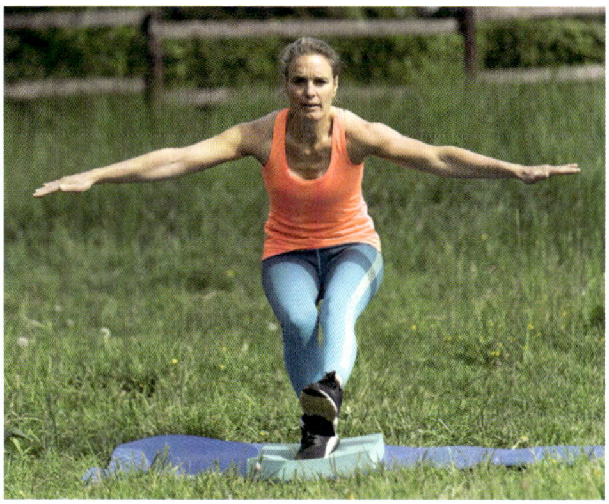

Einbeinige Squats

Stellen Sie sich hüftbreit hin und verlagern Sie Ihr Gewicht auf ein Bein. Strecken Sie die Arme zur Stabilisierung aus. Schieben Sie nun Ihr Gesäß nach hinten-unten und halten Sie das zweite Bein gestreckt nach vorne. Mit Balance-Board erhöhen Sie den Schwierigkeitsgrad.

3. BASIS-MODUL: HAND, SCHULTER UND KOPF

Sie haben eine starre oder unruhige Hand? Beruhigen Sie sie wieder!

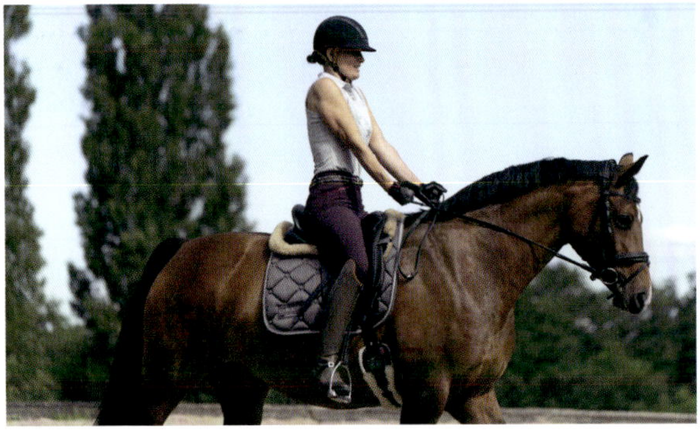

Ist die Reiterhand unruhig, lassen sich auch die Hilfen nicht exakt geben. Eine feine und vom Sitz unabhängige Hand ist aber ein elementarer Faktor für gutes Reiten und eine fein dosierte Hilfengebung. Eine starre Hand sorgt für feste Schultern und Arme, eine elastische Zügelführung ist unmöglich.

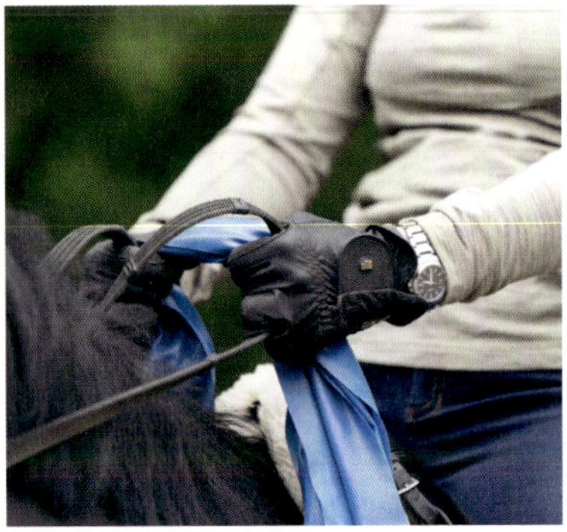

Zügelbrücke oder Theraband

Für die Zügelbrücke nehmen Sie die Zügel doppelt in die Hand und stabilisieren dadurch beide Hände. Alternativ können Sie ein Theraband in die Hände nehmen.

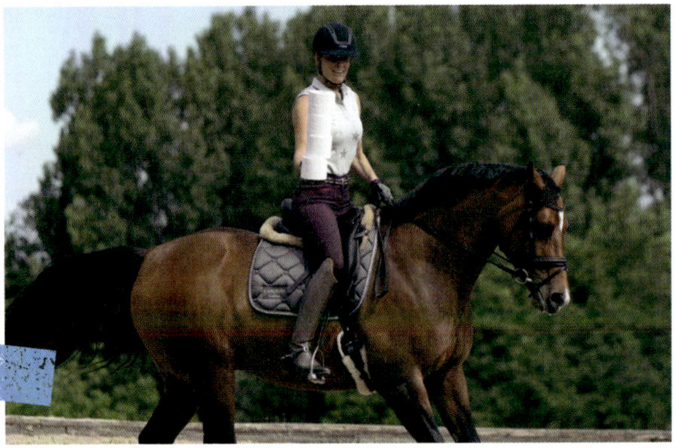

Reiten mit Tablett

Führen Sie beim Reiten eine Hand vor den Körper und halten Sie diese so ruhig, als hätten Sie ein Tablett mit Gläsern in der Hand. Oder nehmen Sie doch mal Klopapierrollen mit auf's Pferd. Hier merken Sie ganz schnell, ob Ihr Sitz und Ihre Hand ausbalanciert und unabhängig voneinander arbeiten!

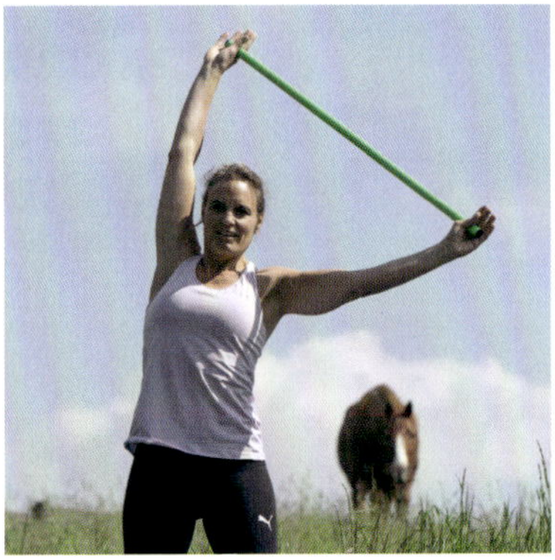

Die Acht

Führen Sie mit einem Theraband oder einem Stab über dem Kopf eine „Acht" durch. Dies fördert die Koordination und die Beweglichkeit der Schultern.

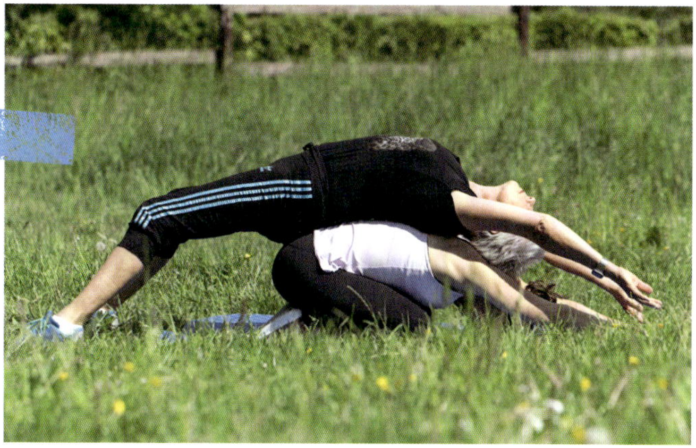

Schlafender Igel und liegender Bogen

Gehen Sie in den Vierfüßlerstand und verlagern Sie das Gewicht bei gestreckten Armen nach hinten auf die Fersen. Das öffnet und dehnt die Schulter- und Brustmuskulatur und hilft, die Schultern zu lockern. Das wiederum sorgt für eine ruhigere Hand. Als Partnerübung können Sie den „Liegenden Bogen“ kombinieren: Der Partner legt sich gestreckt über den „Schlafenden Igel“.

Spreizen Sie beim Reiten die Oberarme vom Oberkörper ab, um dadurch die Hand ruhig halten zu können? Lassen Sie los und geben Sie Ihrem Kopf neue Aufgaben!

Ausgleichsbewegungen sind völlig normal, da der Körper immer versucht, sich zu helfen und die an ihn gestellte Aufgabe zu erfüllen. Leider führen sie schnell zu Gewohnheiten, die man nicht haben möchte. Um dem Gehirn neue Lösungen zu präsentieren und neue synaptische Verknüpfungen zu ermöglichen, bietet man ihm sinnvollerweise Koordinationsübungen an, die zugleich die Losgelassenheit fördern.

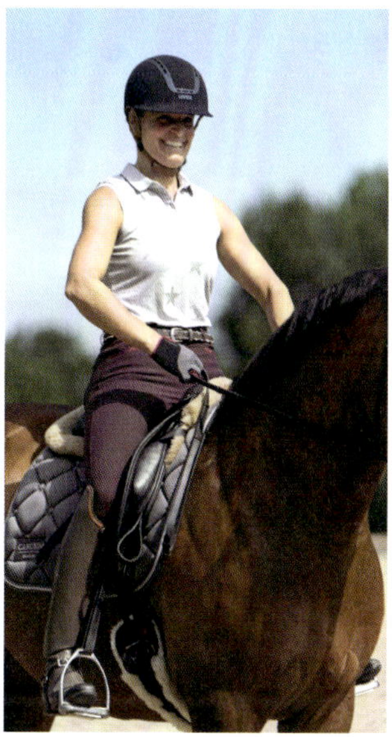

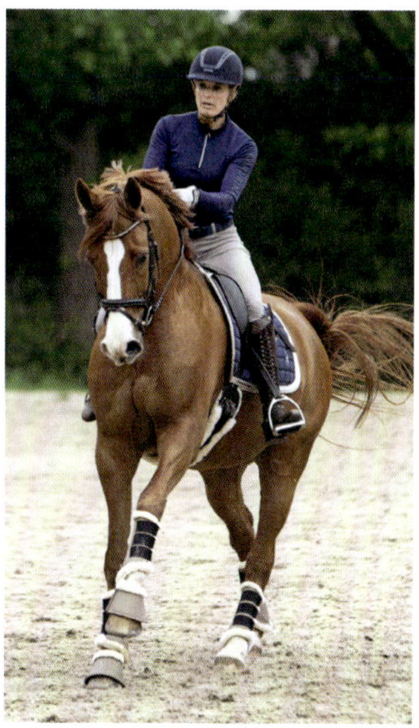

Hände gleichzeitig nach vorn schieben

Indem Sie sich darauf konzentrieren, die Oberarme am Oberkörper zu behalten und beide Hände gleichzeitig nachgebend nach vorn in Richtung Pferdemaul zu schieben, bieten Sie dem Gehirn eine gute Alternative an. Zusätzlich können Sie direkt überprüfen, ob das Pferd genug „am Bein“ ist. Sucht es weiterhin das Gebiss und tritt nun vermehrt heran, ist alles richtig.

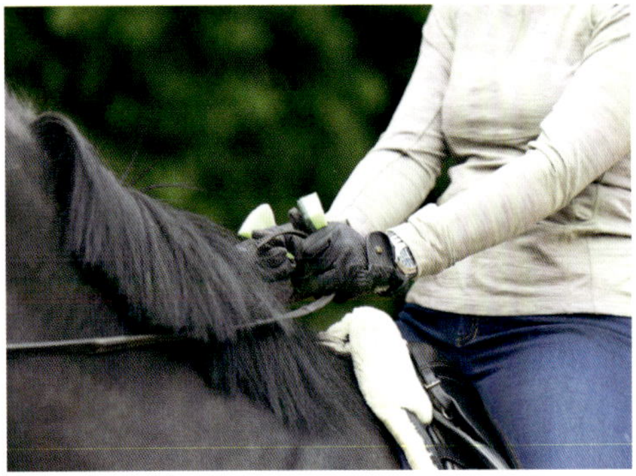

Schwämme ausdrücken

Um die Hände vermehrt aufzurichten, können Sie handelsübliche Schwämme in die Hände nehmen und die Zügelhilfen bewusst nur über ein Ausdrücken der Schwämme geben, bei dem das imaginäre Wasser unten aus der Faust herauslaufen sollte. Denn: Sind die Hände aufrecht, legen sich die Ellenbogen leichter an den Oberkörper an.

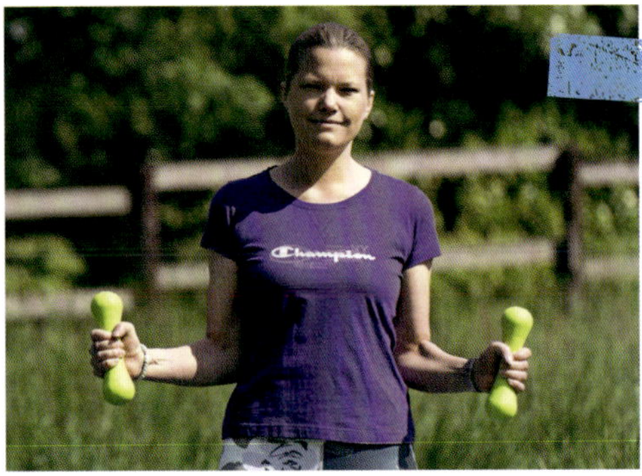

Gewichte nach außen bewegen

Sozusagen als Überkorrektur können Sie leichte Gewichte (es gehen auch gefüllte Wasserflaschen) halten, die Oberarme an den Oberkörper anlegen und die Gewichte bewusst nach außen bewegen. Die Oberarme bewegen sich nicht. Das Gehirn speichert diese Bewegung, sodass es im Anschluss leichter ist, die Oberarme ruhig am Körper zu lassen.

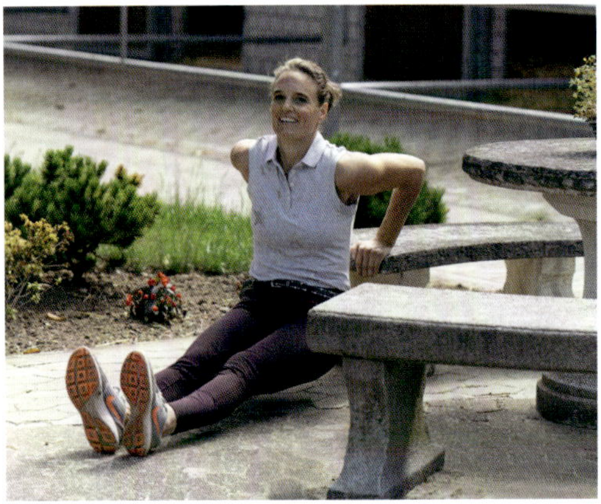

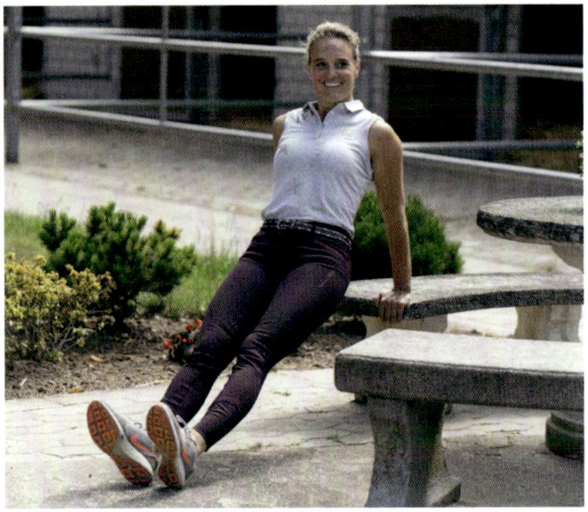

Dips

Dips öffnen den Brustkorb und sorgen für einen gestärkten oberen Rücken. Zusätzlich trainieren sie den Trizeps.

Umgreifen Sie rücklings eine Sitzbank oder eine Zaunlatte und lassen Sie Ihr Gesäß in Richtung Boden absinken.

Achten Sie darauf, dass die Ellenbogen nach hinten zeigen und auf Schulterhöhe bleiben. Wenn Sie die Übung mit gestreckten Beinen durchführen haben Sie einen großen Trainingseffekt.

Zum Trainingseinstieg können Sie die Beine alternativ auch im 90-Grad-Winkel halten, dann ist es einfacher. Starten Sie mit 10 Wiederholungen und 2–3 Sätzen.

Schultern verspannt und nickender Kopf? Schütteln Sie Ihren Kopf und werden Sie mobil und beweglich!

Sehr oft sind festgehaltene Schultern für ein Kopfnicken beim Reiten verantwortlich. Indem der Reiter die Schultern festhält und meistens auch hochzieht, verhindert er ein lockeres Durchschwingen vom Absatz bis in die Haarspitzen. Er blockiert sich selbst, wodurch es immer auch zu weiteren Ausgleichsbewegungen kommt.

Um einen Ausstieg aus diesem Teufelskreis zu starten, sollte man immer ganzheitlich arbeiten, um möglichst zu verhindern, dass sich das Festhalten der Schultern dann auf andere Bereiche verlagert. Für eine lockere Schulterpartie gibt es verschiedene Übungen.

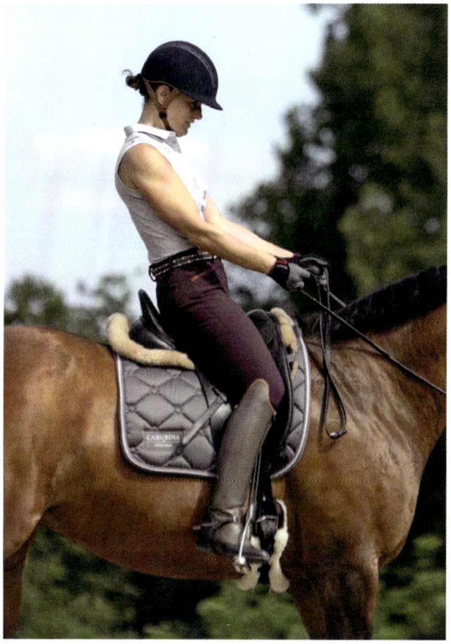

Sind die Schultern festgehalten, wird die Hand fest, die Hüfte unflexibel und der Schenkel passiv. Dies blockiert die Hinterhand des Pferdes, sie kann nicht mehr in Richtung unter den Schwerpunkt fußen.

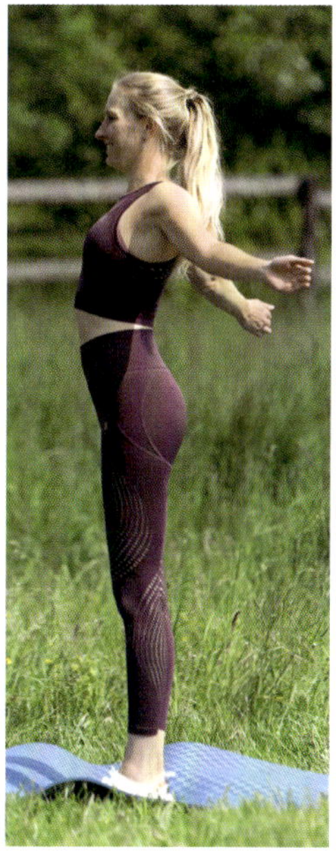

Arme zurücknehmen

Ebenfalls gut beim Reiten integrierbar ist die leichte Verwringung des Oberkörpers. Dies mobilisiert und macht beweglich. Das Zurücknehmen der Arme öffnet den Brustkorb. Führen Sie dies zu beiden Seiten durch.

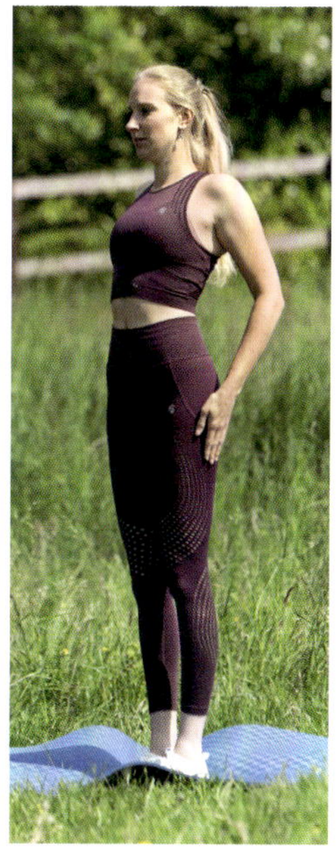

Schulterkreisen

Das Schulterkreisen können Sie ganz einfach und überall, auch auf dem Pferd, durchführen. Es bewirkt eine Aufrichtung der Hals- und Brustwirbelsäule und somit eine verbesserte Beweglichkeit.

Shoulder-back-mobility

Lassen Sie auf dem Rücken liegend das rechte Bein angewinkelt zur Seite und über das gestreckte linke Bein sinken (Becken/Schultern bleiben am Boden). Fixieren Sie mit der linken Hand das rechte Knie und lassen Sie den rechten Arm nach hinten auf den Boden sinken. Das dehnt und mobilisiert.

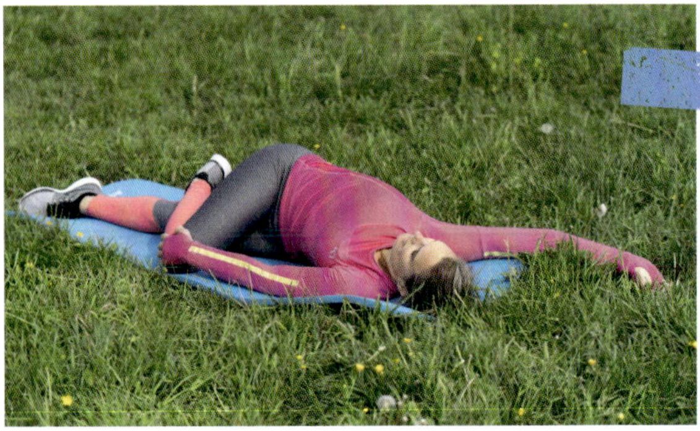

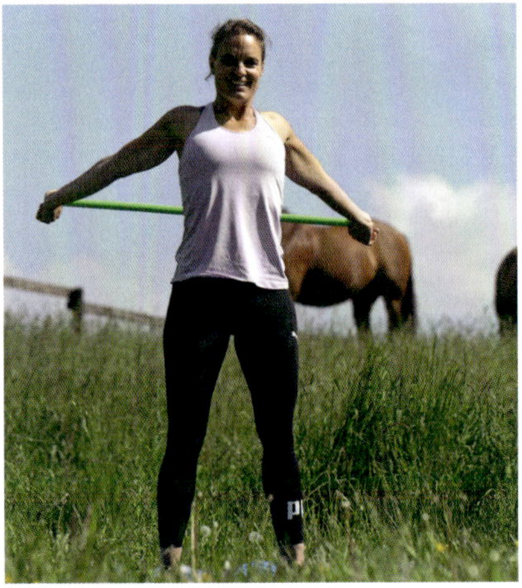

Stabdehnung der Schulter

Fassen Sie einen Stab und führen Sie die Arme über den Kopf nach hinten und wieder nach vorn. Dies ist eine sehr effektive Übung, um die Schulter zu dehnen. Am Anfang fällt sie meist etwas schwer. Üben Sie jeden Tag, merken Sie aber schnell einen Trainingseffekt.
Tipp: Am Anfang den Stab etwas weiter fassen und erst enger greifen, wenn es leichter wird. Achtung: Die Arme durchgestreckt lassen, auch wenn man meint, es geht nicht. Es geht!

Schulterkreisen auf dem Pferd

Sie können Ihre Schultern auch zwischendurch auf dem Pferd mobilisieren, indem Sie sie kreisen lassen, den Arm etwas nach hinten führen oder ihn kurz seitlich neben dem Körper hängen lassen. Verschiedene Bewegungsformen helfen, (alte) Muster aufzubrechen.

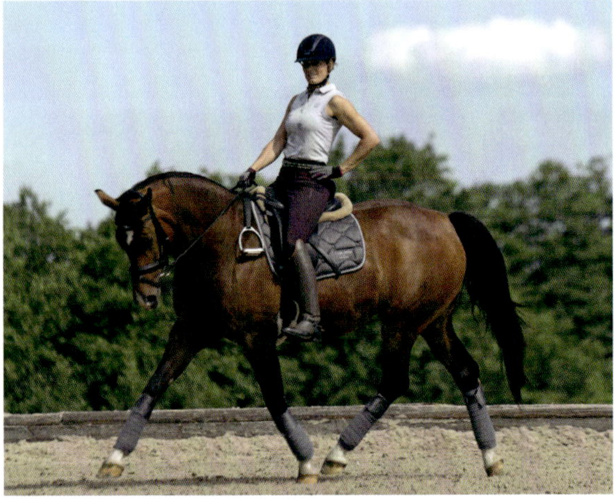

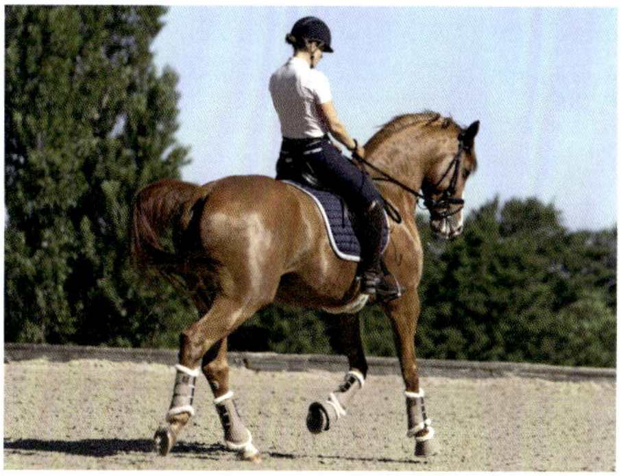

Der Kopf nickt, weil die Körperspannung fehlt? Das können Sie mit ein wenig Training leicht korrigieren.

Eine weitere häufige Fehlerquelle ist eine mangelnde Körperspannung in Bauch und Rücken. Dies hat einen nickenden Kopf zur Folge.

Stolzer Blick

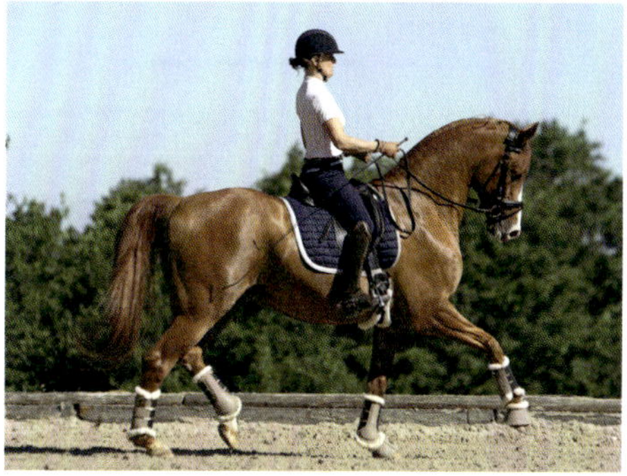

Stellen Sie sich vor, Sie sind eine stolze Königin. Werden Sie groß auf dem Pferd, denn so stabilisieren Sie automatisch Ihren Sitz. Lassen Sie den Blick schweifen: Schauen Sie (wenn Sie draußen reiten) in die Ferne, in die Baumkronen oder auch mal in den Himmel. In der Halle reiten Sie vorausblickend und schauen genau, wohin Sie reiten möchten. Dies hilft, um den Kopf ruhiger zu halten.

Planks

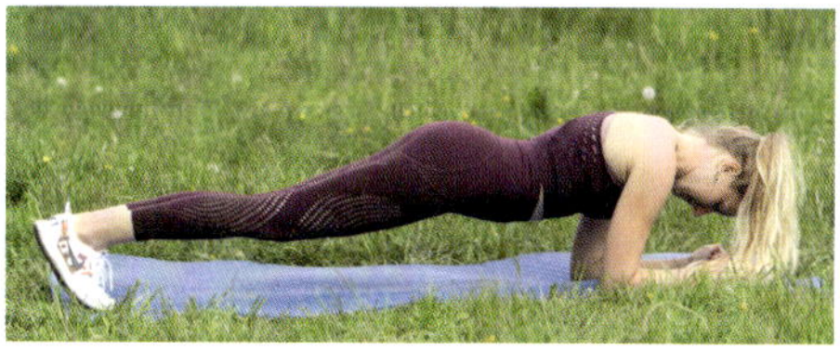

Planks (Unterarmstütz) sind ein Klassiker unter den Übungen. Schon 40 bis 60 Sekunden täglich haben einen positiven Effekt und verbessern die Körperspannung spürbar. Achtung, hängen Sie nicht durch und machen Sie keinen Buckel.

Standwaage

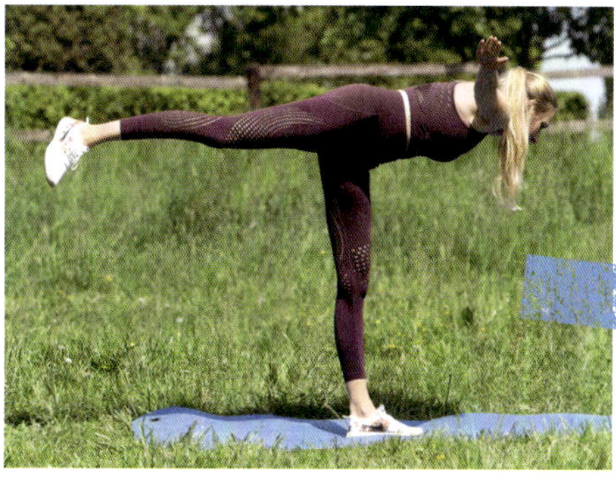

Die Standwaage sorgt für eine gute Körperspannung, verbunden mit einer Mobilisierung der Arm- und Schultermuskulatur. Auch die Balance wird verbessert. Wichtig ist, dass der Beckenknochen nach unten ausgerichtet ist und der gesamte Körper eine Waagerechte bildet. Die Arme können seitlich auf Höhe der Schultern gehalten werden, die Schulterblätter werden zusammengeführt. Für mehr Streckung im Rücken können Sie die Arme alternativ nach vorn in Höhe des Kopfes halten.

4. BASIS-MODUL: BALANCE

Koordination und Balance sind verloren gegangen? Nutzen Sie jede Gelegenheit zur Verbesserung!

Balance gehört unter dem Oberbegriff „Gleichgewichtsfähigkeit" zu den koordinativen Fähigkeiten und ist bei fast allen (sportlichen) Bewegungen gefragt. Auch im Alltag bieten sich viele Trainingsmöglichkeiten: Balancieren Sie auf einer Bordsteinkante, putzen Sie Ihre Zähne abwechselnd auf dem rechten und linken Bein stehend oder gehen Sie beim Parcoursaufbau über die Stangen. Natürlich kann man auch beim Reiten üben.

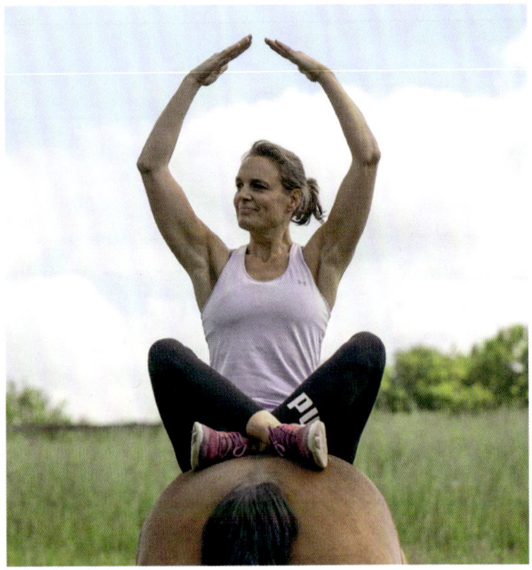

Yogaübungen dienen dem Training der Balance. Aber: Nicht alle Pferde machen so brav mit wie Lutzi. Üben Sie also lieber am Boden.

Reiten über Sprungreihen

Stellen Sie einige Cavaletti oder kleinere Sprünge hintereinander auf und versuchen Sie, gerade und im Gleichgewicht darüber zu reiten oder zu springen. Es kommt dabei nicht auf die Höhe der Sprünge an, sondern auf einen ausbalancierten Sitz.

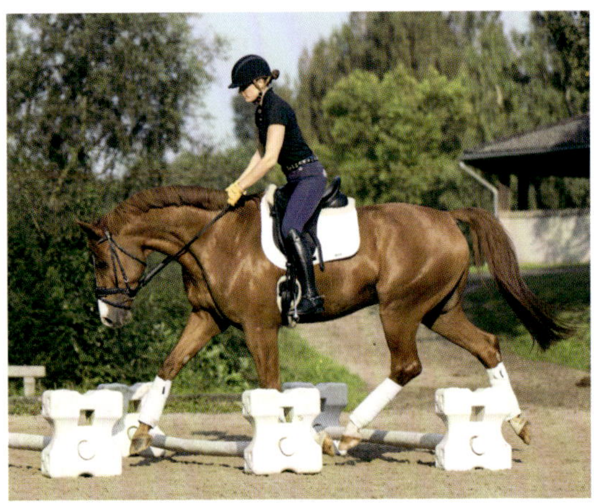

Squats auf dem Balance-Board

Wenn Sie ohne Pferd trainieren wollen, stellen Sie sich auf ein Balance-Board (oder ein gerolltes Handtuch) und machen Squats. Wichtig dabei ist, dass Sie sich nach hinten setzen (als ob Sie sich auf einen Stuhl setzen würden). Variante: Schließen Sie dabei die Augen und/oder führen Sie mit den Armen kreisende Bewegungen durch.

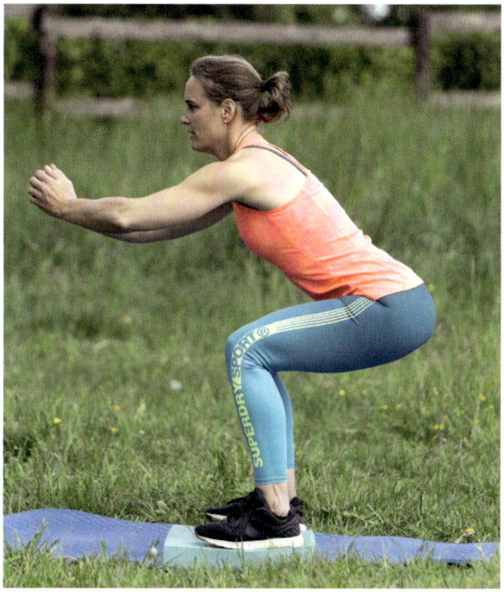

So nicht: Hier kippen die Knie nach vorne und werden zu stark belastet.

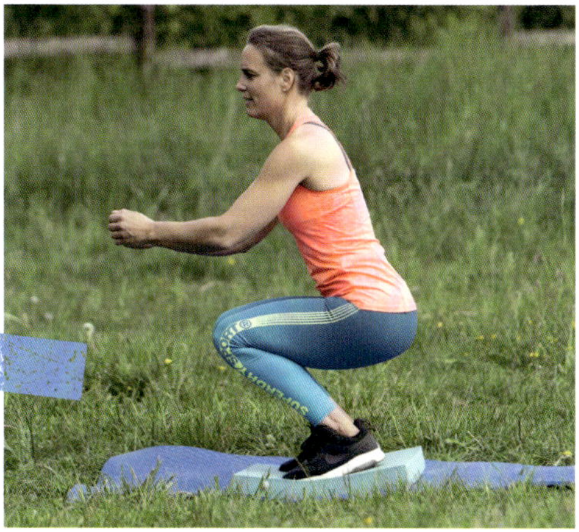

Der Bogen

Stellen Sie sich auf die Zehenspitzen, strecken Sie die Arme nach oben und neigen Sie den ganzen Körper nach hinten.

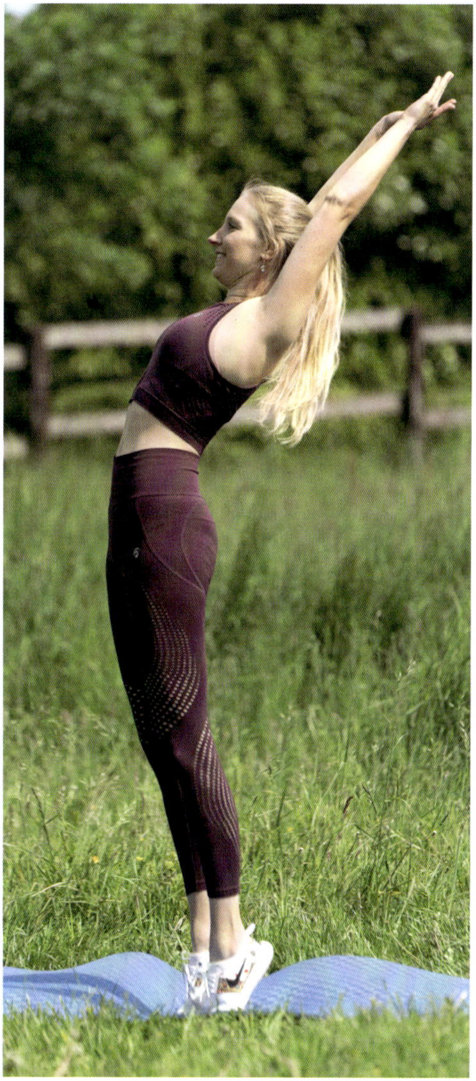

Auf dem Pezziball

Setzen Sie sich mit angespanntem Körper auf einen Pezziball und versuchen Sie, diese Position zu halten. Die Arme und Beine können Sie, neben einer beweglichen Hüfte, zum Ausbalancieren nutzen.

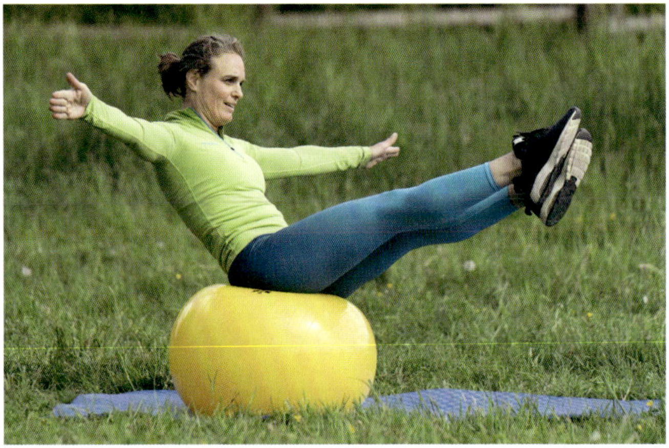

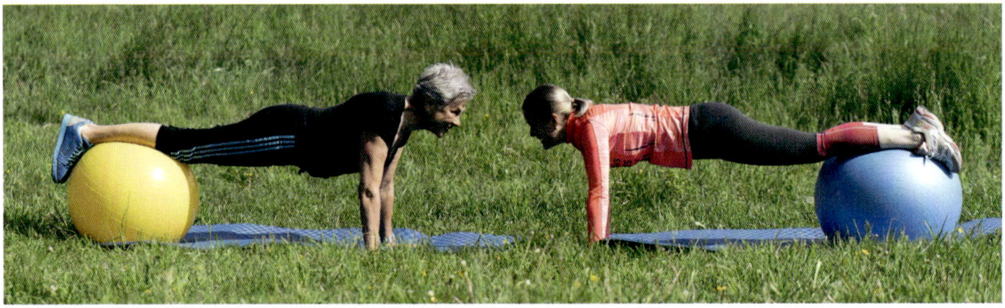

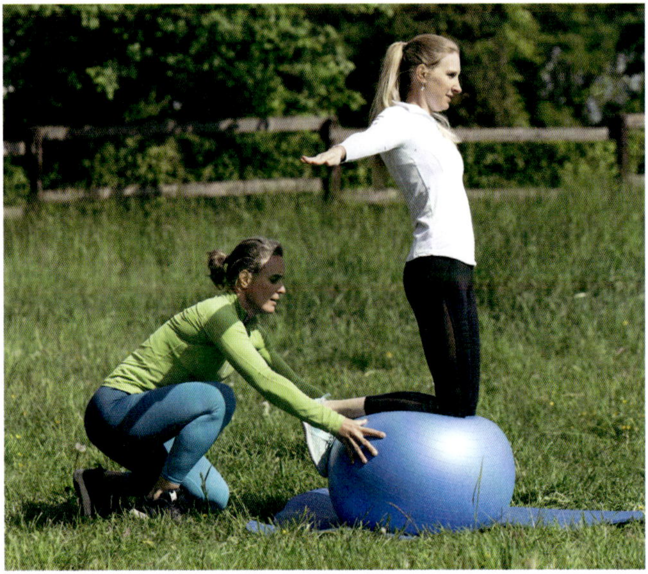

Noch eine Variante ...

Wer ein gutes Gleichgewichtsgefühl hat, der kann versuchen, sich auf den Ball zu knien. Wichtig: Ein Partner sollte zu Beginn den Pezziball festhalten, damit Sie sich vorsichtig ausbalancieren können.

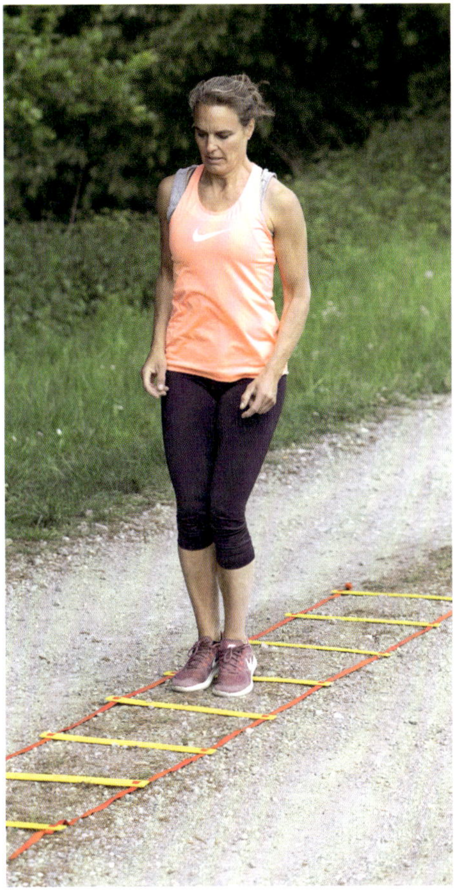

Jump and balance

Für „Jump and balance" kann man eine Koordinationsleiter (siehe Bilder) oder einfach die Steinplatten eines Weges nutzen. Wir schulen dabei das dynamische Gleichgewicht. Der Fantasie sind hierbei keine Grenzen gesetzt.
Bei allen Übungen muss der Körper immer wieder neu ausbalanciert werden. Dies können Sie auf die Bewegungen im Sattel übertragen.

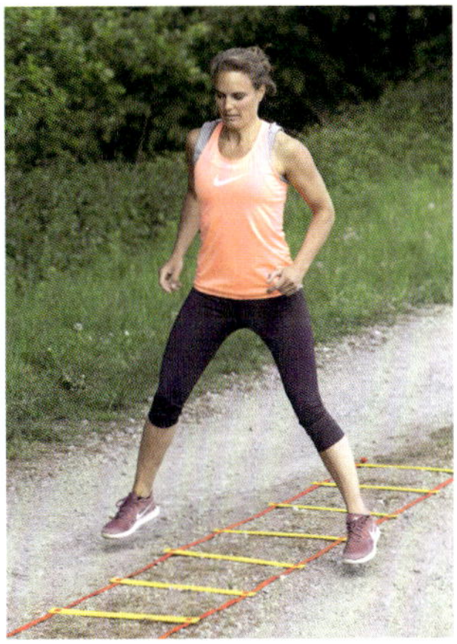

Hüpfen Sie beidbeinig durch jedes Feld der Leiter (Bild links) oder abwechselnd hinein/hinaus (Bild rechts).

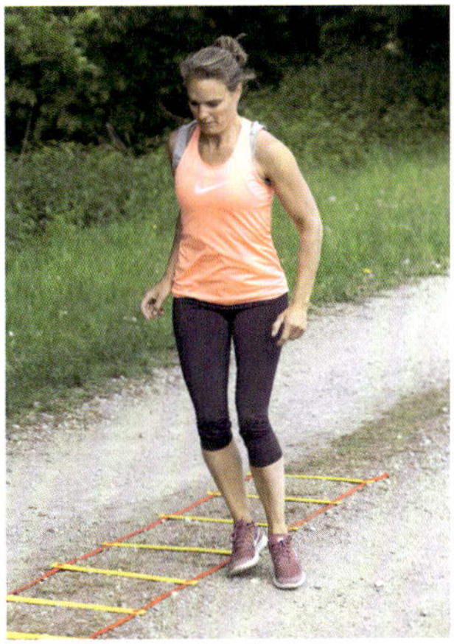

Springen Sie nach links (neben die Leiter), wieder in die Mitte und dann nach rechts neben die Leiter.

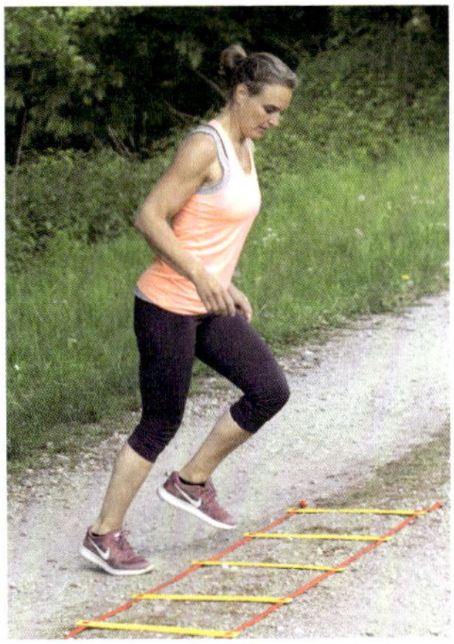

Laufen Sie auch mal seitlich durch die Koordinationsleiter, hierbei muss sich der Körper immer wieder neu stabilisieren.

5. BASISMODUL: KOORDINATION

Wie steht es um die Feinabstimmung Ihrer Bewegungen?

Der Begriff „Koordination" kommt aus dem Lateinischen und bedeutet soviel wie ordnen, aufeinander abstimmen. Im sportlichen Sinn versteht man darunter das Zusammenspiel der Sinnesorgane, des Nervensystems sowie der Skelettmuskulatur mit dem Ziel, zu einer harmonischen Bewegung zu gelangen. Durch eine gute Koordination können Bewegungen präsziser, schneller und effizienter durchgeführt werden.

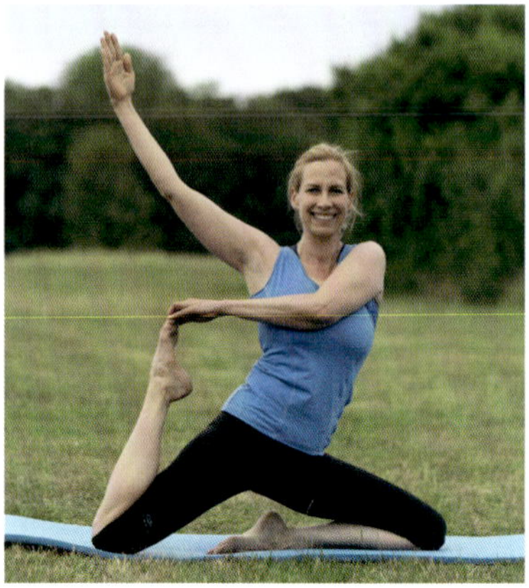

Bei der Variante des Drehsitzes, bei der diagonal gedehnt wird, kommt es auf eine gute intramuskuläre Koordination an.

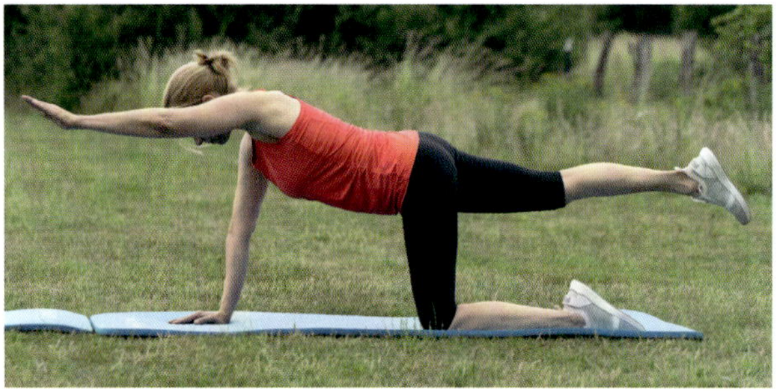

Fahne

Für die Fahne gehen Sie in den Vierfüßlerstand und strecken abwechselnd einen Arm nach vorn und das gegengleiche Bein nach hinten. Die Übung wird so lange wie möglich gehalten, dann wechseln Sie die Seite. Variante: Wem das zu leicht ist, der kann die Übung auch auf einem Balance-Board durchführen.

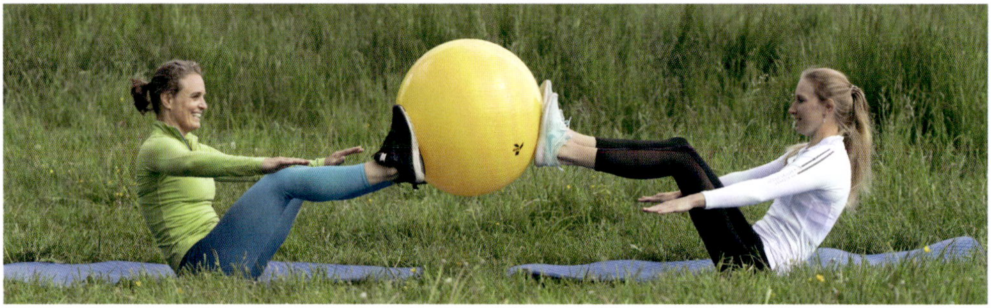

Ball hochhalten

Als Partnerübung kann man versuchen, einen Pezziball nur mit den Füßen hochzuhalten und dies so zu koordinieren, dass er nicht herunterfällt. Neben der Koordination werden hier auch Bauch und Beine trainiert.

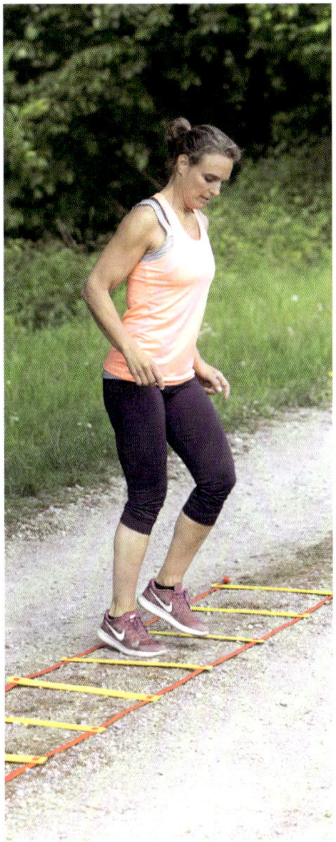

Koordinationsleiter

Und noch einmal die Koordinationsleiter (oder die Steinplatten eines Weges oder aufgemalte Kreidelinien ...). Hier wird das Gehirn angeregt, schnell zu reagieren, Teilkörperbewegungen zu koordinieren und den Körper im Gleichgewicht zu erhalten. Weil genau das beim Reiten oft gefordert ist, ist es ein sehr lohnendes und gewinnbringendes Training. Varianten siehe Seite 73.

Hütchen-Hüpfen

In vielen Reitställen sind Hütchen vorhanden, um Wendungspunkte zu markieren oder Übergänge genau am Punkt zu reiten. Diese sind auch für den Reiter ein gutes Übungstool. Durch das Darüberspringen muss sich der Körper immer neu koordinieren und ausbalancieren. Zudem fördert es die (Kraft-)Ausdauer. Sie können mit Anfersen springen (Fersen zum Po)...

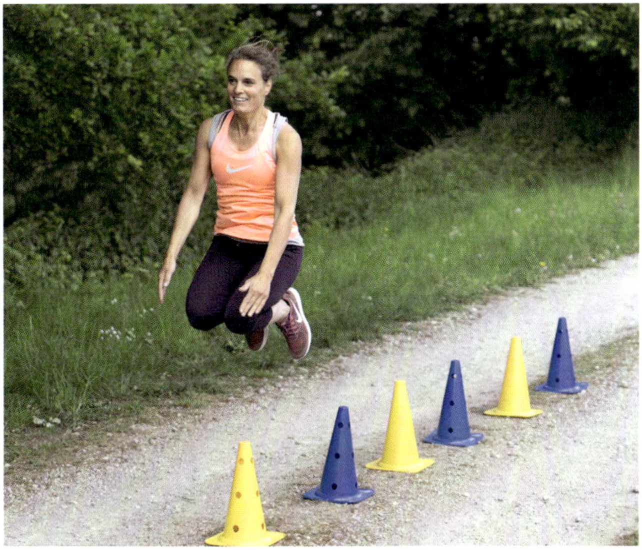

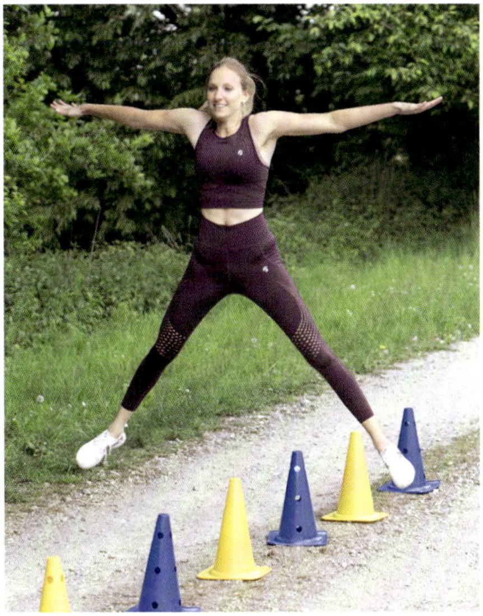

... oder einen V-Sprung über jedem Hütchen machen.

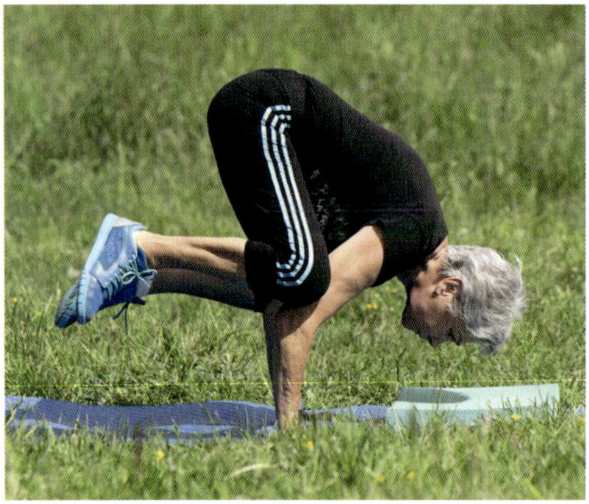

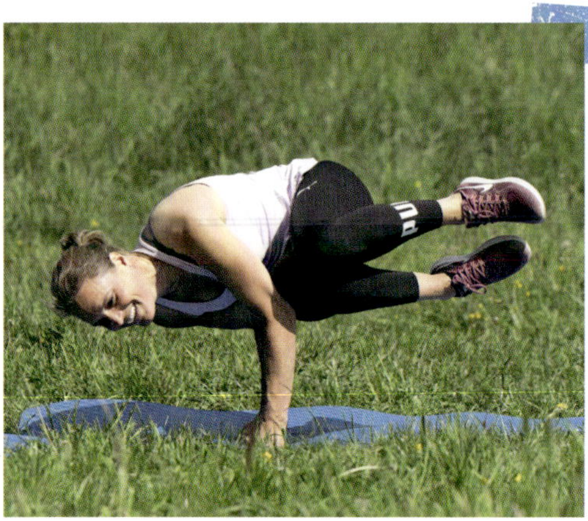

Die Krähe

Um die „Krähe“ durchführen zu können, benötigt man ein Grundmaß an Kraft und eine gute Koordination.
Die Arme stützen den Körper, während der Körperschwerpunkt austariert wird. So gelingt die Koordination des Gleichgewichts.

Ein Fall für Yogis ist die seitliche Krähe: Hier tragen die Hände und Handgelenke das gesamte Körpergewicht. Und es heißt: üben, üben, üben. Dadurch, dass der gesamte Rumpf angespannt und das Gewicht verlagert wird, spricht man von einem CORE-Training.

Zu viele Korrekturen auf einmal, die alle umgesetzt werden wollen? Machen Sie etwas anderes und setzen Sie neue Bewegungsreize!

Wenn die Koordination einzelner Teilbewegungen gestört ist, kann die Hand nicht unabhängig vom Sitz arbeiten. Die Hilfengebung wird anfälliger für Fehler.

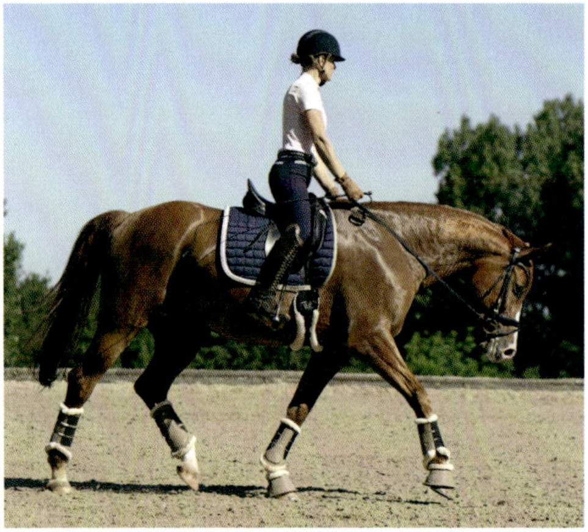

Rhythmuswechsel

Es ist hilfreich, dem Gehirn häufiger neue Aufgaben zu geben. Ein Rhythmuswechsel beim Leichttraben bildet neue Synapsen (Nervenverbindungen) und verbessert Gleichgewicht und Koordination. Der Fantasie sind keine Grenzen gesetzt: 3-mal aussitzen, 2-mal stehen bleiben oder im Wechsel 4:2 oder 3:5...

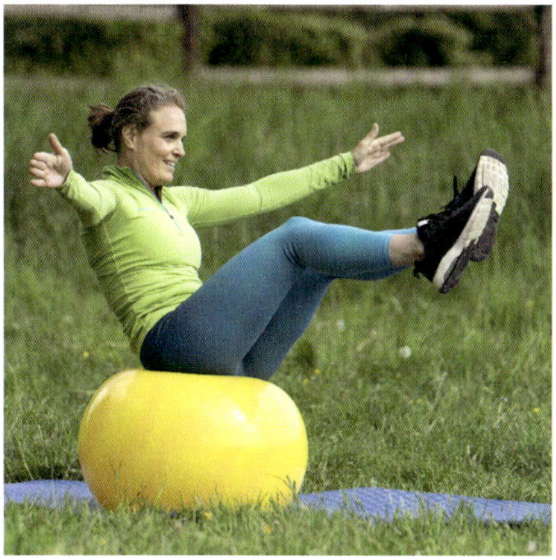

Sitzvarianten

Um die Koordination zu verbessern, hilft es, mehrere Bewegungsreize zu koppeln. Dazu variieren Sie verschiedene Sitz- und Schnippsvarianten auf dem Pezziball. Sie können z. B. mit angezogenen Beinen und Armkreisen die Balance suchen.

Halbes Klappmesser

Ein wahrer Bauchmuskel- und Koordinationsbooster ist das „Halbe Klappmesser", da der Körper immer wieder neu austariert werden muss. Hierzu setzen Sie sich mit angehobenen Beinen und leicht aufgerichtetem Oberkörper hin. Ein Stab kann beim Stabilisieren helfen.

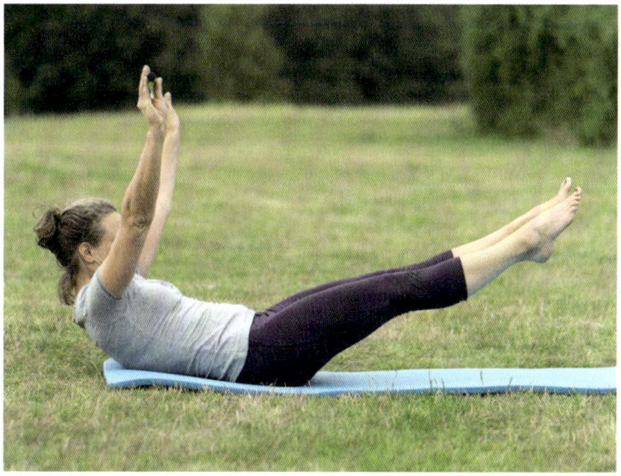

Nun führen Sie langsam und kontrolliert die Arme und Beine zusammen, bis die Hände etwa auf Knöchelhöhe sind. Wiederholen Sie die Übung mehrmals hintereinander. Wichtig: Vermeiden Sie ruckartige Bewegungen und legen Sie den Oberkörper nicht komplett ab. Beides würde die Lendenwirbelsäule zu stark belasten.

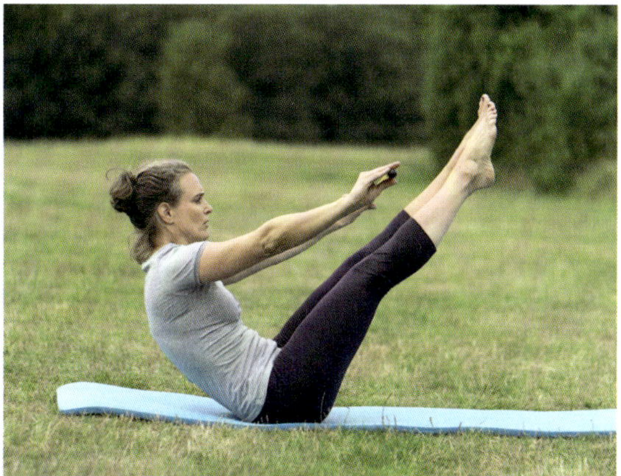

6. BASISMODUL: KÖRPERSPANNUNG

Keine Muskeln und keine Körperspannung? Motivieren Sie sich und starten Sie das Training. Sie werden schnell eine Verbesserung des Muskeltonus bemerken!

Einer insgesamt zu geringen Muskelspannung kann man recht einfach entgegenwirken und sehr schnell gute Ergebnisse erzielen, wenn man trainingstechnisch am Ball bleibt. Hier bieten sich Übungen am Boden an.

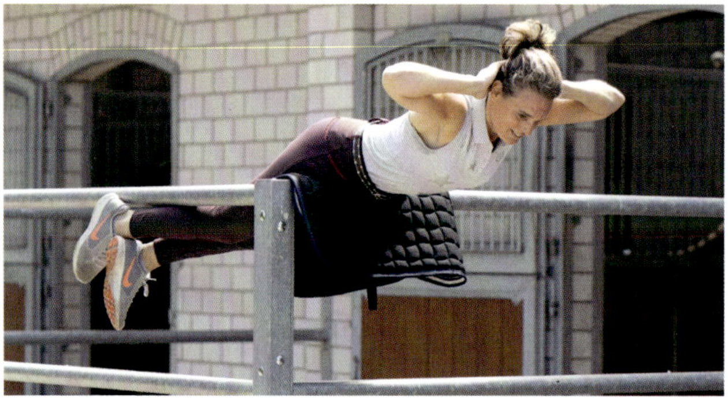

Paddock-Check

Zum Training der Körperspannung bieten sich Paddockstangen an. Sie können mit Ihrem Körper eine Gerade bilden oder den Oberkörper um 90 Grad absenken und dann wieder anheben. Ist Ihnen die oberste Stange zu hoch – es geht auch eine Stange tiefer.

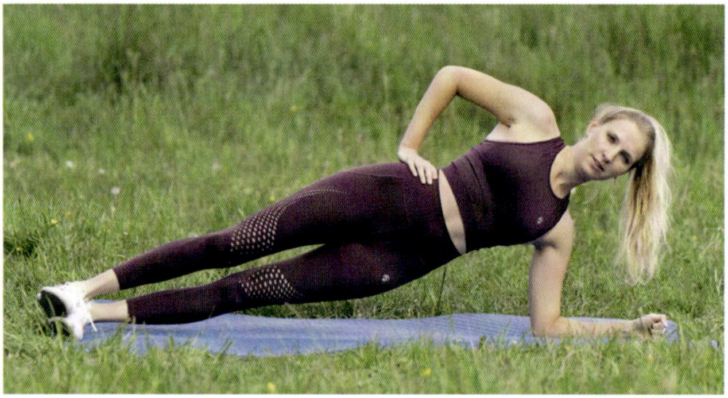

Planks

Egal ob auf dem Bauch, dem Rücken oder auf der Seite: Planks sind der Klassiker für das Training der Körperspannung. Sie zeigen schon eine große Wirkung, wenn Sie sie nur einmal am Tag machen.

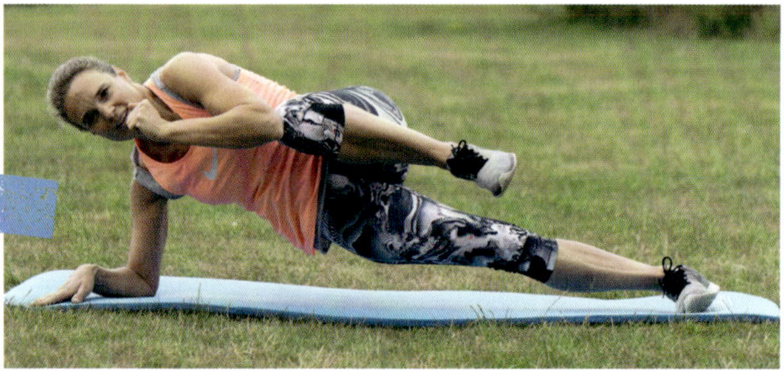

Klappen die normalen Planks gut, kann man sie auch variieren, indem man vor dem Körper den oberen Arm und das obere Bein zusammenführt und wieder in die Streckung bringt.

Schwimmer

Der Schwimmer sorgt durch die Anspannung von Bauch, Beinen, Gesäß und die Armbewegung für eine stabile Mittelpositur. Dazu legen Sie sich bäuchlings auf die Matte, heben die Arme und Beine leicht an und bewegen sie auf und ab. Wichtig: Bauch und Po gut anspannen, dadurch wird ein Hohlkreuz vermieden.

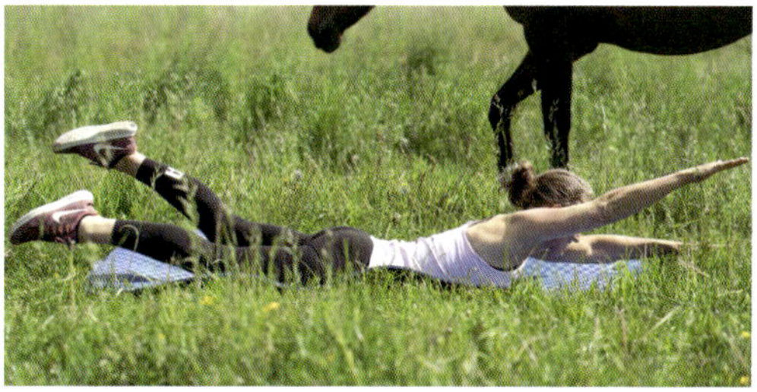

Halbe Brücke

Bei der halben Brücke wird die Körperspannung über eine stabile Mitte erreicht. Aus der Rückenlage heraus wird ein Knie angewinkelt, die Hüfte angehoben und das Bein gestreckt, bis eine Gerade entsteht. Achtung: Po und Bauch gut anspannen. Jeweils nach ca. 10 Sekunden das Bein wechseln.

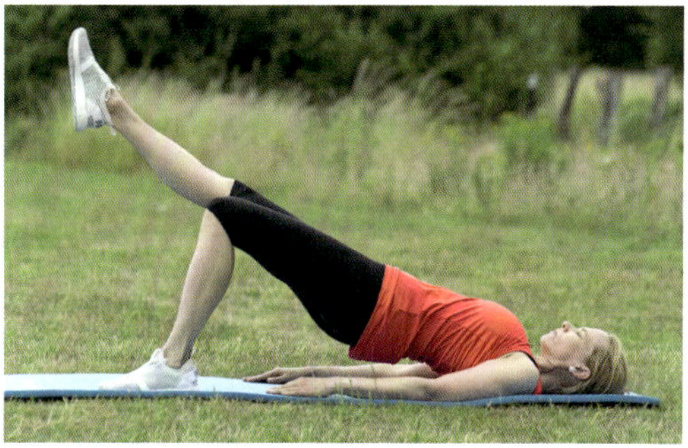

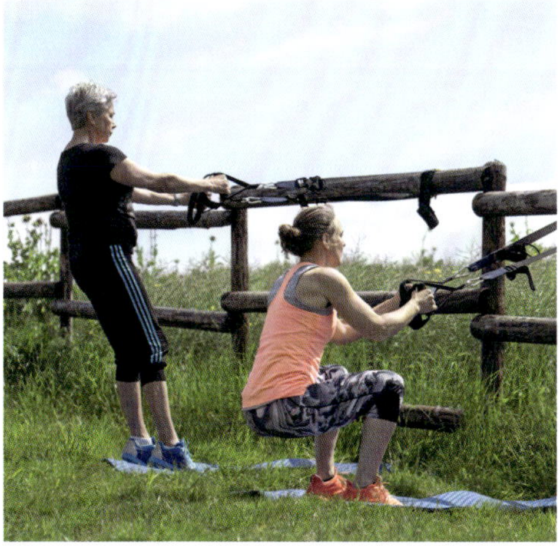

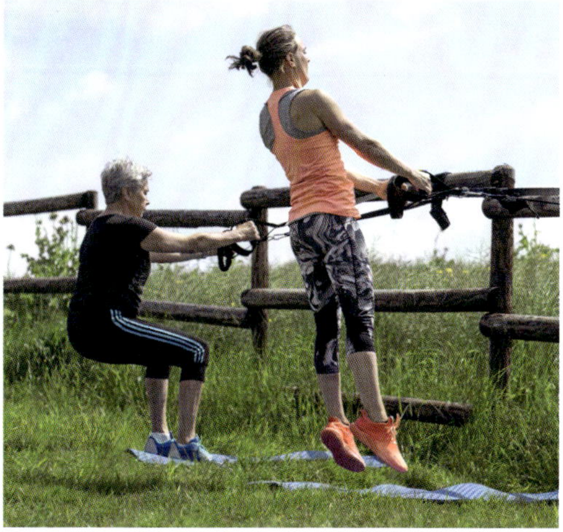

Frog Jumps

Eine dynamische Übungsalternative sind die „Froschsprünge". Sie springen aus der tiefen Hocke in einen Strecksprung und gehen wieder zurück in die tiefe Hocke, um daraus direkt wieder nach oben zu springen.

Man kann sie mit und ohne TRX-Band machen. Positiver Nebeneffekt: Sie fördern die Ausdauer.

1. SPEZIALMODUL: STUHL- UND SPALTSITZ/EINKNICKEN

Sie sitzen im Stuhl- oder Spaltsitz und knicken leicht in der Hüfte ein?
Sitzen Sie vermehrt in Rücklage (Stuhlsitz), verhindern Sie damit ein lockeres Schwingen in der Mittelpositur. Oft rutschen dabei (durch die Feststellung des Beckens) die Unterschenkel nach vorn. Die Zügel werden zu lang, da sich die Hand in Richtung Bauch des Reiters bewegt, um den Sitz darüber zu stabilisieren.
Im Gegensatz dazu ist beim Spaltsitz das Becken nach hinten festgestellt, sodass der Reiter ins Hohlkreuz fällt und der Unterschenkel nach hinten rutscht. Die Reiterhand bewegt sich auch hier, oft bei abgespreizten Oberarmen, Richtung Bauch.
Für diese Fehlerbilder muss die Mittelpositur gefunden, automatisiert und stabilisiert werden. Trainieren Sie auch Ihre Bauchmuskulatur, meist ist sie nicht stark genug ausgebildet.

Der Stuhlsitz

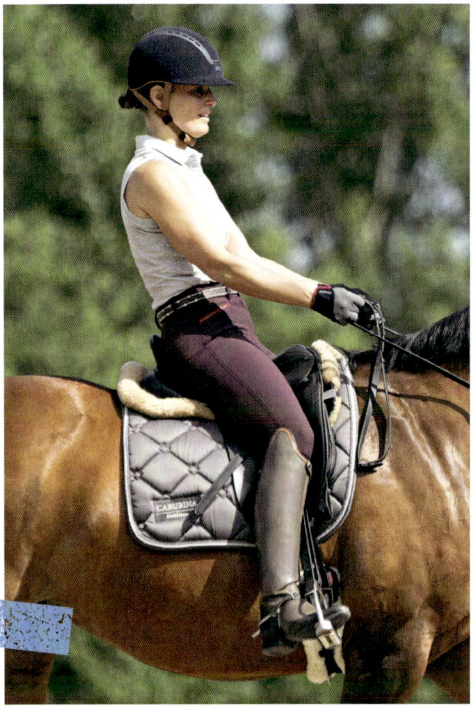

Der Spaltsitz

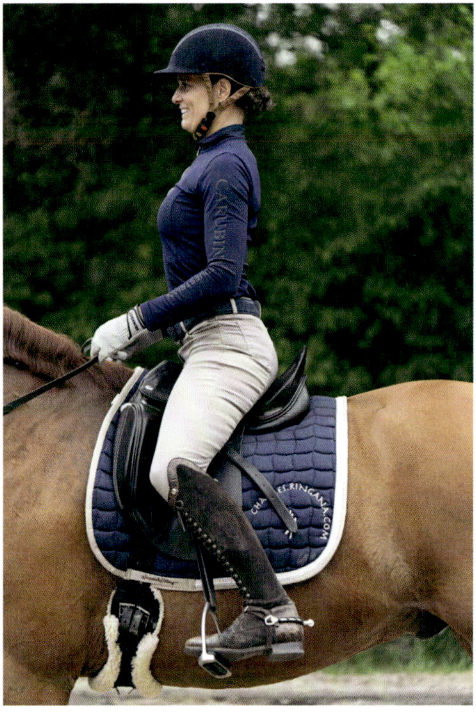

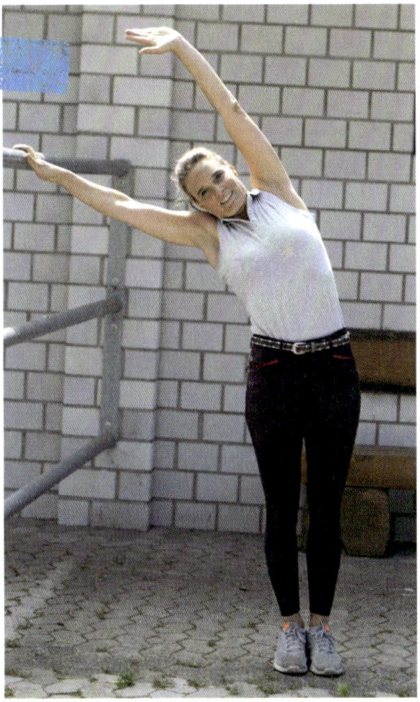

Dehnung der seitlichen Bauchmuskulatur

Wenn Sie immer zu einer Seite in der Hüfte einknicken, dehnen Sie die seitliche Bauchmuskulatur. Beispiel: Sie knicken in der linken Hüfte ein, dann dehnen Sie die linke Seite; sie neigt zur Verkürzung. Ihre rechte Körperseite dagegen müssen Sie kräftigen. Achten Sie darauf, dass Sie die Arme gerade über den Kopf halten und stabil in der Hüfte bleiben.

Dies geht natürlich auch auf dem Pferd.

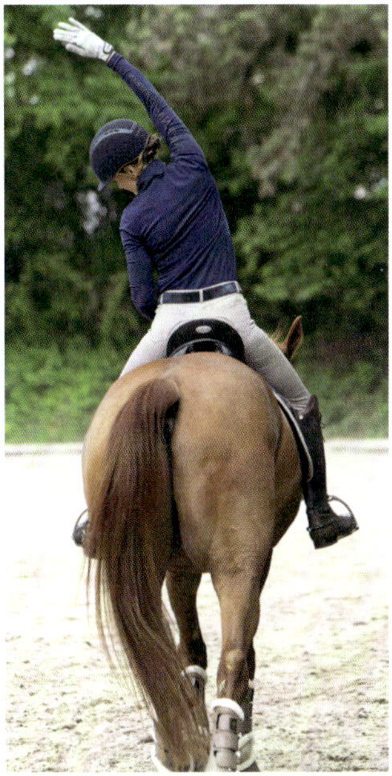

Bügellänge verändern

Variieren Sie die Länge der Steigbügel. Dann muss sich der Körper immer neu ausrichten und seine Balance neu finden.

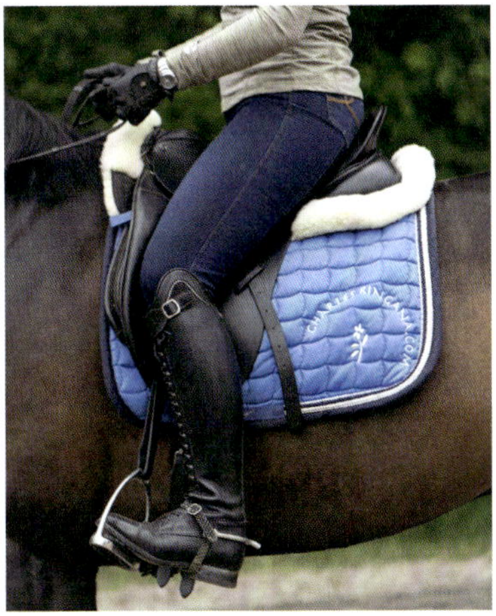

Ohne Sattel

Setzen Sie sich zur Verbesserung von Körpergefühl und Balance einmal ohne Sattel auf Ihr Pferd. Achtung: Gewöhnen Sie sich und Ihr Pferd erst einmal an das neue Gefühl. Bitten Sie jemanden, Ihr Pferd festzuhalten! Wenn Sie lieber nicht ohne Sattel reiten wollen, schlagen Sie die Steigbügel über und traben Sie z. B. leicht.

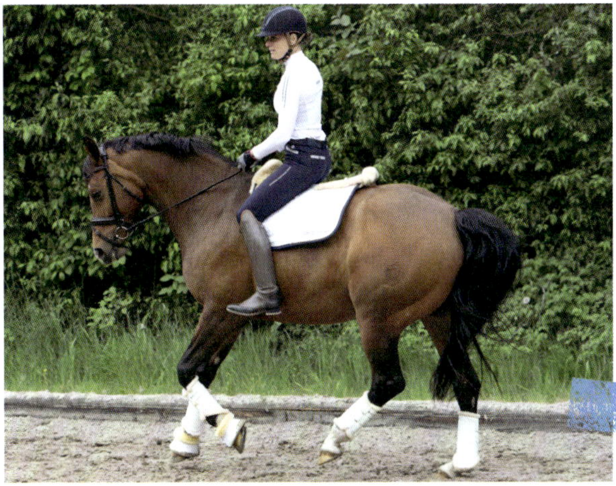

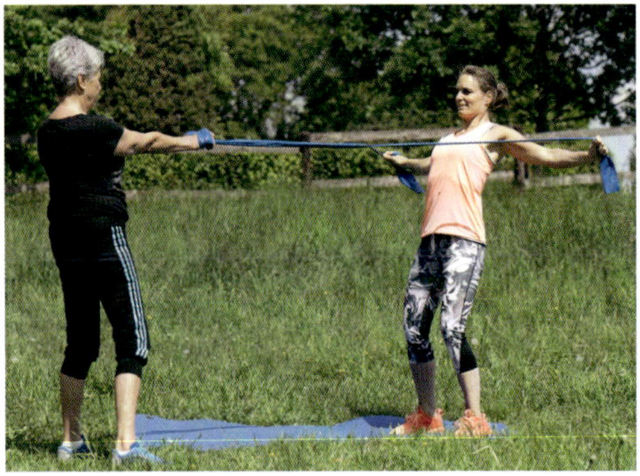

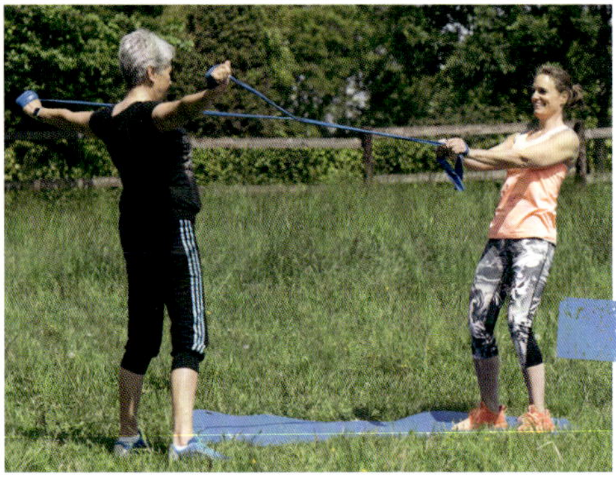

Thera-Partner

Stellen Sie sich, leicht in den Knien gebeugt, Ihrem Partner gegenüber und nehmen Sie zwei Therabänder, die sich in der Mitte kreuzen.
Wichtig: Wickeln Sie die Enden der Therabänder jeweils doppelt um Ihre Handgelenke, damit diese nicht aus der Hand rutschen können. Nun ziehen die Partner abwechselnd die Therabänder etwa auf Schulterhöhe auseinander und führen sie langsam und mit beständigem Druck wieder zusammen. Dies kräftigt den Rumpf und Oberkörper.

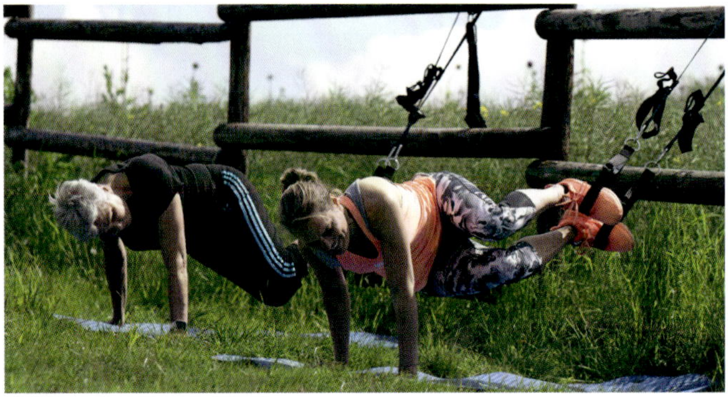

Rotation-Crunch mit dem TRX-Band

Gehen Sie in eine hohe Plankposition und hocken Sie die Knie nach links an, strecken Sie sie wieder und wiederholen Sie die Übung nach rechts.

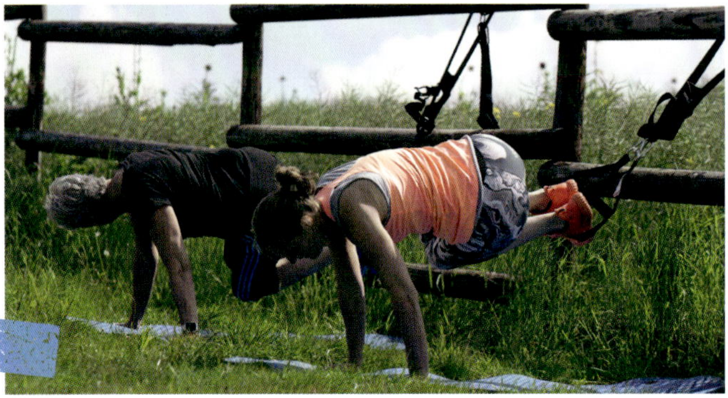

Beim Rotation-Crunch wird die gerade und schräge Bauchmuskulatur trainiert. Der Körper muss durch das frei schwingende TRX-Band immer neu ausbalanciert werden. Daher spricht diese Übung auch die Koordination sowie die tiefen Muskelschichten an und ist dementsprechend anspruchsvoll.

2. SPEZIALMODUL: RUNDRÜCKEN

Sie haben einen runden Rücken? Machen Sie ihn wieder gerade!

Bei Menschen, die viel vor dem PC sitzen, ist die Brust- und Schultermuskulatur zu wenig trainiert. Dies kann auf Dauer zu einem Rundrücken führen. Dieser sieht nicht nur unschön aus, sondern beeinträchtigt auch die Atmung.
Um einen nachhaltigen Effekt zu erreichen, setzen Sie sich auch im Alltag (ohne Pferd) immer wieder für einen Moment bewusst gerade hin. Richten Sie den Oberkörper auf und führen Sie die Arme nach hinten, um sich zu mobilisieren. Dann ist auch das gezielte Krafttraining effektiver.

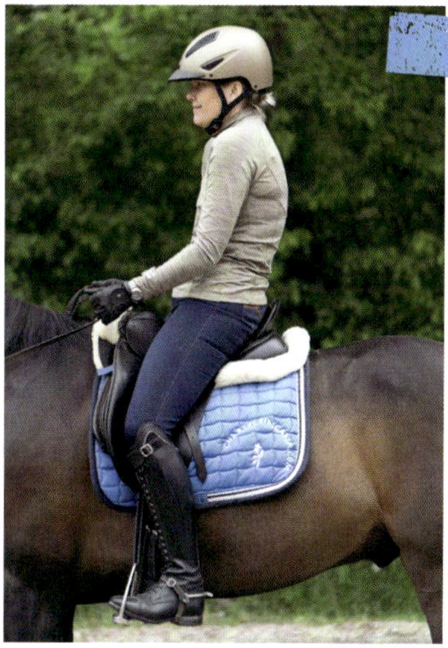

Ein Rundrücken blockiert das Becken und die Hand.

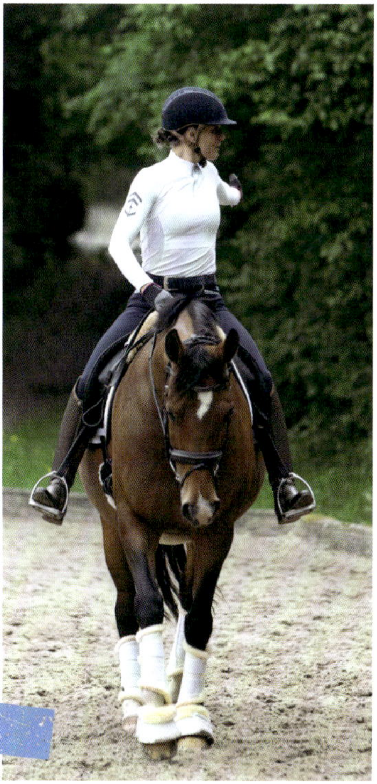

Arme abwechselnd zurückführen

Auf dem Pferd sitzend können Sie zur Mobilisation der Schulterblätter immer abwechselnd einen Arm auf Schulterhöhe nach hinten führen.

Auch ein abwechselndes Hochführen oder Kreisen der Arme mobilisiert.

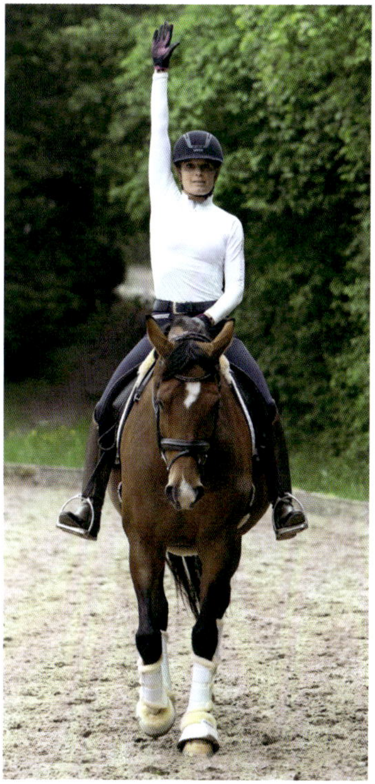

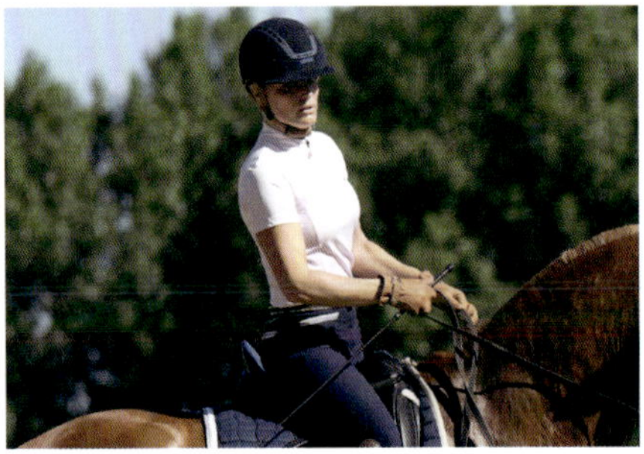

Oberkörper anspannen und aufrichten

Nehmen Sie die Schultern zurück und sorgen Sie so für eine kurze An- und Entspannung im Rücken, sobald Sie merken, dass er sich zu runden beginnt. Das geht auf dem Pferd in allen drei Gangarten. Schon diese kurze Aufmerksamkeit löst und kräftigt die Muskulatur gleichermaßen und erhält Ihre Aufmerksamkeit für diesen Körperbereich. So wirken Sie der Gewohnheit entgegen.

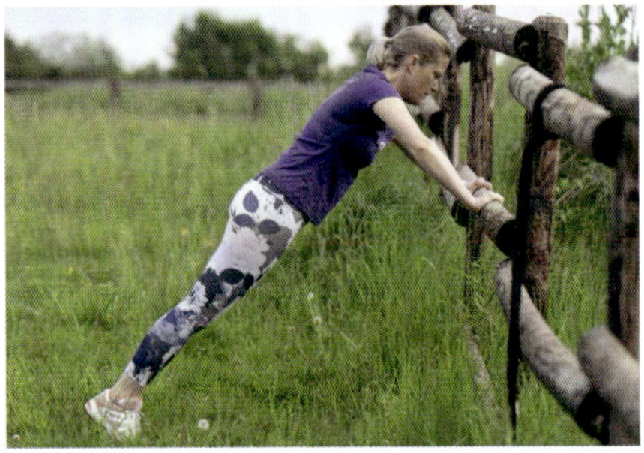

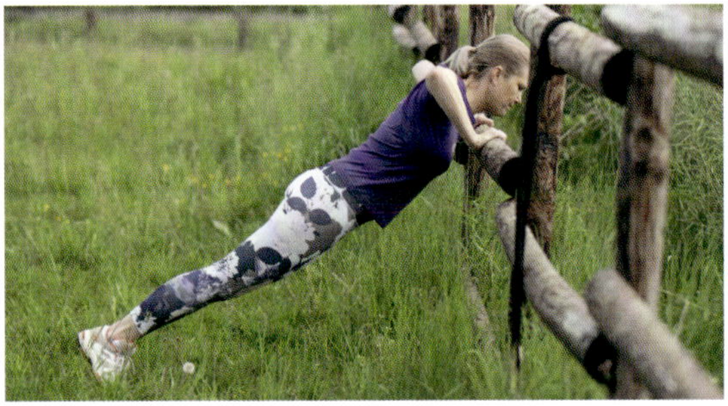

Stehende Liegestütze

Machen Sie „Stehende Liegestütze" vor dem Reiten an einer Boxenwand oder Paddockstange.

Dies kräftigt neben Bizeps und Trizeps den großen Brustmuskel und sorgt für eine stabile Haltung. Wichtig: Spannen Sie Bauch, Rücken und Gesäß an, um Körperspannung zu haben.

Theraband

Stellen Sie sich auf ein Theraband und dehnen Sie es von hinten über Ihren Kopf, bis die Arme gestreckt sind. Dies weitet den Brustkorb und stärkt die Arm- und Brustmuskulatur.

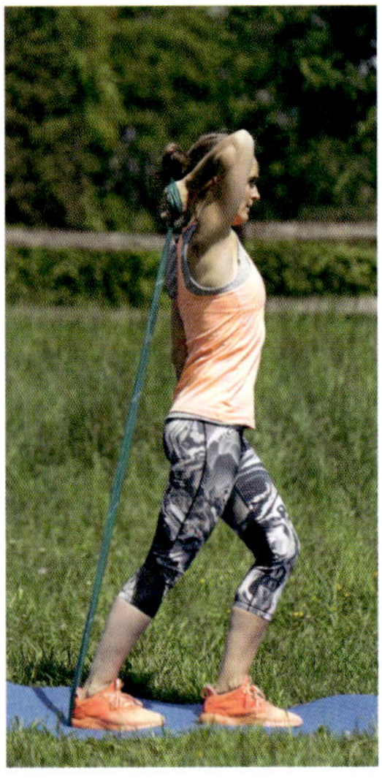

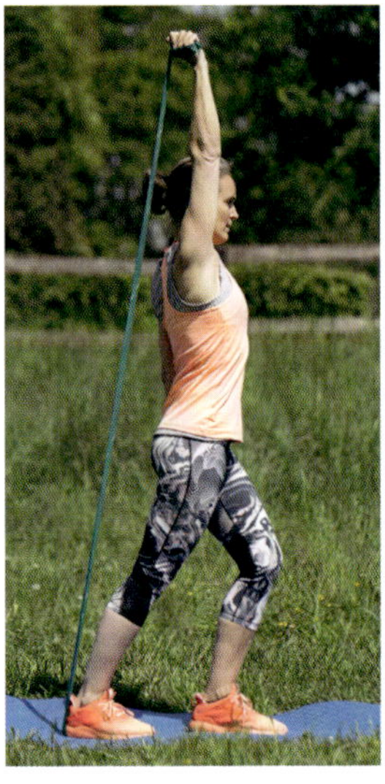

3. SPEZIALMODUL: SATTEL

Würde Ihr Sattel sich auch Sie aussuchen?

Viele Dressursättel verhelfen dem Reiter durch ihre dicken Pauschen zu einem langen Bein. Was grundsätzlich positiv gedacht ist, kann sich jedoch negativ auf den Sitz auswirken, da mancher Sattel den Reiter „einquetscht" und die Hüfte feststellt. Die Folge: ein Sitz im Hohlkreuz. Das Problem ist, dass bei Sätteln nicht unterschieden wird, ob der Reiter ein langes oder kurzes Bein hat. Bei einem kleinen Reiter passt der Sattel vielleicht sehr gut, bei einem sehr großen hingegen liegt die Pausche möglicherweise an der falschen Stelle und stört. Bei vielen Sätteln kann man vom Sattler kleinere Pauschen einbauen lassen, die den Sitz nicht beeinträchtigen.

4. SPEZIALMODUL: ATMEN

Atmen Sie noch oder atmen Sie schon?

Die Atmung ist leider ein stark vernachlässigter Aspekt des (Reit-)Sports. Der Atem hält alles im Fluss. Stockt der Atem, wird die Muskulatur nicht mehr optimal mit Sauerstoff versorgt, was zu Verspannungen führen kann.

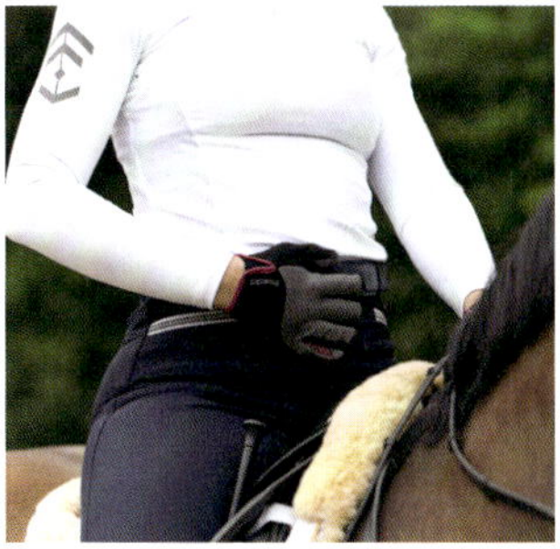

Bauchatmung

Achten Sie schon beim Schritt reiten auf eine gute Bauchatmung. Dies lässt die Schultern absinken, der Oberkörper richtet sich auf. Zusätzlich sorgt sie für eine entspannte innere und äußere Grundhaltung. Legen Sie eine Hand auf den Bauch und atmen Sie die Hand nach vorne.

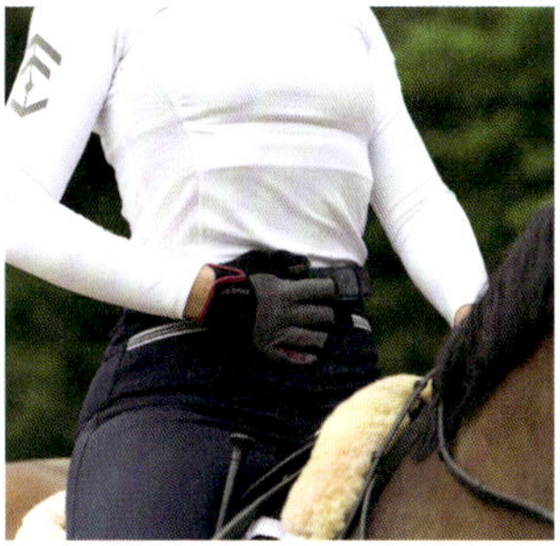

Ausatmen

Beim Ausatmen ziehen Sie den Bauchnabel leicht nach innen. Hatten Sie einen stressigen Tag, atmen Sie 10 Mal tief aus und lassen den Atem dann langsam in Ihren gesamten Bauch und Brustkorb einströmen. Sie werden merken, dass es Ihnen hilft, Ihre Mitte besser zu finden.

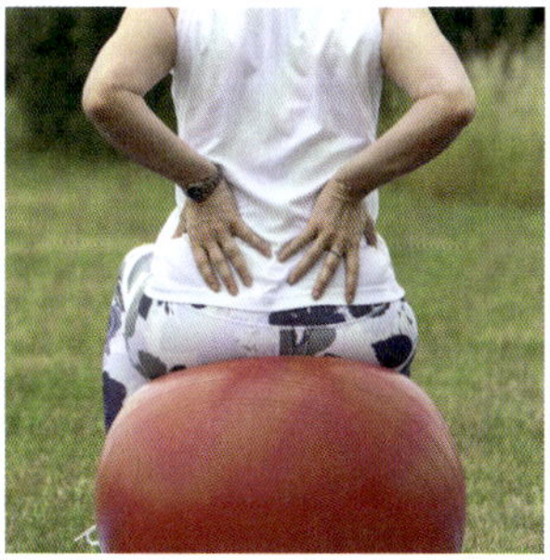

Flankenatmung

Die Flankenatmung erweitert das Atemvolumen. Setzen Sie sich bequem auf einen Stuhl, beugen Sie den Oberkörper leicht nach vorne, legen Sie die Hände auf die Flanken und atmen Sie Ihre Hände nach außen. Diese Atemtechnik erfordert etwas Geduld.

7-MINUTEN-

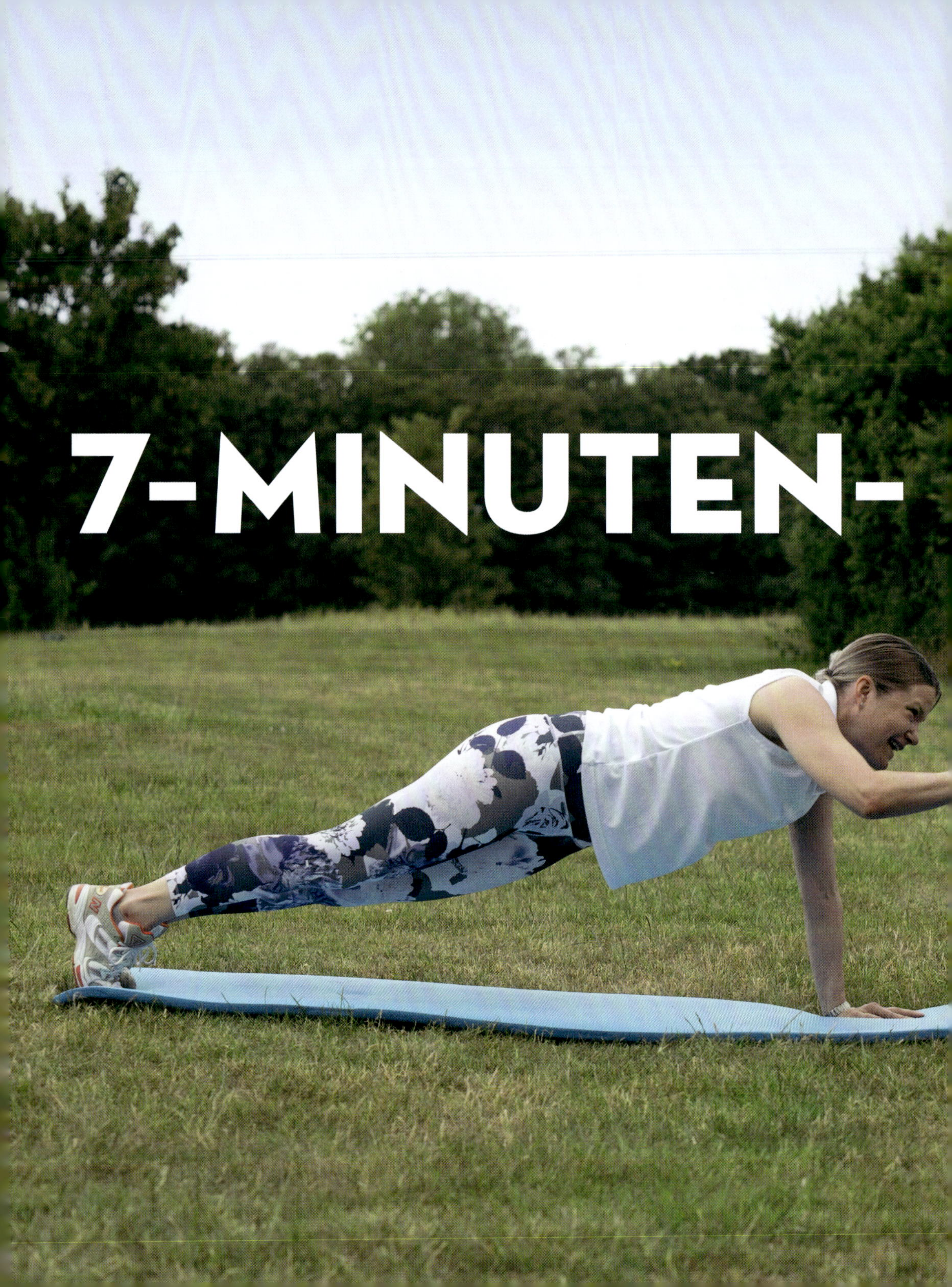

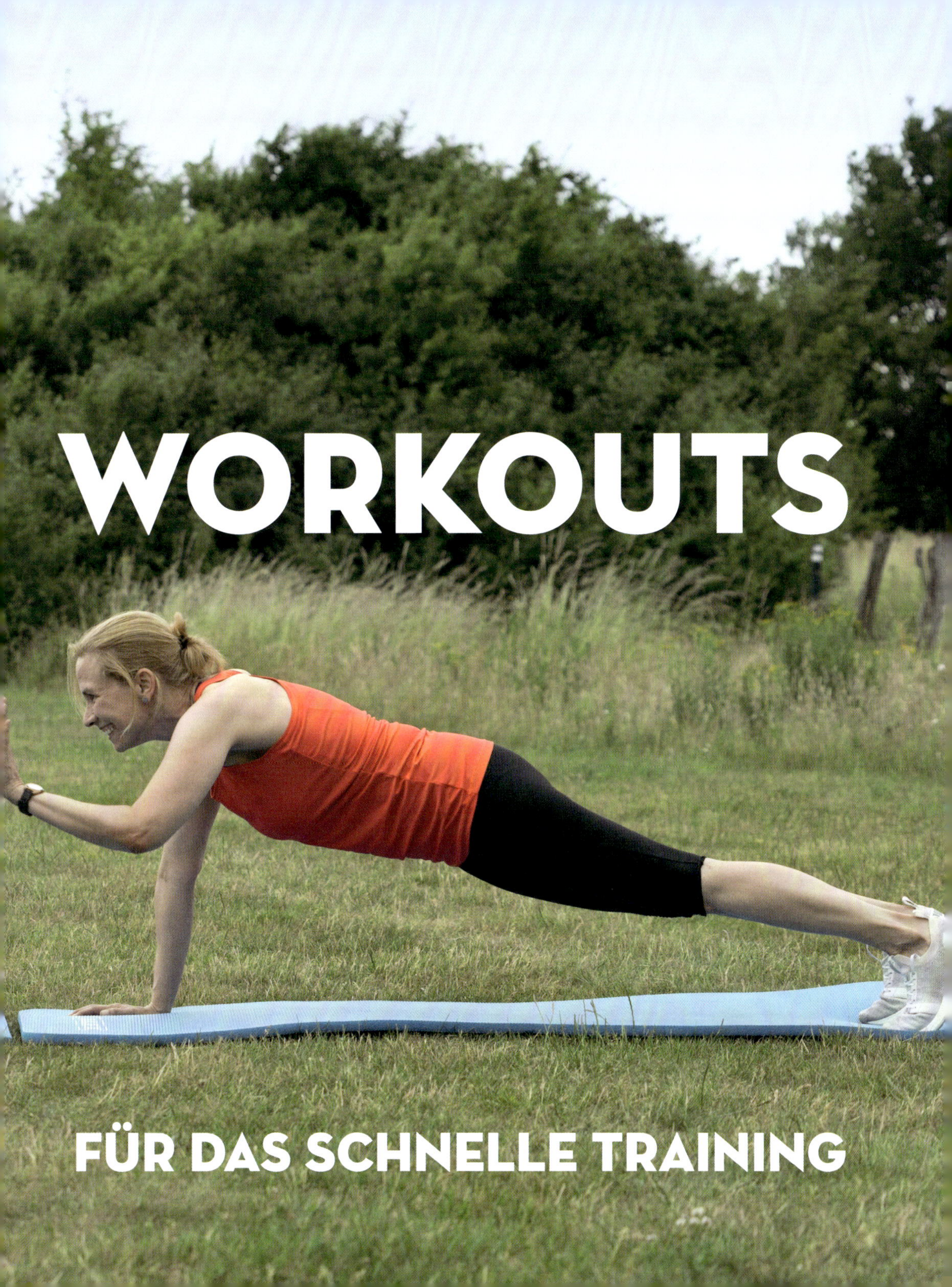

WORKOUTS

FÜR DAS SCHNELLE TRAINING

Körperspannung, Kraftausdauer & Stabilisation

Wer kennt das nicht: Man hatte einen langen Tag im Job, geht zum Pferd, kommt nach Hause, isst noch etwas und möchte dann nur noch auf das Sofa. Gefühlt einfach keine Zeit, zusätzlich noch etwas für die eigene Fitness zu tun?

Das muss nicht sein! Es braucht nur 7 Minuten täglich, das sind gerade einmal zwei Musikstücke, um sich fit zu machen. Die positiven Effekte werden Sie sehr schnell beim Reiten und im Alltag spüren. Dadurch, dass Ihr Kreislauf und der Stoffwechsel vermehrt angeregt werden, wird Ihre Zellerneuerung beschleunigt, Sie fühlen sich fitter und leistungsfähiger!
Je besser der Stoffwechsel (Metabolismus) ist, desto mehr (Lebens-)Energie hat man. Ein zusätzlicher positiver Nebeneffekt ist, dass ein guter Stoffwechsel dafür sorgt, dass man leichter sein Gewicht hält oder es auch reduzieren kann.
Ideal ist eine Mischform aus statischen und dynamischen Übungen. Der Vorteil des statischen (haltenden) Trainings ergibt sich aus der einfachen, zeitsparenden und effektiven Durchführung, die besonders zu Beginn des Trainings auch ohne Geräte einen schnellen Kraftgewinn sicherstellt. Gekoppelt mit einem dynamischen (überwindenden) Training, das durch das Zusammenspiel verschiedener Muskelketten zusätzlich positive Effekte auf die intermuskuläre Koordination hat, erhält man eine gute Abdeckung der Trainingsreize, die für das Reiten benötigt werden.

SO TRAINIEREN SIE

Für einen optimalen Trainingseffekt führen Sie idealerweise abwechselnd statische und dynamische Übungen durch, bei denen jeweils unterschiedliche Muskelgruppen angesprochen

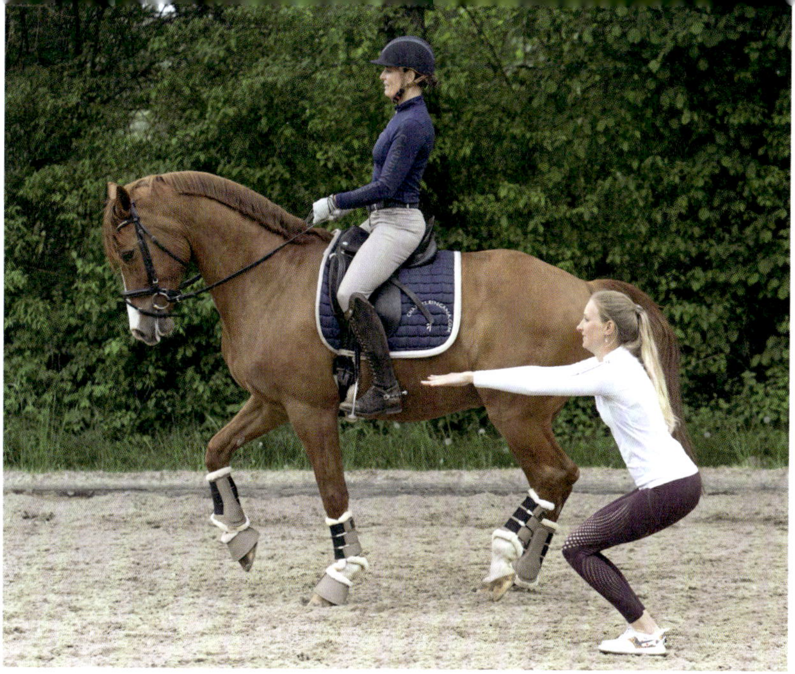

Schon sieben Übungen zu je einer Minute täglich steigern die Leistungsfähigkeit. Die Trainingsschwerpunkte können Sie individuell variieren.

TIPP

Es geht nicht darum, der oder die Beste zu sein. Es geht darum, besser zu sein als am Tag zuvor! Wer jede Übung nur 30 bis 60 Sekunden lang macht, wird nach kurzer Zeit eine deutliche Verbesserung spüren.

werden: Sie beginnen mit einer Übung für die Beine, dann trainieren Sie die Arme usw. Führen Sie bei den dynamischen Übungen 10 – 25 Wiederholungen durch, steigern Sie langsam, diese Wiederholungen sowie die Anzahl der Sätze. Die statischen Übungen halten Sie so lange wie möglich, und steigern Ihren Ausgangswert dann weiter, bis Sie die Übung 60 – 90 Sekunden halten können. Das ist dann schon wirklich top!

1 Individuelle Übungsauswahl: Jeder Reiter sollte seine Stärken weitertrainieren, …

2 … aber auch an seinen Schwächen weiterarbeiten.

1

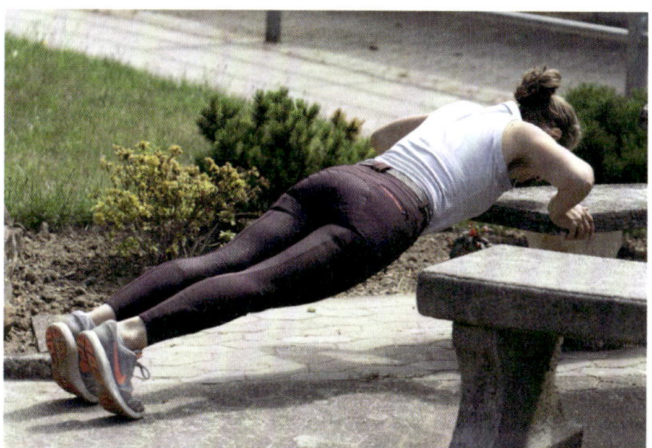

2

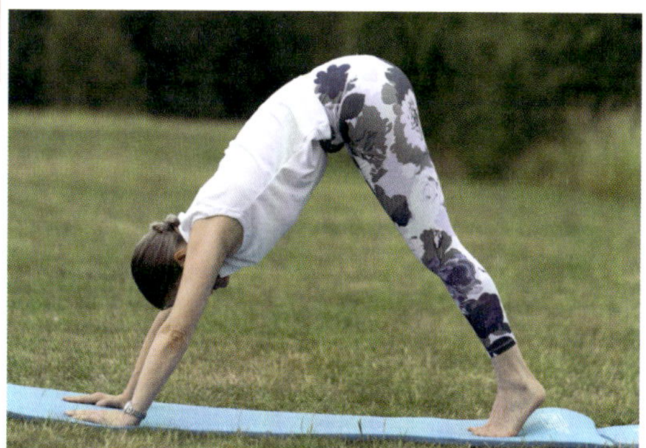

WORKOUT 1: KÖRPERSPANNUNG, KRAFTAUSDAUER & STABILISATION

Die Kraftausdauer gehört neben der Schnelligkeit zu den konditionellen Fähigkeiten. Beim Reiten benötigen Sie die dynamische Kraftausdauer beim Leichttraben oder bei der Durchführung von Springreihen. Aussitzen erfordert eher eine statische Kraftausdauer, da hier die Spannung in der Bauch- und Rückenmuskulatur über eine längere Zeit gehalten werden muss.
Je besser Sie die Kraftausdauer und Ihre Körperspannung trainieren, desto mehr Spaß werden Sie am Reiten haben. Sie können länger ermüdungsfrei mit Ihrem Pferd arbeiten.

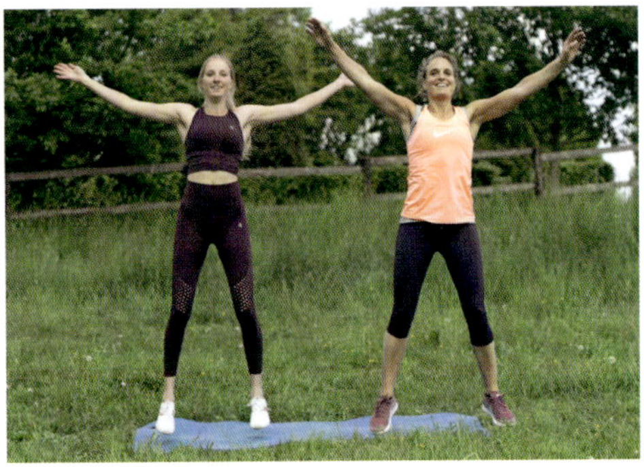

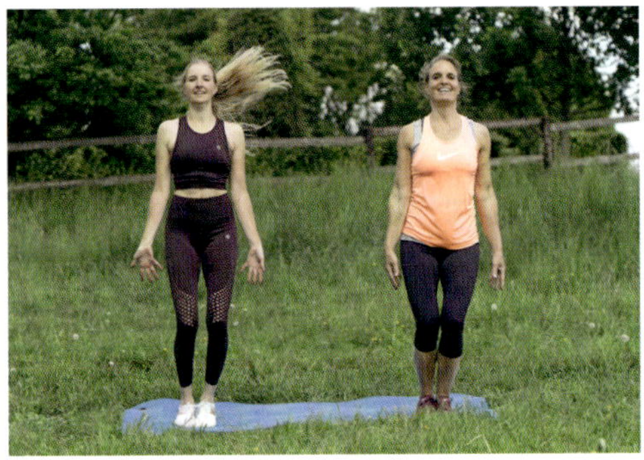

Warm-up
Jumping Jacks: Beugen Sie Ihre Knie leicht, springen Sie locker vom Boden ab und landen Sie etwa schulterbreit. Hände über den Kopf.

Danach geht's zurück in die Ausgangsposition. Das ist der bekannte Hampelmann. Die Übung wird wiederholt, bis die Muskulatur erwärmt ist und das Herz-Kreislauf-System auf Trab kommt.

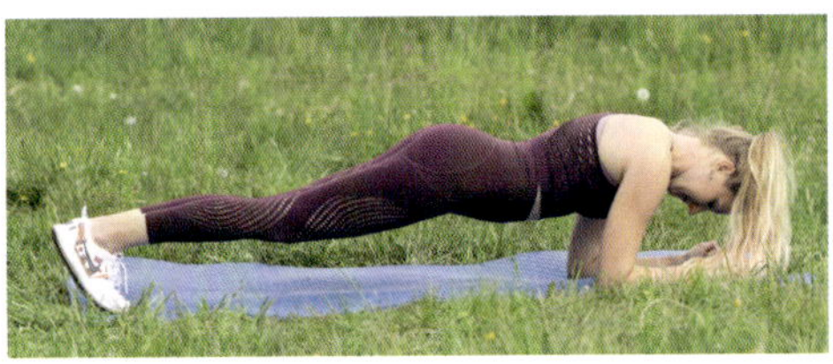

Körperspannung
Gehen Sie für die Planks in den Unterarmstütz und spannen Sie Bauch, Gesäß, Arme und Beine gleichzeitig an. Halten Sie. Nicht ins Hohlkreuz!

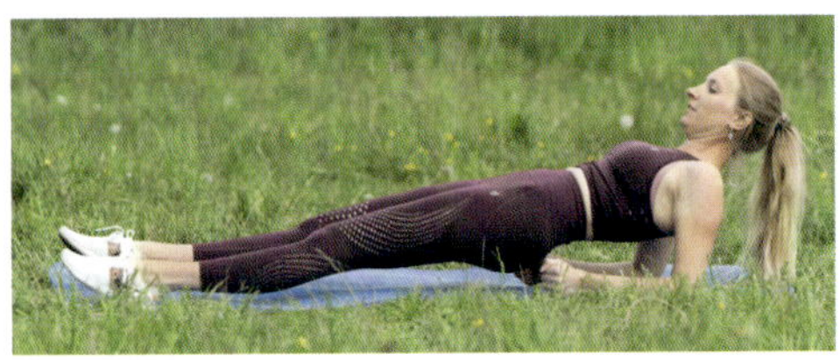

Rumpfstabilität
Planks in Rückenlage (statisch): Bauch, Gesäß und Rücken gezielt anspannen. Achten Sie darauf, dass Sie nicht in der Hüfte einknicken.

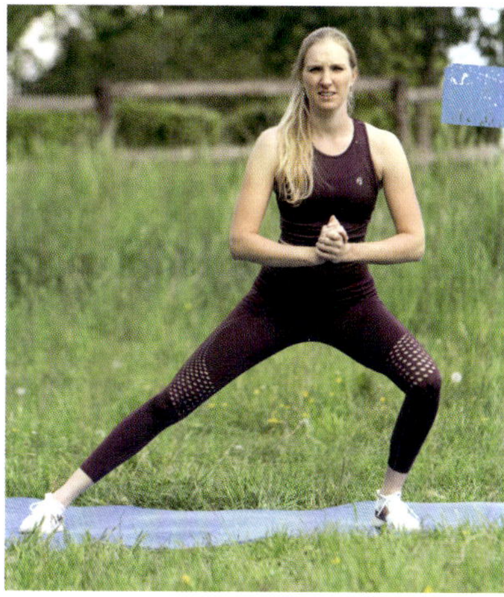

Dehnung und Kräftigung der Adduktoren

Side-Lunges sind seitliche Ausfallschritte, die dynamisch ausgeführt werden. Stellen Sie sich mit aufrechtem Oberkörper hüftbreit hin. Atmen Sie ein und machen Sie gleichzeitig einen großen seitlichen Ausfallschritt. Das gebeugte Bein wird gekräftigt, das gestreckte Bein im Bereich der Adduktoren gedehnt. Drücken Sie sich nun langsam über das gebeugte Bein wieder nach oben und wechseln Sie die Seite. Wichtig: Das Knie zeigt in die gleiche Richtung wie die Fußspitze, um eine Fehlbelastung zu vermeiden.

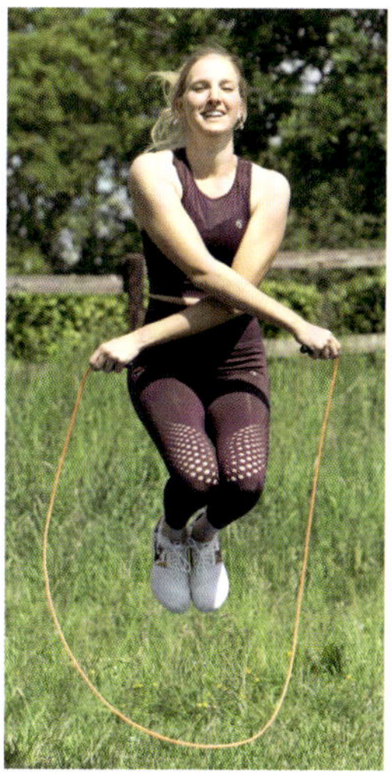

Kondition und Koordination

Beim Seilspringen trainieren Sie die Kondition (dynamisch) und die Koordination. Sie können dabei auch versuchen, die Arme vor dem Körper zu kreuzen und im Takt weiterzuspringen.

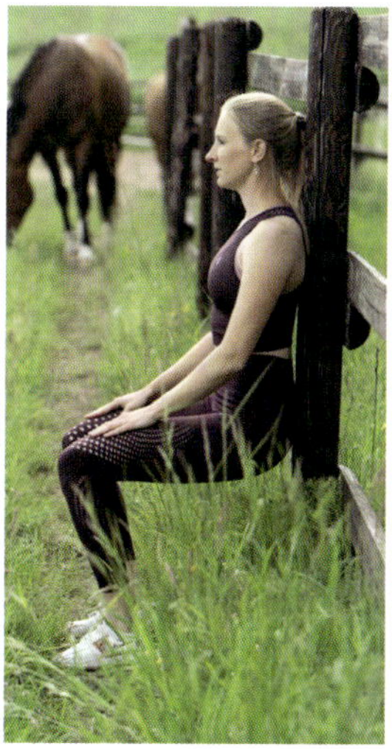

Kräftigung der Oberschenkelmuskulatur

Beim statischen Wandsitzen sitzen Sie mit geradem Rücken an einer Wand oder einem Zaun. Die Füße stehen hüftbreit, die Beine im 90-Grad-Winkel. Halten Sie diese Stellung so lange wie möglich.

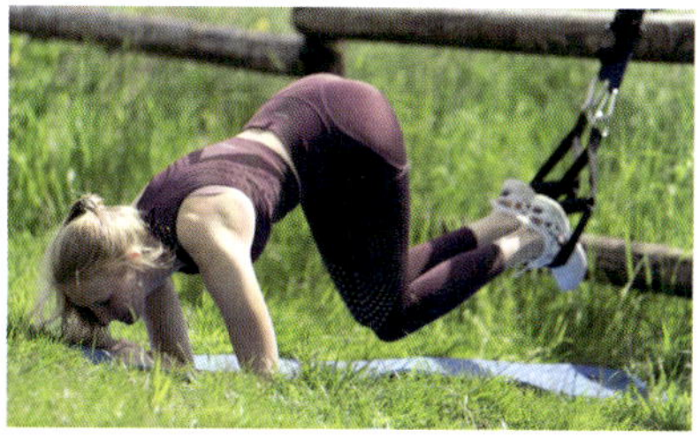

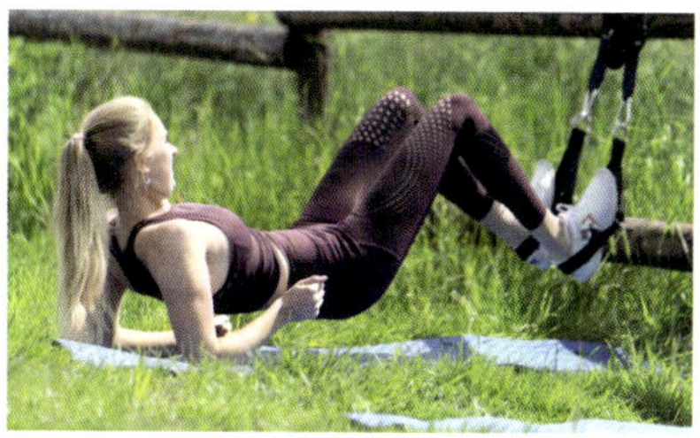

Kraftausdauer

Ein gutes Training sind die dynamischen Planks mit dem TRX-Band. Diese können Sie in Bauch- und Rückenlage durchführen. Wichtig: Achten Sie auf eine gute Körperspannung, vor allem in der Körpermitte. Fangen Sie langsam mit dem Training an und machen Sie eine Pause, wenn Sie merken, dass die Kraft nachlässt.

Mobilisation, Dehnung & Beweglichkeit

Jeder (Dressur-)Reiter wünscht sich ein elastisch mitschwingendes, gut gymnastiziertes Pferd, welches mit einer fleißigen Hinterhand schön aus der Schulter nach vorne tritt. Um dies zu erreichen, sollte der Reiter aber selber gut gymnastiziert sein. Nur so kann er sein Pferd in diesem Prozess formen.
Das Ziel jedes Spring- und Vielseitigkeitsreiters ist ein Pferd, welches am Sprung dynamisch abdrückt und über dem Sprung elastisch die Hinterhand öffnet. Je geschmeidiger der Reiter sein Pferd dabei unterstützen kann, desto einfacher ist es für das Pferd.

MITSCHWINGEN

Ein elastisches Schwingen in der Mittelpositur ist nur dann möglich, wenn eine gute Beweglichkeit gegeben ist. Eine gute Mobilität des Reiters ist hilfreich, um das Pferd beweglich zu erhalten. Vorsicht: Dehnen Sie sich immer erst nach einem Warm-up oder nach einer sportlichen Betätigung. Bei einer „kalten" Muskulatur kann es sonst zu Zerrungen kommen.

Es gibt viele Gründe, an der eigenen Beweglichkeit zu arbeiten:

1. Ein fitter Reiter macht ein fittes Pferd.
2. Wer ein federndes Pferd möchte, muss selbst zur Feder werden.
3. Nur eine gut gedehnte Muskulatur kann ihr volles Kraftpotenzial ausschöpfen.
4. Wer gut dehnt, bleibt elastisch und kann Versteifungen und sich daraus ergebende Verletzungen verhindern.
5. Wer viele einseitige Bewegungen durchführt oder viel sitzt, provoziert Haltungsschäden, die er durch eine ausgewogene Dehnung (der verkürztenMuskulatur) und Kräftigung (der zu schwachen Muskulatur) verhindern kann.
6. Oft geht eine angespannte Muskulatur mit einer angespannten Psyche einher. Durch das Dehnen kann man den Muskeltonus senken und dadurch einen psychischen Entspannungszustand erreichen.

Bauen Sie Dehnung und Mobilisation immer wieder in kurzen Reprisen in den Tag ein, dann werden Sie schon nach kurzer Zeit bemerken, dass Sie elastischer werden und sich die Bewegungsamplitude vergrößert. Kleine Bewegungspausen wirken sich zudem positiv auf die Motivation und das Herz-Kreislauf-System aus.

WORKOUT 2: MOBILISATION, DEHNUNG & BEWEGLICHKEIT

Wer im Fitness-Test gemerkt hat, dass es hier etwas „mau“ aussieht, ist herzlich eingeladen, folgende Übungen direkt in den (All-)Tag zu integrieren. In diesem Bereich kommt es weniger auf die Dauer oder Anzahl der Wiederholungen an, sondern auf eine Regelmäßigkeit. Grundsätzlich gilt, dass man eine Dehnung etwa 10 – 15 Sekunden halten sollte, eine Mobilisation auch länger.

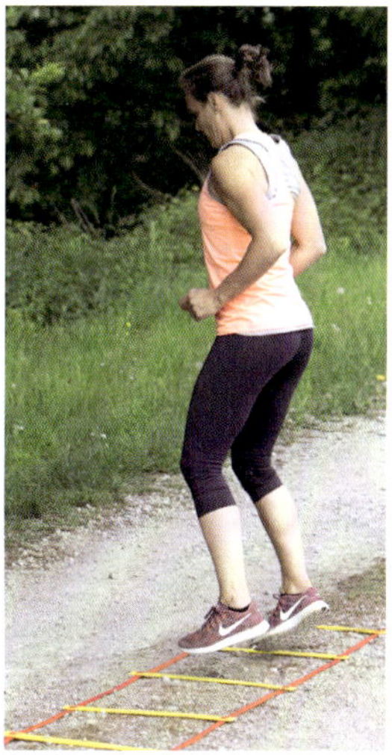

Warm-up
Erwärmen Sie sich mal mit der Koordinationsleiter. Hier werden die Psyche und die Motorik gleichermaßen gefordert.

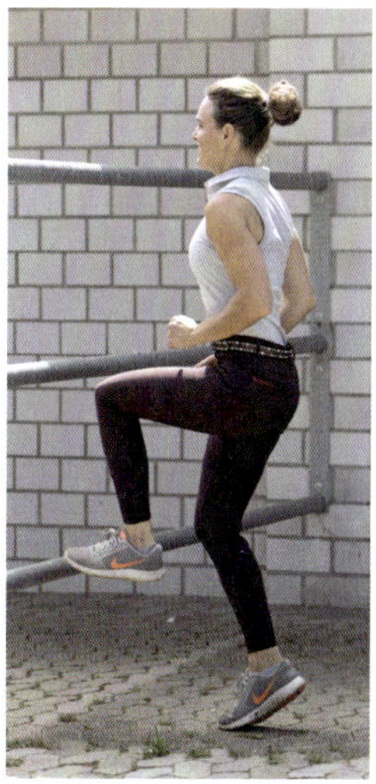

Mobilisation
Kneelifts können Sie überall ausführen. Nutzen Sie Paddockstangen, Weidezäune, Treppenstufen, Bänke … Tippen Sie abwechselnd mit dem rechten und linken Fuß auf den jeweiligen Gegenstand. Die Ausdauer wird verbessert, die Hüftgelenke mobilisiert.

Dehnung der zur Verkürzung neigenden hinteren Oberschenkel- und Gesäßmuskulatur – beim Schuhe binden. So geht Workout im Alltag! Achten Sie bitte darauf, die Beine gestreckt zu halten.

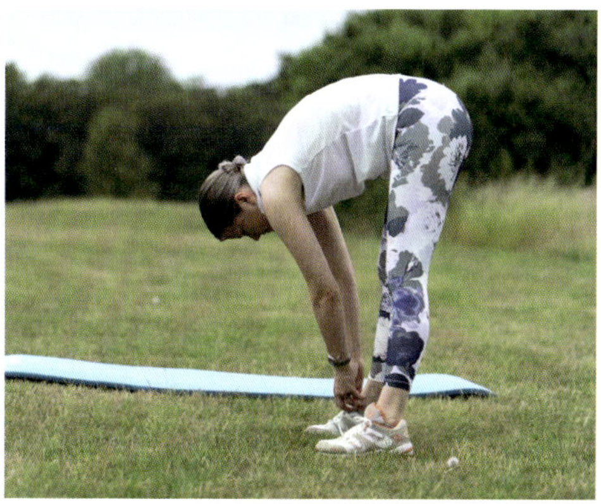

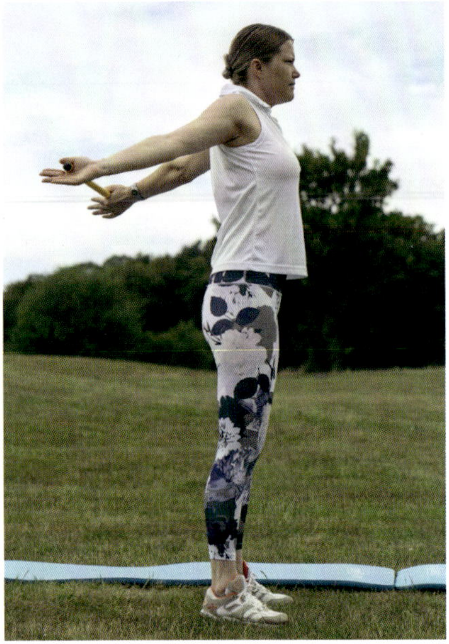

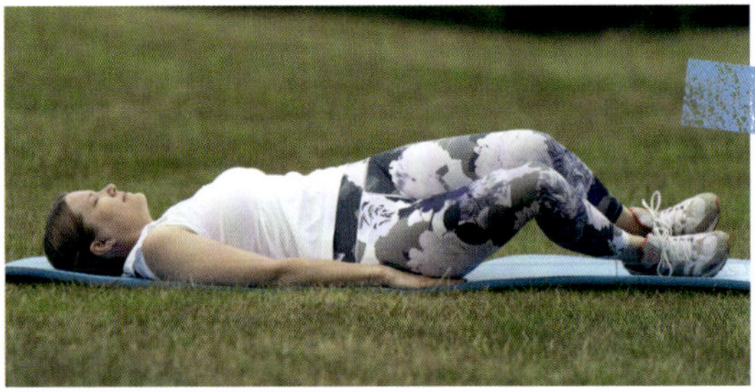

Mobilisation der Hüfte
Diese Übung geht auch super morgens im Bett!

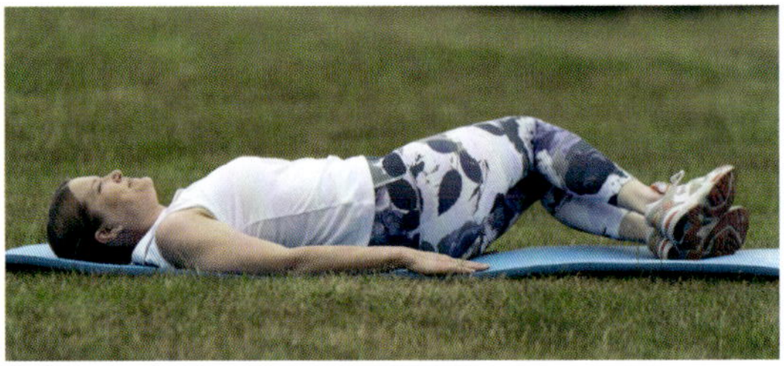

Mobilisation der Schultern und Öffnung des Brustkorbs
Fassen Sie eine Gerte und führen Sie sie mit durchgestreckten Armen über den Kopf hinter den Rücken und wieder zurück.

Schwingen Sie beide Knie miteinander von links nach rechts. Der Oberkörper bleibt liegen. Die Stabilisation erfolgt über die neben dem Körper liegenden Arme.

Dehnung des großen Brustmuskels
Sie sitzen im offenen Schneidersitz, nehmen beide Arme über den Kopf und ziehen sie nach hinten, bis Sie eine leichte Dehnung der Brustmuskulatur spüren.
Das geht auch nebenbei im Stall, Paddockstangen eignen sich ganz prima für diese Übung.

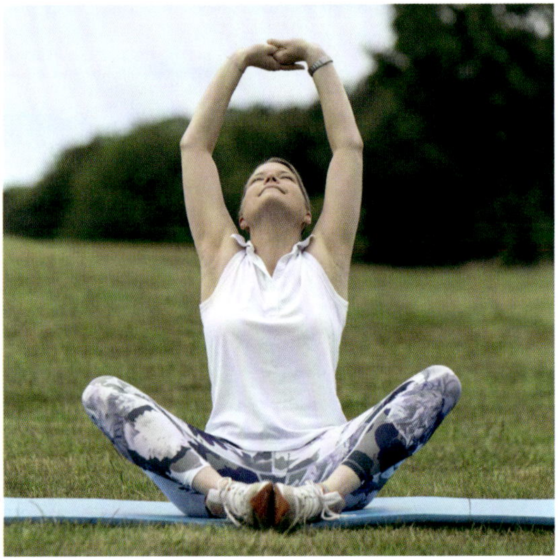

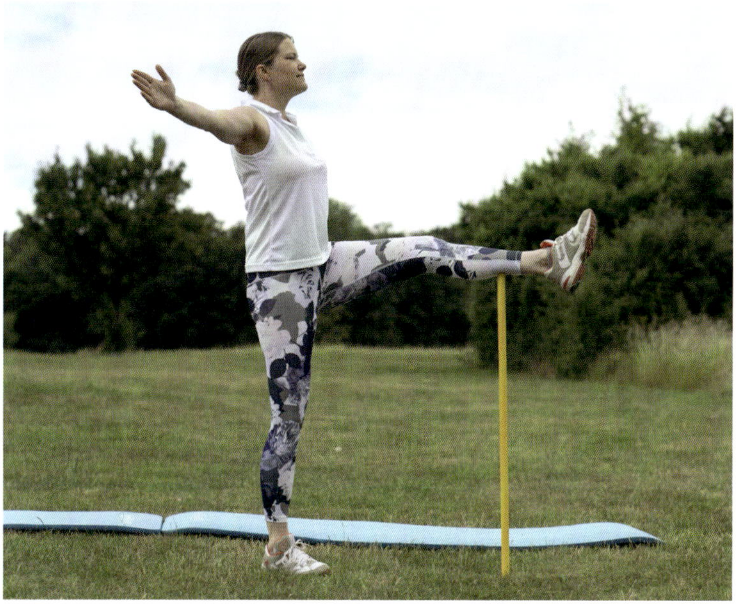

Dehnung der Waden-, Oberschenkel- und Gesäßmuskulatur

Stellen Sie sich aufrecht hin und legen Sie die Wade auf den Stab vor Ihnen. Nehmen Sie die Arme leicht zurück und atmen Sie entspannt. Tipp: Fixieren Sie mit den Augen einen Punkt, dann ist es einfacher, das Gleichgewicht zu halten.

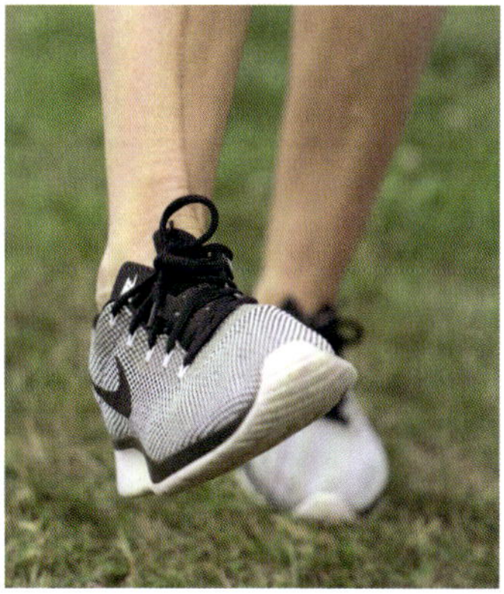

Mobilisation der Sprunggelenke

Lassen Sie Ihre Fußgelenke abwechselnd links und rechts herum kreisen. Das können Sie auch schnell mal zwischendurch machen.

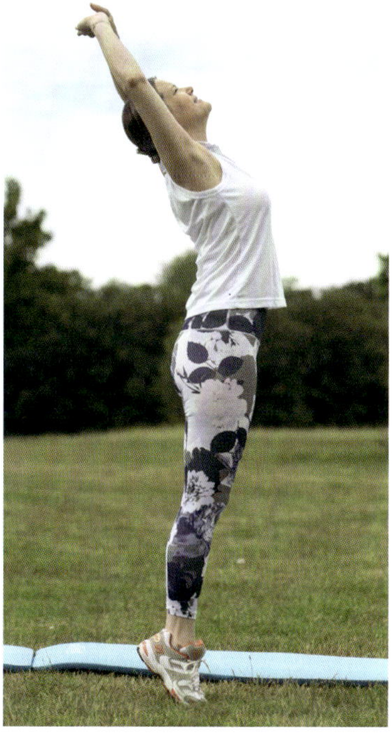

Dehnung des Hüftbeugers

Führen Sie beide Hände gestreckt über dem Kopf nach hinten und schieben Sie die Hüfte nach vorn. Stellen Sie sich auf die Zehenspitzen und halten Sie die Dehnung ca. 10 Sekunden.

Gleichgewicht, Balance & Koordination

Gute koordinative Fähigkeiten helfen im Sport und im Alltag dabei, Bewegungen sicher und ökonomisch durchzuführen und neue Bewegungen schnell zu erlernen. Die Gleichgewichtsfähigkeit ist eine der sieben koordinativen Fähigkeiten. Ihr kommt im Reitsport eine wichtige Bedeutung zu. Sie sorgt dafür, dass der Körper im Zusammenspiel mit dem Partner Pferd immer im Gleichgewicht bleibt oder dieses schnell wieder herstellen kann. Somit ist sie auch für die Verletzungsprophylaxe ein wichtiger Baustein. Die Gleichgewichtsfähigkeit wird bereits im frühen Kindesalter entwickelt. Da sie eine grundlegende Voraussetzung für alle Bewegungen darstellt, lohnt sich ein regelmäßiges Training auf jeden Fall.

TIPP

„Wenn dir deine (mangelnde) Motivation Steine in den Weg legt, stelle dich darauf, halte die Balance, lächle und mache weiter."

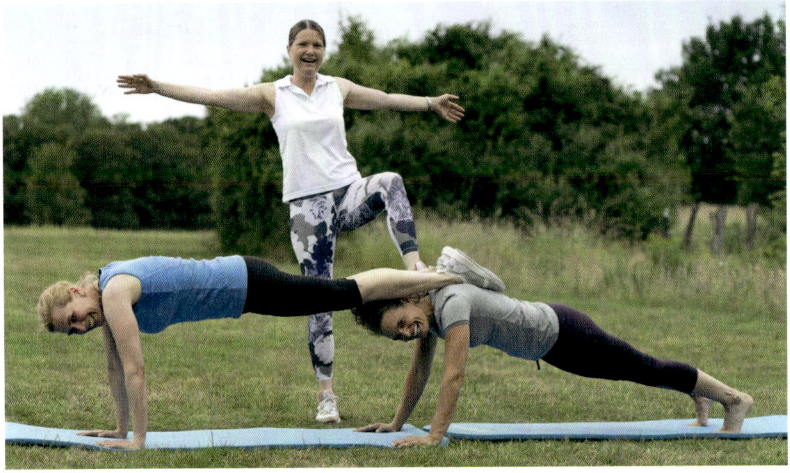

Im Team macht Sport besonders viel Spaß.

WORKOUT 3: GLEICHGEWICHT, BALANCE & KOORDINATION

Lassen Gleichgewicht, Koordination und Balance nach, steigt das Sturzrisiko. Ein gezieltes Training stärkt Tiefenmuskulatur, Sehnen, Gelenke sowie Muskeln und wirkt sich positiv auf das Reaktionsvermögen und die gesamte Motorik aus. Balance-Boards, Wackelbretter und ein unebener Boden unterstützen das Training wirkungsvoll.

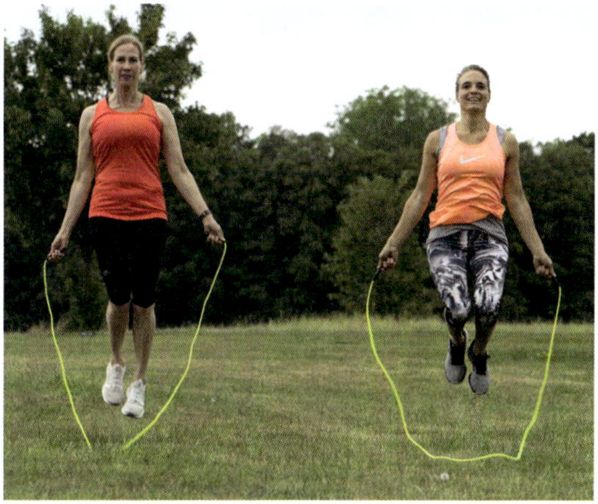

Warm-up

Top-koordiniert und schnell warm werden Sie beim Seilspringen/Rope-Skipping. Springen Sie einbeinig, beidbeinig, vorwärts oder rückwärts.

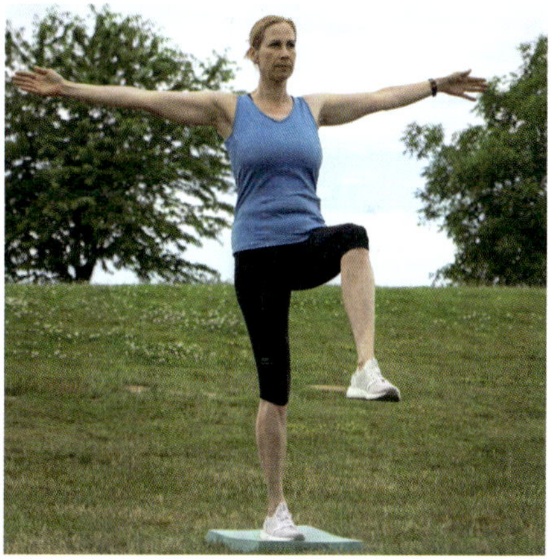

Balance

Kneelifts verbessern die Balance. Heben Sie abwechselnd das rechte und linke Knie an, bis der Oberschenkel parallel zum Boden ist. Sie können den Trainingseffekt verstärken, indem Sie auf einem Balance-Board üben.

Gleichgewicht

Legen Sie sich mit gestreckten Armen und Beinen auf einen Pezziball und halten Sie über eine gute Körperspannung die Balance. Seitlich ausgestreckte Arme helfen dabei.

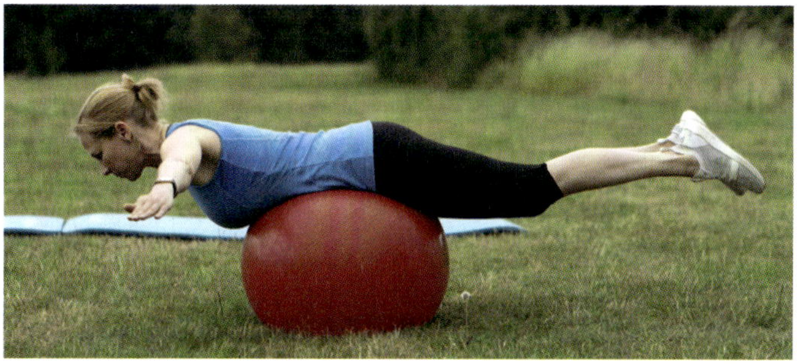

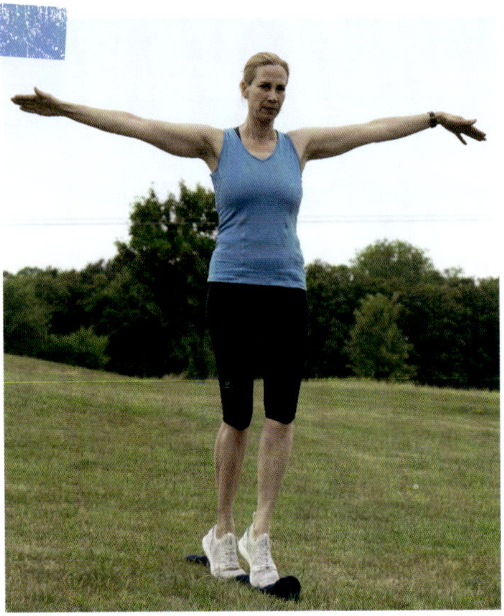

Balance

Gehen Sie über ein zusammengerolltes Handtuch und halten Sie dabei die Balance. Variante: Versuchen Sie es auch einmal mit geschlossenen Augen.

Der Baum

Stellen Sie sich auf Ihr Standbein, winkeln das andere Bein an, bis die Fußsohle an der Oberschenkelinnenseite anliegt und strecken Sie dann die Hände zusammengenommen über den Kopf. Diese Übung aus dem Yoga verbessert ebenfalls die Balance.

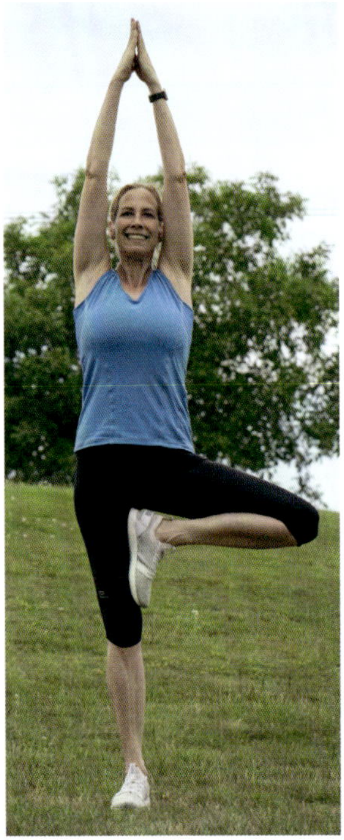

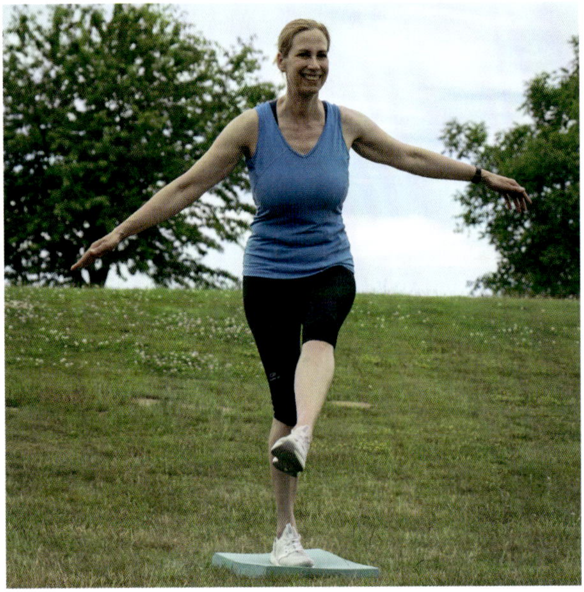

Koordination

Stellen Sie sich auf Ihr Standbein und lassen Sie das andere Bein vor dem Körper hin- und herpendeln. Sie verstärken den Effekt, indem Sie sich auf ein Balance-Board stellen. Die Arme können seitlich neben dem Körper ausgestreckt werden, um das Gleichgewicht leichter halten zu können.

Koordination
Die Koordinationsleiter ist perfekt für die Verbesserung der Koordination! Wir beginnen mit dem Überkreuzen der Beine von Feld zu Feld.

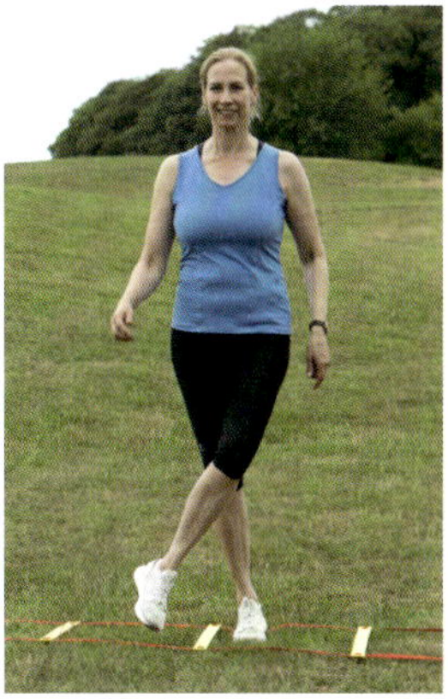

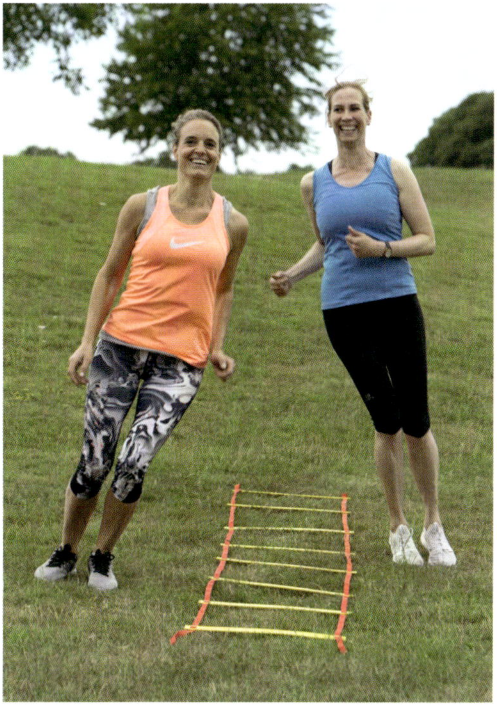

Beidbeiniges Springen nach rechts und links tut auch was für die Kondition!

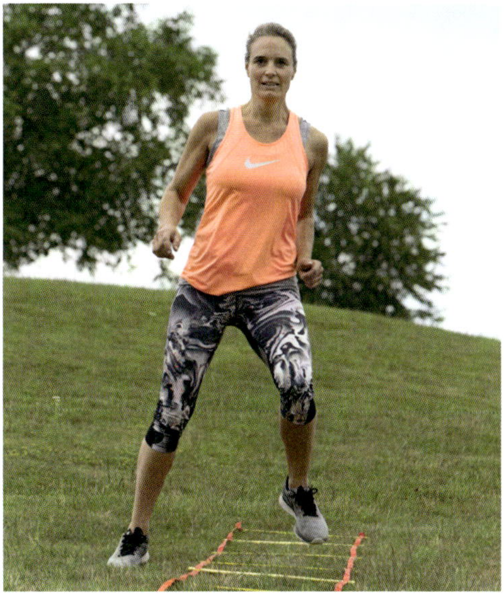

Auch sehr nett: Ein Feld vorlaufen und abwechselnd den rechten und linken Fuß aus der Koordinationsleiter tippsen.

Kraft
„Wenn Du etwas erreichen willst, was Du noch nie geschafft hast, musst Du etwas tun was Du noch nie getan hast!“ Manchmal muss man die Welt auf den Kopf stellen.

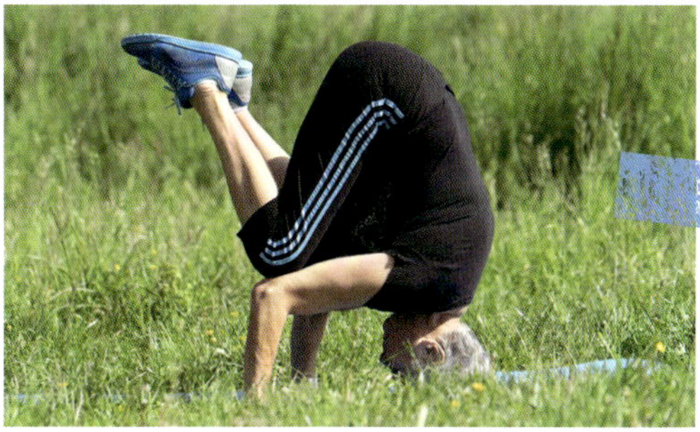

Der Körper ist das Haus der Seele

Karla Spiritus

Aufgewachsen bin ich im bergischen Land auf einem ehemaligen Bauernhof. Ein Kaltblüter namens „Bravo" legte dort den Grundstein meiner Liebe zu den Pferden. Mit ihm verbrachte ich jeden Tag viel Zeit, und er hörte auf mich wie ein Hund.
Von meinen Eltern habe ich gelernt, dass es sinnvoll ist, sein „Haus" instand zu halten. Damals galt dies mehr den materiellen Dingen, ich befolge diesen Grundsatz aber auch für meinen Körper, denn er ist das Haus meiner Seele!

Wo ein Wille ist …

Reiten, Sport und Bewegung haben in meinem Leben eine große Rolle gespielt, bis eine Erkrankung beider Kniegelenke in meinem 16. Lebensjahr dieser Leidenschaft ein jähes Ende setzte. Immer wieder lösten sich freie Gelenkkörper und blockierten meine Kniegelenke. Nach einer schweren Operation kam ich im Rollstuhl nach Hause, mit der Prognose, dass die Gelenke maximal 25 Jahre halten werden.
In dem mühseligen Jahr an Gehhilfen, mit Trauer und Verzweiflung im Herzen, entwickelte sich ein enormer Wille in mir. Ich wollte ein erfülltes Leben leben, solange ich konnte. Ich bekam rasch hintereinander drei Kinder, habe dennoch mein Gewicht gehalten und mit gezieltem Krafttraining angefangen.
Mit 35 Jahren konnte ich mich wieder dem Dressursport widmen. Ich war in der Jugend bis L-Dressur erfolgreich, nun konnte ich mich in vier Jahren unter Ludo Konings bis zur Verleihung des goldenen Reitabzeichens hocharbeiten und hatte erste Erfolge bis Grand Prix mit „Fifth Avenue", „Great Mc Kinney" und „Donnerboy". Dies war allerdings nicht nur meiner kontinuierlich fleißigen Arbeit, meinem täglichen Fitnessprogramm geschuldet, sondern auch den tollen Pferden und dem kompetenten Unterricht meiner Ausbilder, an die ich mit Dankbarkeit denke.

Gesundheitsmanagement

Eine schwere Erkrankung meiner Mutter führte mich zu dem Entschluss, meine eigene Sportkarriere zu beenden und ins Trainerlager zu wechseln. Hier begleitete ich Schülerinnen und Schüler bis hin zu den Europameisterschaften.
Meine Trainertätigkeit erfüllt mich inzwischen genauso wie meine eigene Reiterei.
Mit 62 Jahren habe ich mich, wissend dass Reiten vielleicht nicht immer gehen wird, in einem Fitnessstudio angemeldet. Ich hatte in den vielen Jahren im Sport ja bereits erlebt, wie gut man Pferde trainieren, bemuskeln und managen kann, um sie langfristig gesundzuerhalten. Das wollte ich nun auch bei mir versuchen.
Schnell lernte ich meine Stärken, aber auch meine Defizite kennen und habe unter guter Anleitung die Stärken erhalten und die Schwächen ausgeglichen. Erstaunlich, wie ähnlich das Training von Mensch und Pferd strukturiert ist! Und wie schön es ist, dass sowohl ältere Menschen als auch ältere Pferde nochmal die Erfahrung machen können, wie es ist, den Rahmen ihrer körperlichen Möglichkeiten erweitern zu dürfen und sich richtig gut fühlen zu können. Durch die verschiedenen Trainingsmöglichkeiten lerne ich mich immer wieder im Sport neu kennen und kann gezielt die unterschiedlichen Muskelgruppen ansprechen.
Das „alte Haus" ist also immer noch ganz gut in Schuss, und meine Seele fühlt sich noch sehr wohl darin. Übrigens … meine eigenen, damals schon abgeschriebene Kniegelenke auch noch!

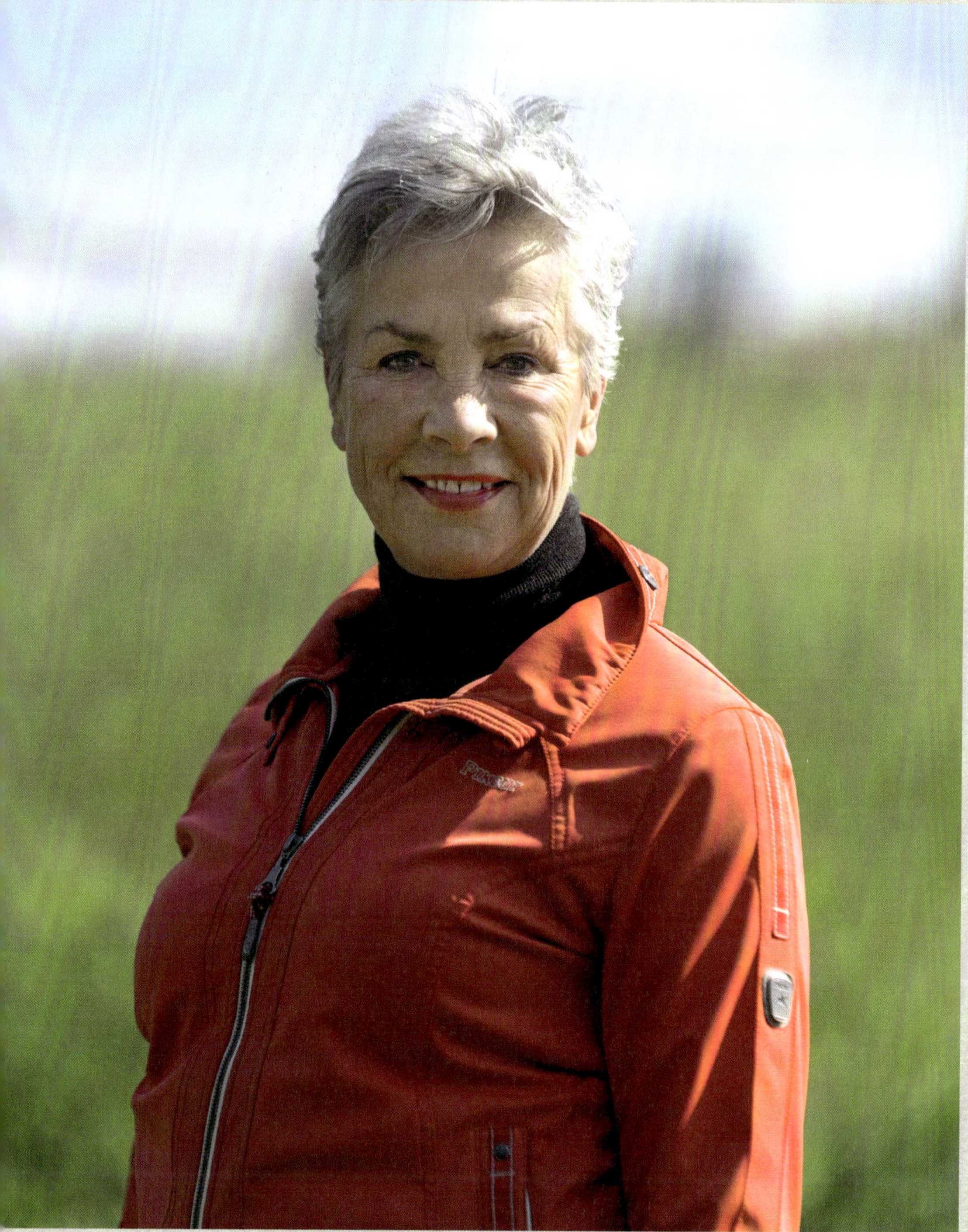

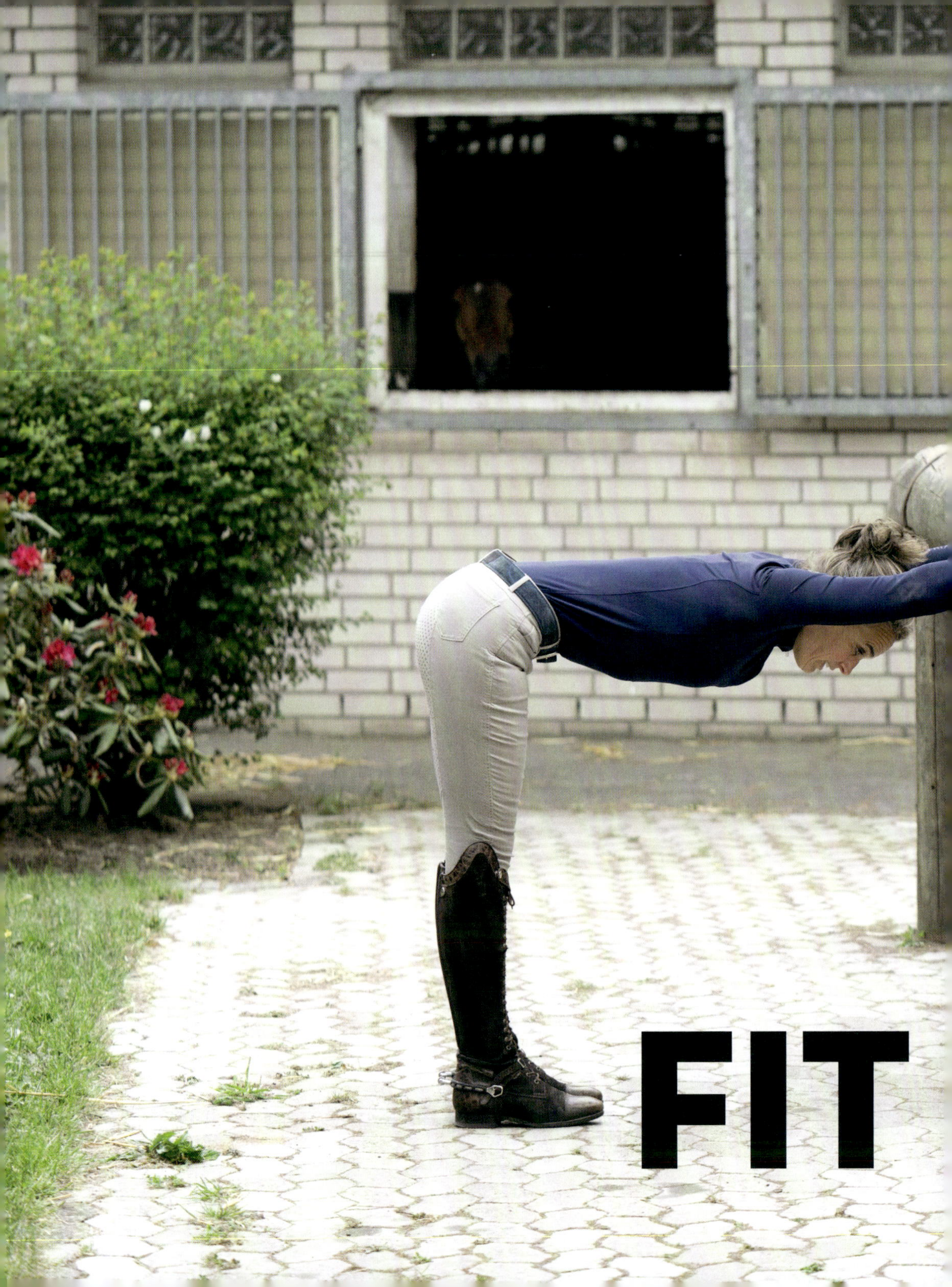

FIT

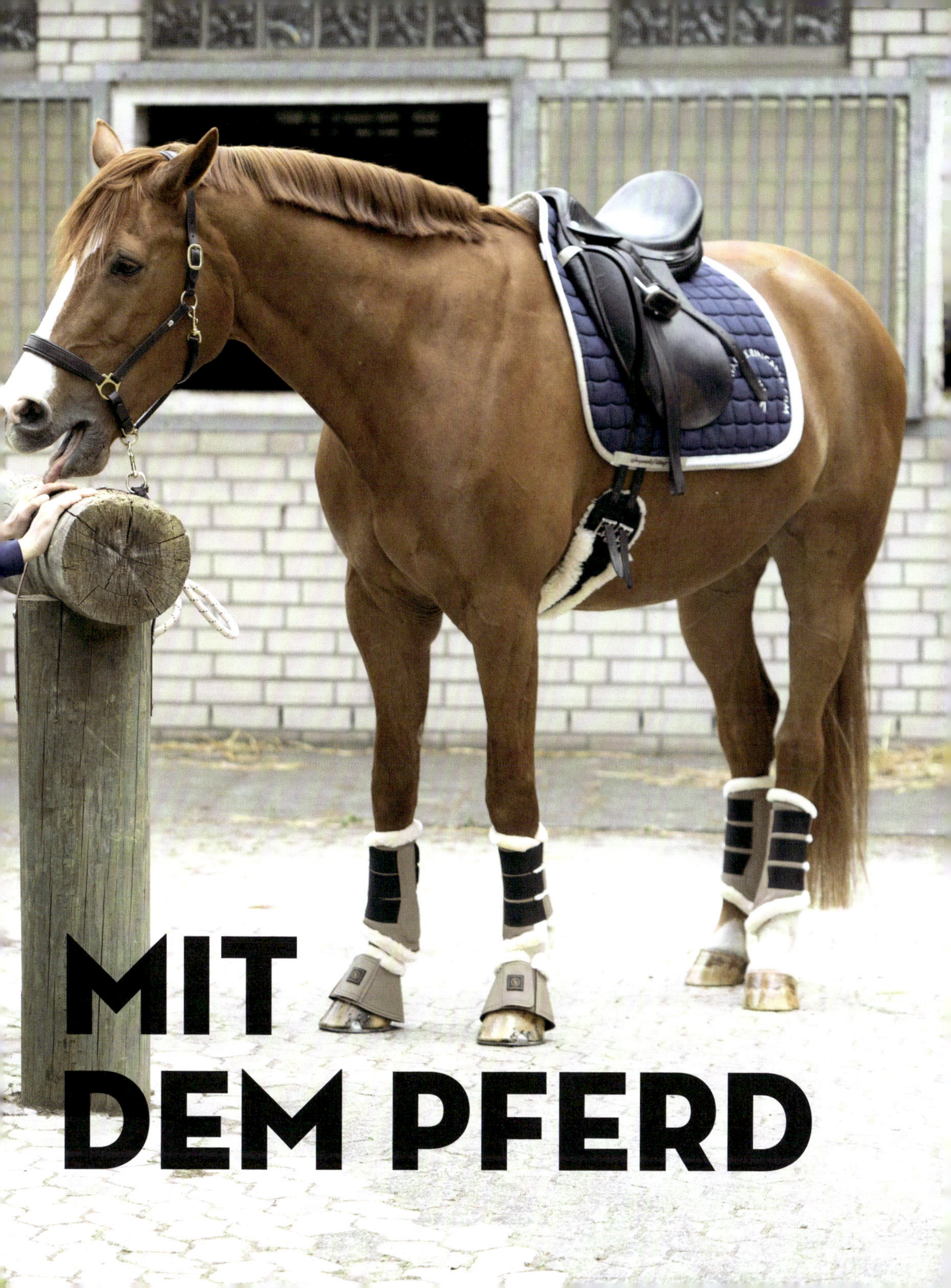

MIT DEM PFERD

Alltagstraining im Stall

Sie können Fitness- und Trainingsaspekte sehr einfach in den Stallalltag integrieren, ohne dafür extra trainieren gehen zu müssen. Ob putzen, fegen, misten oder Hufe einfetten – alles bietet bei richtiger Ausführung Trainingspotenzial.

Für die meisten Reiter besteht der „Hauptsport" im Reiten. Die damit verbundenen Stallarbeiten wie ausmisten, Pferd pflegen oder Sattel tragen werden meist unbewusst und nebenbei erledigt. Diese Aufgaben können Sie aber auch ganz bewusst durchführen. Achten Sie dabei auf eine korrekte Ausführung, erzielen Sie neben dem eigentlichen Tun einen positiven Trainingseffekt. So können Sie beispielsweise das Fegen effektiv nutzen, um die seitliche Bauchmuskulatur zu stärken, das Striegeln für ein

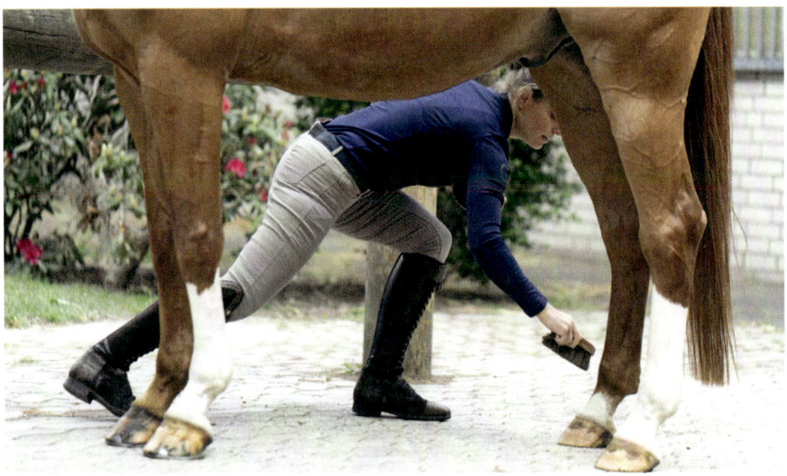

Schon beim Putzen kann man etwas für die Fitness tun.

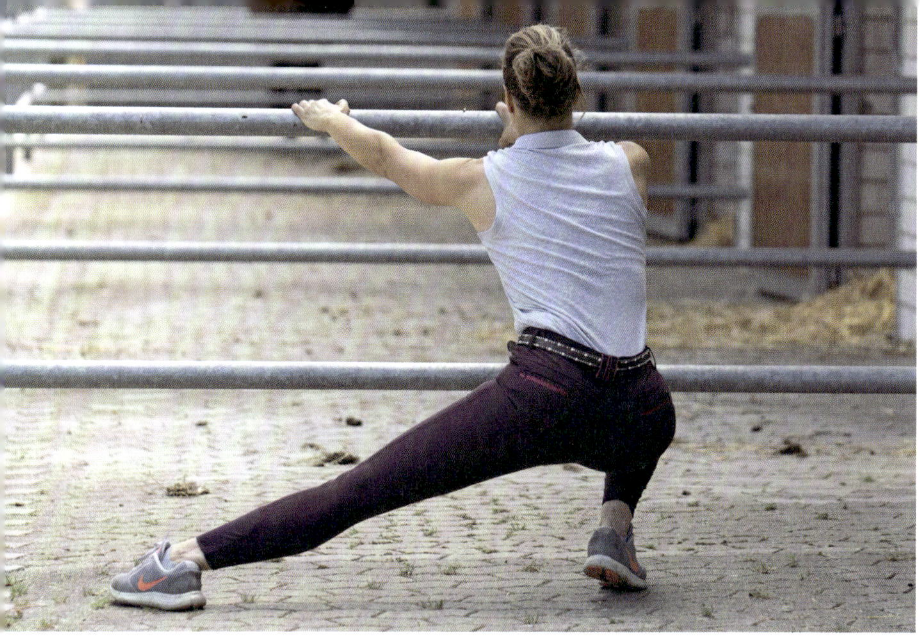

Wenn Sie am Putzplatz die Wade dehnen, federt der Absatz beim Reiten schön nach unten.

Training der Arm- und Schultermuskulatur und das Tragen von Futter- oder Möhrensäcken und des Sattelzeugs zur Kräftigung der Bein-, Gesäß- und Rückenmuskulatur.

ARME UND SCHULTERN KRÄFTIGEN BEIM STRIEGELN

Das Striegeln des Pferdes vor dem Reiten hat viele positive Aspekte. Hier wird nicht nur eine enge Bindung zwischen Mensch und Pferd hergestellt, sondern durch die kreisenden Putzbewegungen auch Wohlbefinden und Entspannung beim Pferd erreicht. Mag es ein Pferd zum Beispiel, fest am Widerrist geputzt zu werden, ist dies für den Reiter durchaus anstrengend – und man kann es nutzen, um bewusst die Arm- und Schultermuskulatur zu trainieren.

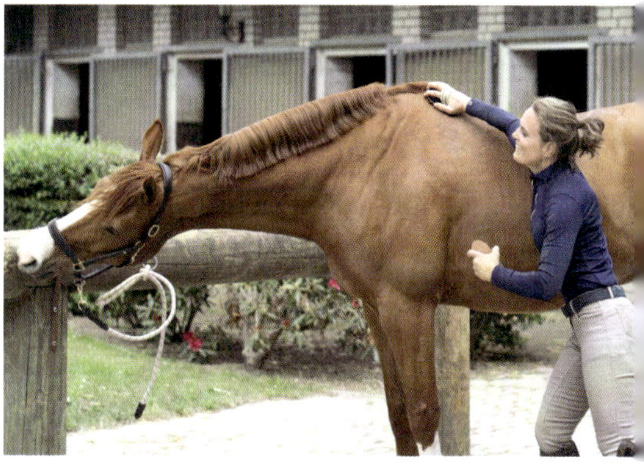

Nehmen Sie einen stabilen Stand ein, gehen Sie leicht in die Knie, spannen Sie Bauch und Gesäß an und geben Sie über die Hand und den Arm Druck auf den Striegel.

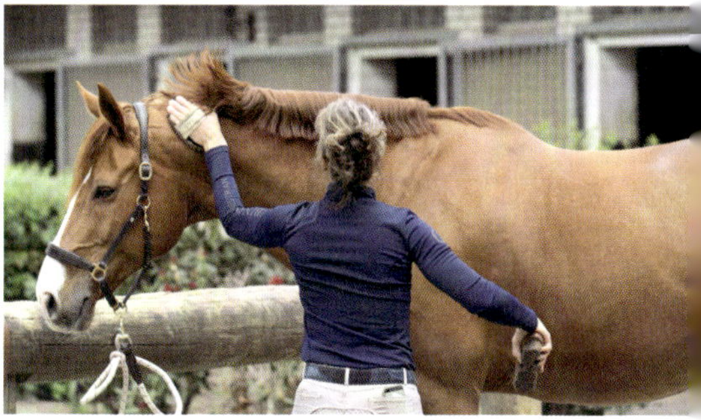

Putzen Sie in kreisenden Bewegungen ca. 2–5 Minuten. Benutzen Sie beide Arme für ein gleichmäßiges Training.

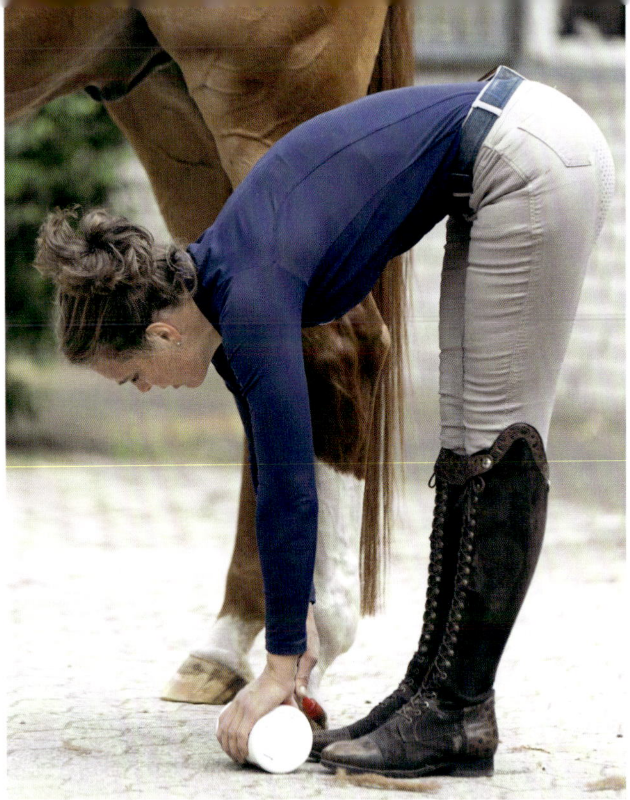

Lassen Sie die Beine gestreckt beim Hufe einfetten. Das dehnt die hintere Oberschenkel- und Rückenmuskulatur und trägt so zu einem geschmeidigen Sitz bei.

TIPP

Wenn das Pferd dazu neigt, sich mit viel Gewicht auf dem hochgehobenen Huf abzustützen, können Sie auch beim Hufe einfetten üben.

BEINMUSKULATUR DEHNEN BEI DER HUFPFLEGE

Beim Hufe auskratzen können Sie gleichzeitig Ihre hintere Oberschenkel- und Gesäßmuskulatur mobilisieren und dehnen! Hierzu stellen Sie sich mit geschlossenen Beinen und durchgedrückten Knien neben Ihr Pferd, nehmen den jeweiligen Huf leicht hoch und bleiben für etwa 5 – 15 Sekunden in der Dehnung (während Sie den Huf auskratzen). Für Reiter mit Rückenproblemen: Auch beim Anziehen von Sporen o. Ä. kann man diesen Dehnungseffekt herstellen, indem man bewusst die Beine gerade lässt und nur die Ferse ein wenig anhebt. Der Vorteil hierbei ist, dass Sie kein Gewicht in der Hand haben, welches den Rücken zusätzlich belastet.

WORKOUT BEIM SATTEL TRAGEN

Da das Sattelzeug recht schwer ist und die Sattelkammer meistens nicht genau neben dem Putzplatz liegt, können Sie diesen Weg schon als kleines Workout nutzen. So erwärmen und kräftigen Sie die beim Reiten benötigten großen Muskelgruppen. Mit Ausfallschritten trainieren Sie die Oberschenkelmuskulatur, die Sie beim Leichttraben brauchen.

Fegen Sie großflächig nach rechts und links und drehen Sie den Oberkörper leicht mit. Das mobilisiert die Wirbelsäule.

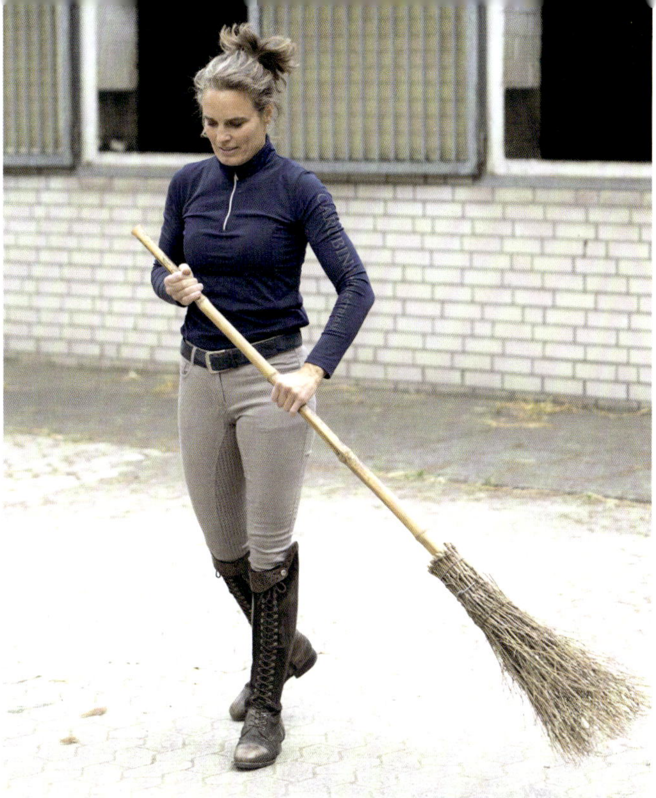

STALLGASSE FEGEN MIT DEM HEXENBESEN

„Merke dir auf allen Wegen, Reiten lernt man nur durch Fegen". Dieser Spruch, der immer noch in vielen Reitställen zu sehen ist, kann heute aus fitnessorientierter Sicht neu interpretiert werden. Wer viel (mit einem Hexenbesen) fegt, wird schnell eine verbesserte Rumpf- und seitliche Bauchmuskulatur bei sich feststellen, sofern er darauf achtet, den Körper dabei in einer gewissen Grundkörperspannung zu halten.

1

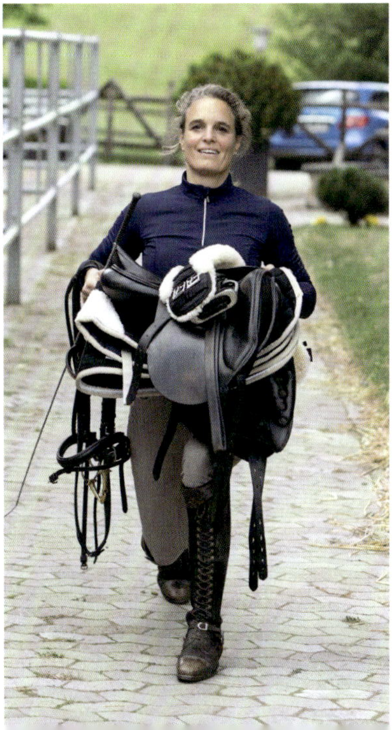

2

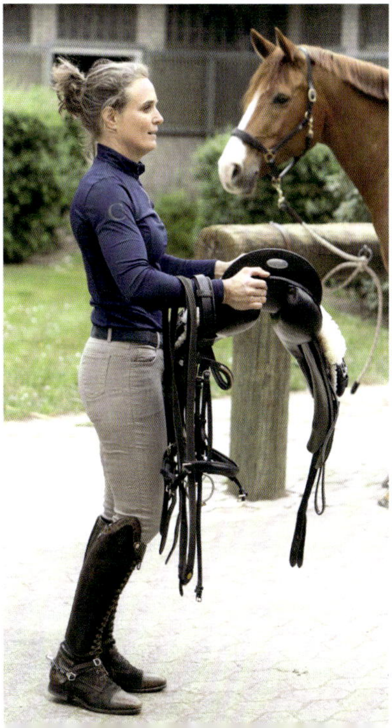

1 Für das Beintraining bauen Sie ein paar Ausfallschritte mit dem Sattel ein.

2 Möchten Sie Arme und Schultern kräftigen, können Sie den Sattel etwas vor dem Körper tragen. Wichtig: Achten Sie unbedingt darauf, den Bauch gut anzuspannen, da sonst zu viel Druck auf die Lendenwirbelsäule kommt.

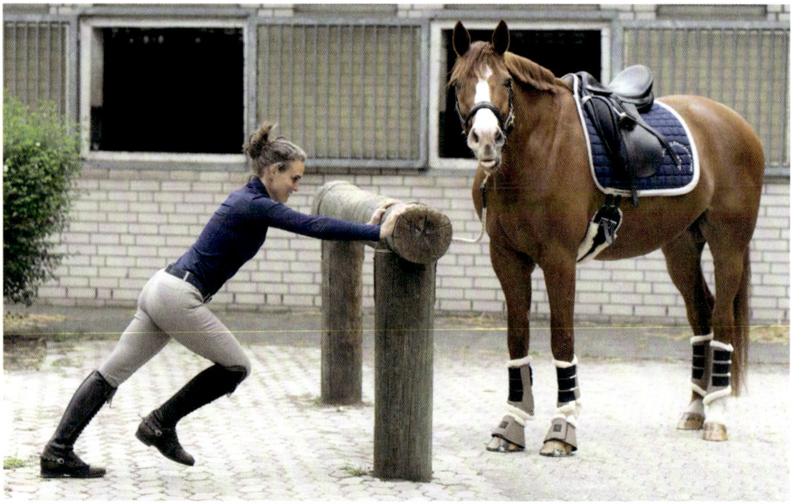

Vielleicht findet es Ihr Pferd seltsam, was Sie vor dem Reiten so tun …

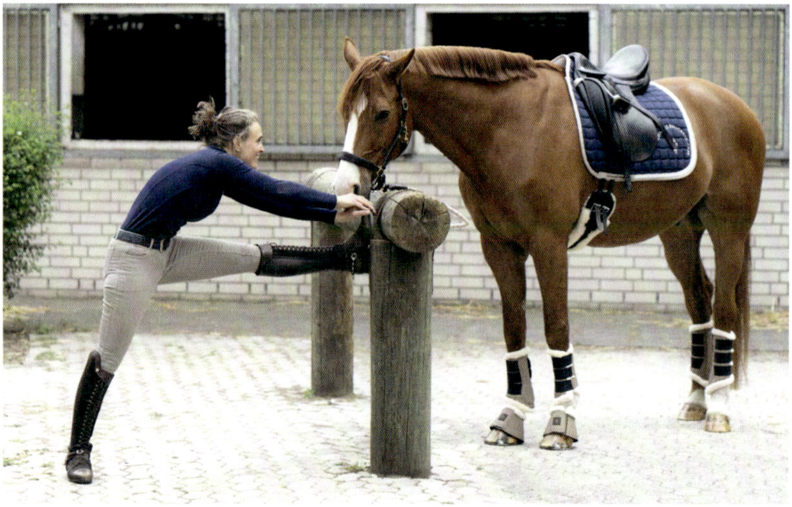

… aber es wird davon profitieren, dass Sie mobilisiert in den Sattel steigen.

KÖRPER-CHECK

Das Pferd ist nun geputzt, gesattelt und die Stallgasse wieder sauber. Bevor Sie starten, können Sie noch am Putzplatz ein paar kleine Mobilisationsübungen machen. Checken Sie dabei Ihren Körper – wo fühlen Sie sich noch fest, wo sind Sie besonders locker? Fließt der Atem durch den ganzen Körper? Und nebenbei werfen Sie auch einen Blick auf Ihr Pferd – wirkt es munter und motiviert?

WARM-UP FÜR ALLE

Langsam wollen wir reiten! Und auch hier gibt es für den Start einen guten Tipp: Besonders im Herbst und Winter wird man beim Schritt reiten bekanntermaßen eher kalt als warm. Machen Sie sich zusammen mit Ihrem Pferd warm, führen Sie es im Schritt, anstatt gleich in den Sattel zu steigen. Gehen Sie neben Ihrem Pferd her und lassen Sie Schultern und Arme kreisen, das mobilisiert den ganzen Körper und bringt den Kreislauf schon mal ein wenig in Schwung.

GEWICHTE STEMMEN ...

In den meisten Ställen muss nach dem Reiten die Bahn abgeäppelt werden. Nimmt man ein oder zwei Haufen mit, hat man schon ganz schön schwer zu tragen. Spannen Sie dabei immer Bauch und Po an, damit das Gewicht keine Schädigungen der Bandscheiben verursacht. Gewöhnen Sie sich an, den Äppelboy abwechselnd links und rechts zu tragen, um muskulären Problemen entgegenzuwirken.
Nach dem Reiten freut sich jedes Pferd über eine Portion Möhren, Mash, Luzerne oder Müsli. Und die meist recht schweren Säcke müssen ja irgendwie in den Stall kommen ...
Achten Sie bitte auf eine gute Hebetechnik: Kontrolliert mit gebeugten Knien und einem geraden Rücken. So schonen Sie durch eine gleichmäßige Belastung die Bandscheiben und den kompletten Bewegungsapparat. Zudem kräftigen Sie dadurch die entsprechende Muskulatur.

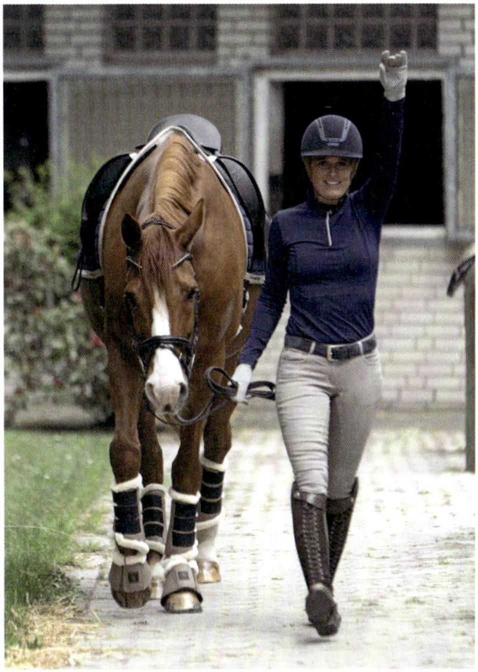

Arme kreisen mobilisiert Arme und Schultern. Das hilft, um mit einer vom Sitz unabhängigen Hand zu reiten.

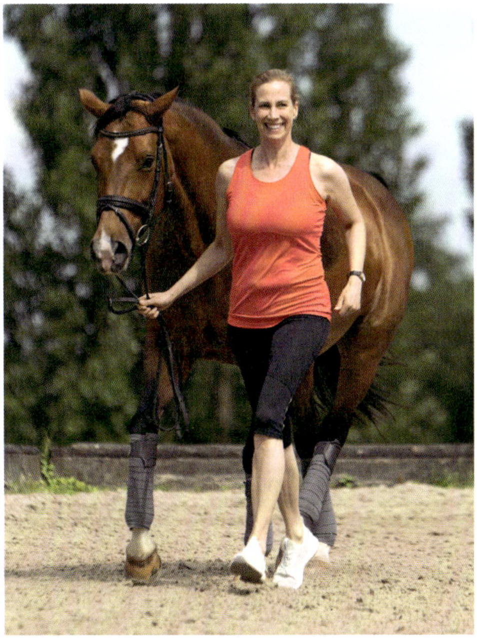

Führen vor dem Reiten wärmt Pferd und Reiter schonend auf.

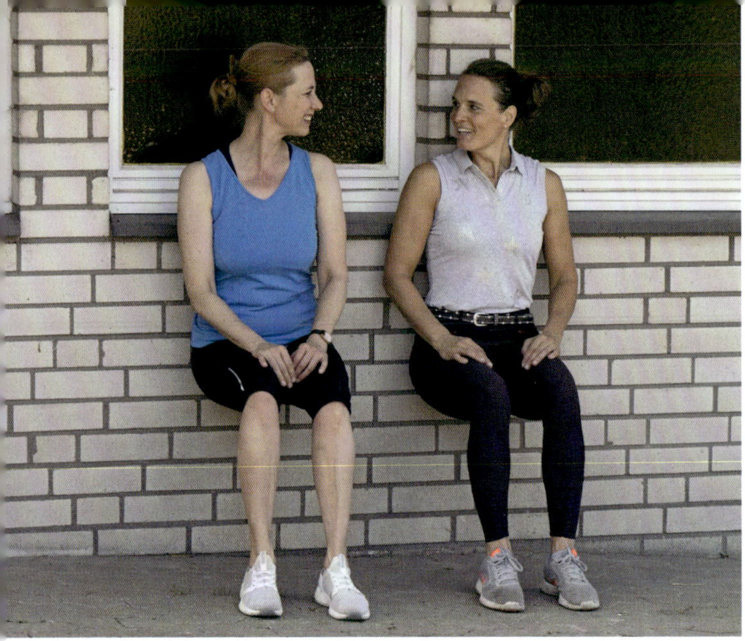

Stellen Sie beide Füße parallel auf den Boden und beugen Sie die Knie so, dass ein rechter Winkel zwischen Unter- und Oberschenkel entsteht. Halten Sie den Oberkörper (und den Kopf) gerade und lehnen Sie ihn an die Boxen- oder Stallwand.

STALLTRATSCH TRAINIERT AUCH ...

Jeder kennt es – man ist fertig mit Reiten und redet noch ein wenig mit dem Boxennachbarn. Anstatt dies im Stehen zu machen, nutzen Sie eine neue Variante – Sie „sitzen" ohne Stuhl an einer Wand! Machen Sie diese Übung so lange Sie können oder legen Sie bewusste Pausen ein und üben mit mehreren Wiederholungen/Sätzen. „Naja" ist alles bis 20 Sekunden, „Gut" ist, wer 40 Sekunden schafft und „Top" verdient der, der die 60 Sekunden knackt.

ATMEN FÜR PERFORMANCE UND ENTSPANNUNG

Keinen Trainingseffekt, aber eine große Wirkung hat die richtige Atmung. Besonders in stressigen Zeiten atmen wir nicht optimal – zu flach und zu

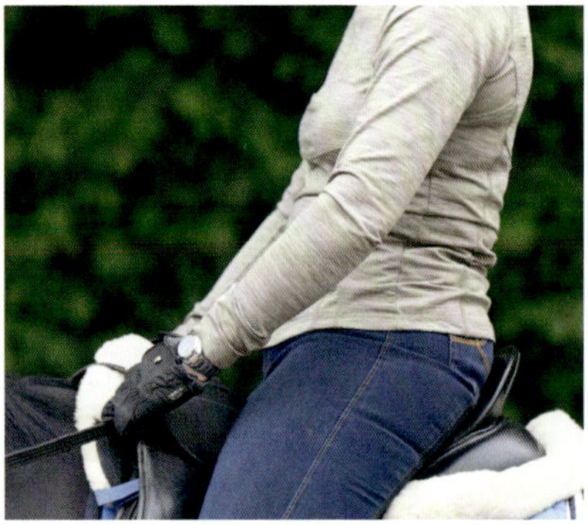

Um sowohl entspannt als auch besser konzentriert auf's Pferd zu steigen, atmen Sie 5–10 tiefe Atemzüge in den Bauch.

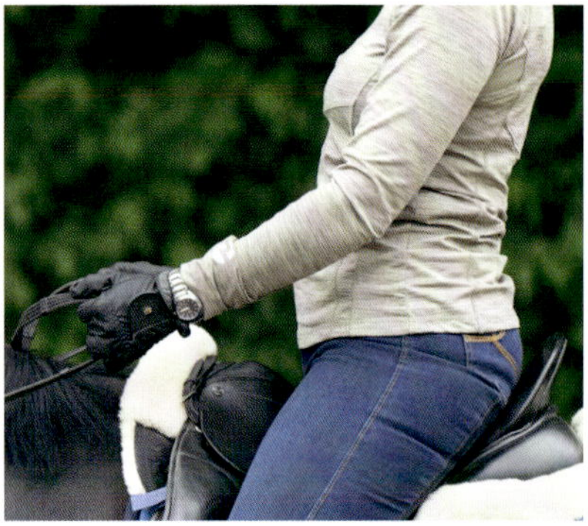

Hier sieht man gut, dass sich der Sitz mit der richtigen Atmung aufrichtet.

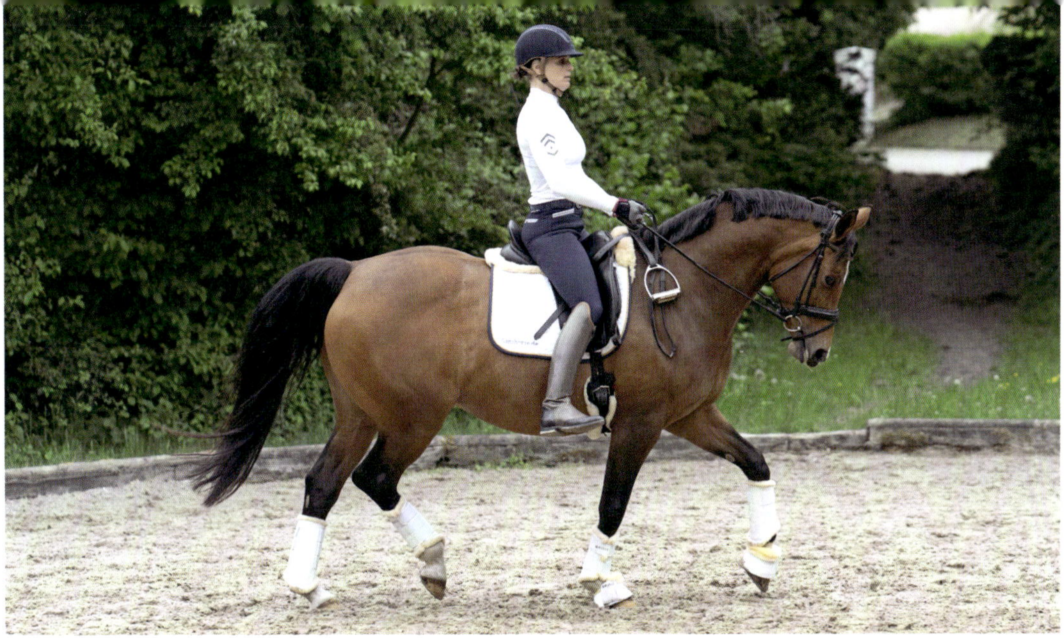

hektisch, sodass im Wesentlichen nur die verbrauchte Luft hin- und hergeschoben wird. Dies führt zu einer unzureichenden Sauerstoffzufuhr im Gewebe, in den Organen, der Muskulatur sowie im Gehirn und wirkt sich nicht nur negativ auf den Zellstoffwechsel und die Immunabwehr, sondern auch auf die Konzentrationsfähigkeit aus.

Durch eine tiefe Bauchatmung, die man im Schlaf und oft auch beim Sport weitgehend automatisiert durchführt, kann der Vagusnerv stimuliert werden. Dieser ist Teil des parasympathischen Systems und zuständig für gute Entspannung und für die Konzentration.

Variante: Noch effektiver ist es, wenn Sie sich gerade hinstellen und beim Einatmen die Arme vor dem Körper über den Kopf führen, einen Moment die Luft in den Lungen behalten, und dann beim Ausatmen den gesamten Oberkörper nach vorne fallen lassen. Pendeln Sie nach unten aus. Sehr gut ist es, dabei noch etwas in die Knie zu gehen, da man so den Entspannungseffekt verstärken kann.

Auch beim Reiten können Sie sich immer wieder zwischendurch aufrichten, bewusst atmen und dann weiterreiten.

FÜR ZEITSPARER

Diese Übungen können Sie ganz einfach in den Stallalltag integrieren. So nehmen Sie keine Extrazeit in Anspruch. Dennoch sind sie alle sehr effektiv. Besonders die Atemübungen sind geniale Helfer, die sofort spürbar eine große Wirkung haben. Probieren Sie es gern auch mal auf dem Pferd: Atmen Sie tief ein und lange wieder aus und beobachten Sie, wie Ihr Pferd reagiert.

Grundlagenausdauer verbessern

Auch eine gute Grundlagenausdauer spielt beim Reiten eine wichtige Rolle. Meist sitzt man 45 bis 60 Minuten auf dem Pferd, das braucht durchaus etwas Kondition. Sportarten wie Walken, Joggen, Schwimmen, Radfahren oder Inlineskaten verbessern unsere Fitness.

Genau wie beim Pferd sind auch beim Reiter drei Faktoren leistungsbestimmend für die Energiegewinnung einer Muskelzelle: das maximale Sauerstoffaufnahmevermögen (VO_{MAX}), das vorhandene Sauerstoffangebot und die Sauerstoffausnutzung durch die Muskulatur.

GRUNDLAGENAUSDAUER

Die Grundlagenausdauer ist gekennzeichnet durch die Beteiligung von mehr als 1/7 der Skelettmuskulatur und definiert als sportartunabhängige Ermüdungswiderstandsfähigkeit bei länger andauernden Belastungen (wie wir sie beim Reiten vorfinden).

Beim Pferd achten wir darauf, dass sich die Atmung nach dem Training schnell wieder beruhigt und das Pferd nicht zu stark schwitzt. Dies sind Zeichen einer guten Ausdauer.
Für den Dressur- und Springreiter spielt die Ausdauer insofern eine Rolle, dass die belastete Muskulatur in der Lage sein sollte, für den Zeitraum einer Reiteinheit (ca. 45 – 60 Minuten) ermüdungsfrei zu arbeiten. Funktioniert dies nicht, leidet die exakte Hilfengebung und oft auch der Sitz darunter.

DER TRAININGSPULS

Für das Reiten wird eine allgemeine aerobe Ausdauer benötigt. Aerob bedeutet, dass die über die Atmung aufgenommene Menge an Sauerstoff ausreicht, um die Muskulatur zu versorgen. Diesen Zustand, in dem die

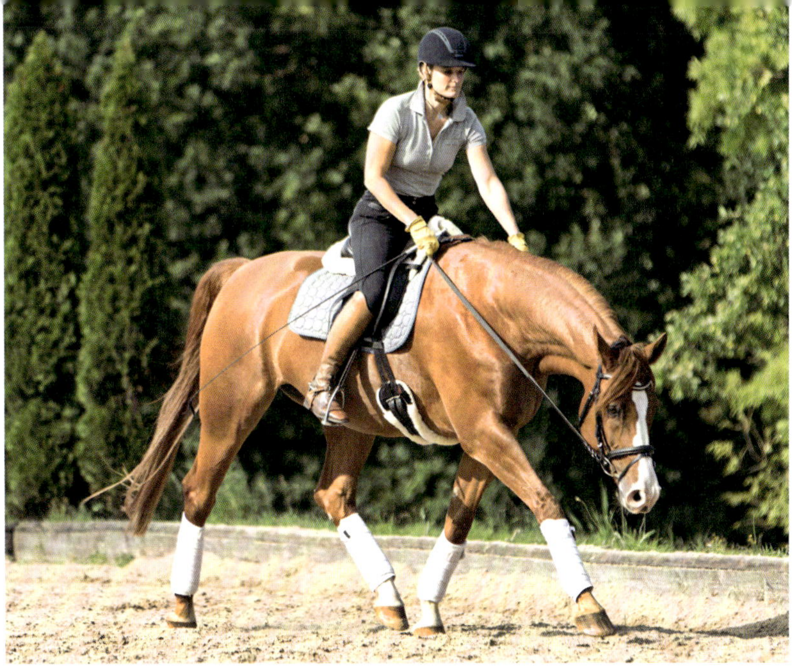

Die Ausdauer ist bei Pferd und Reiter leistungsbestimmend.

RICHTWERTE PULSMESSUNG

	RUHEPULS	TRAININGSPULS
UNTRAINIERT	60 – 80 Schläge/Minute	180 Schläge/Minute minus Lebensalter
TRAINIERT	40 – 70 Schläge/Minute	220 Schläge/Minute minus Lebensalter

Muskulatur über einen langen Zeitraum laktatfrei arbeiten kann, nennt man „Steady-State“. In diesem Zustand könnte man noch viel länger weitermachen, man ist im „Flow“. Messen Sie gerade zu Beginn eines Ausdauertrainings zwischendurch auch den Puls, um ein besseres Gefühl für die Trainingsbelastung zu bekommen. Ein zu hoher Puls kann zu Übelkeit, Schwindel und einem Engegefühl in der Brust führen.

WIE STEIGERE ICH DIE AUSDAUER?

Sportarten, die sich für ein Ausdauertraining anbieten, sind Walken, Joggen, Radfahren, Schwimmen oder Inlineskaten. Achten Sie beim Trainieren darauf, dass Ihr Puls (dieser ist ein guter Richtwert) nicht mehr als 120 – 180 Schläge/Minute beträgt. Grundsätzlich gilt, dass Faustregeln zur Pulsbestimmung sinnvoll sind, es aber auch durchaus Ausnahmen von

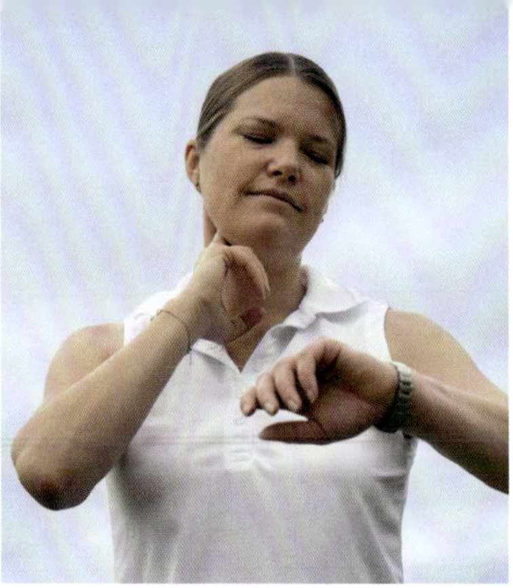

1

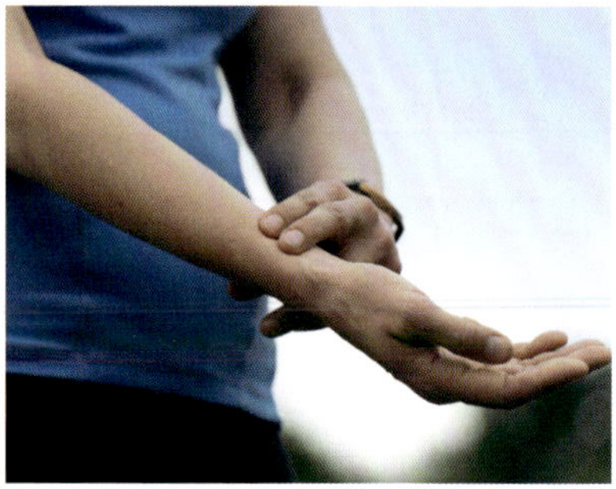

2

der Regel geben kann. Zu berücksichtigende Variablen, die den Puls beeinflussen können, sind Alter, Fitnesszustand, Gesundheitszustand und auch die Einnahme von Medikamenten. Ein Ausdauertraining mit 50 – 60 % der maximalen Herzfrequenz (HF_{max}) dient der Stabilisierung der Gesundheit, der Prävention durch die Verringerung von Risikofaktoren für das Herz-Kreislauf-System und der Regeneration. 60 – 75 % der HF_{max} entsprechen einem leichten Training mit dem Ziel der Gewichtsreduktion, der Anregung des Fettstoffwechsels und der Ökonomisierung des Herz-Kreislauf-Systems. Mit 75 – 85 % der HF_{max} ist das Training recht anstrengend. Hier geht der Körper bereits eine leichte Sauerstoffschuld ein, das bedeutet, der durch die Muskeln benötigte Sauerstoff kann nicht mehr komplett über die Atmung bereitgestellt werden. Es entsteht Laktat (Milchsäure), man trainiert teilweise im anaeroben Bereich. Beim Reiten ist das nur selten der Fall. Beanspruchungen von 85 – 95 % der HF_{max}. können an dieser Stelle vernachlässigt werden, da man sie nur sehr kurzfristig durchhalten kann.

Noch eine Faustregel: Mit steigendem Alter sollte das Training weniger anstrengend gestaltet werden. Während ein gesunder 20-Jähriger noch mit 180 – 200 Schlägen/Minute trainieren kann, liegt der Richtwert beim 40-Jährigen bei 160 – 180 Schlägen/Minute und beim 70-Jährigen bei 140 – 150 Schläge/Minute. Natürlich können die Werte je nach Trainingszustand auch hier variieren.

WICHTIG

Personen, die lange keinen Ausdauersport betrieben haben, sollten sich vorher auf jeden Fall vom Arzt durchchecken lassen und nur mit einem moderaten Training beginnen.

1 Am Hals messen Sie den Puls, indem Sie den Zeige- und Mittelfinger in die Vertiefung zwischen Luftröhre und großem Halsmuskel legen. Zählen Sie den Pulsschlag 15 Sekunden lang und multiplizieren Sie den Wert mit 4.

2 Die Pulsmessung am Handgelenk. Achten Sie darauf, dass Sie nicht mit dem Daumen messen, da dieser einen Eigenpuls hat. Sie finden den Puls an der Handgelenkinnenseite.

Fitter im Busch

Friederike Paradies mit Amica, Checkevina & Emerie

Ich reite seit meinem 11. Lebensjahr. Über die Zeit hat sich die Vielseitigkeit als meine Disziplin herauskristallisiert, in der ich bis CCI3***-S erfolgreich bin. Ich nahm an der Europameisterschaft der ländlichen Vielseitigkeitsreiter und der Deutschen Amateurmeisterschaft teil.

FAKTOR REITER

Reiten ist zeitintensiv, mir bleibt nicht viel Zeit für andere Hobbys. Natürlich müssen die Pferde fit ein, die eigene Fitness gerät jedoch häufig in den Hintergrund. Dabei liegt es auf der Hand, dass man sein Pferd gerade bei Niedersprüngen und bei Landungen viel besser unterstützen kann, wenn man selber über eine gute Grundfitness verfügt. Auch bei mir hat es ein wenig gedauert, bis ich diese Erkenntnis hatte. Mit der täglichen Bewegung der eigenen Pferde hat man natürlich schon ein gewisses Maß an Körperspannung, es werden jedoch immer nur die gleichen Muskelpartien beansprucht.
Für das Herzstück der Vielseitigkeit, das Gelände, sind sowohl konditionelle als auch koordinative Fähigkeiten von großer Bedeutung. Besonders wichtig ist es, einen stabilen Grundsitz zu haben. Priorität im Training hatte für mich daher die Bauch- und Rückenmuskulatur. Hier wollte ich mich auf jeden Fall verbessern, um besonders in den Landephasen nicht nach vorn zu kippen und aus dem Gleichgewicht zu kommen. Inzwischen mache ich an fünf Tagen pro Woche jeweils 10-minütige Workouts. Dies kann ich gut in meinen Alltag integrieren und tue sowohl meinem eigenen Körper als auch meinen Pferden etwas Gutes!

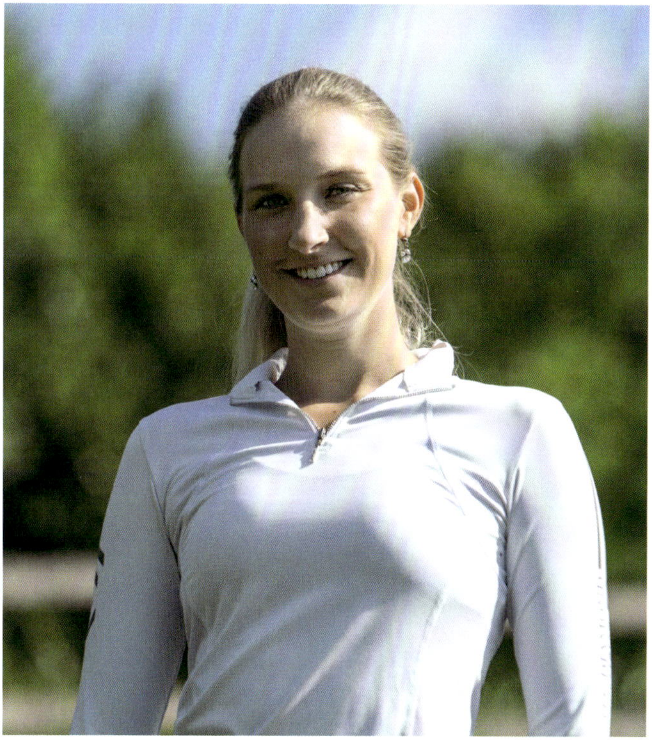

LOCKERUNG FÜR MUSKELN

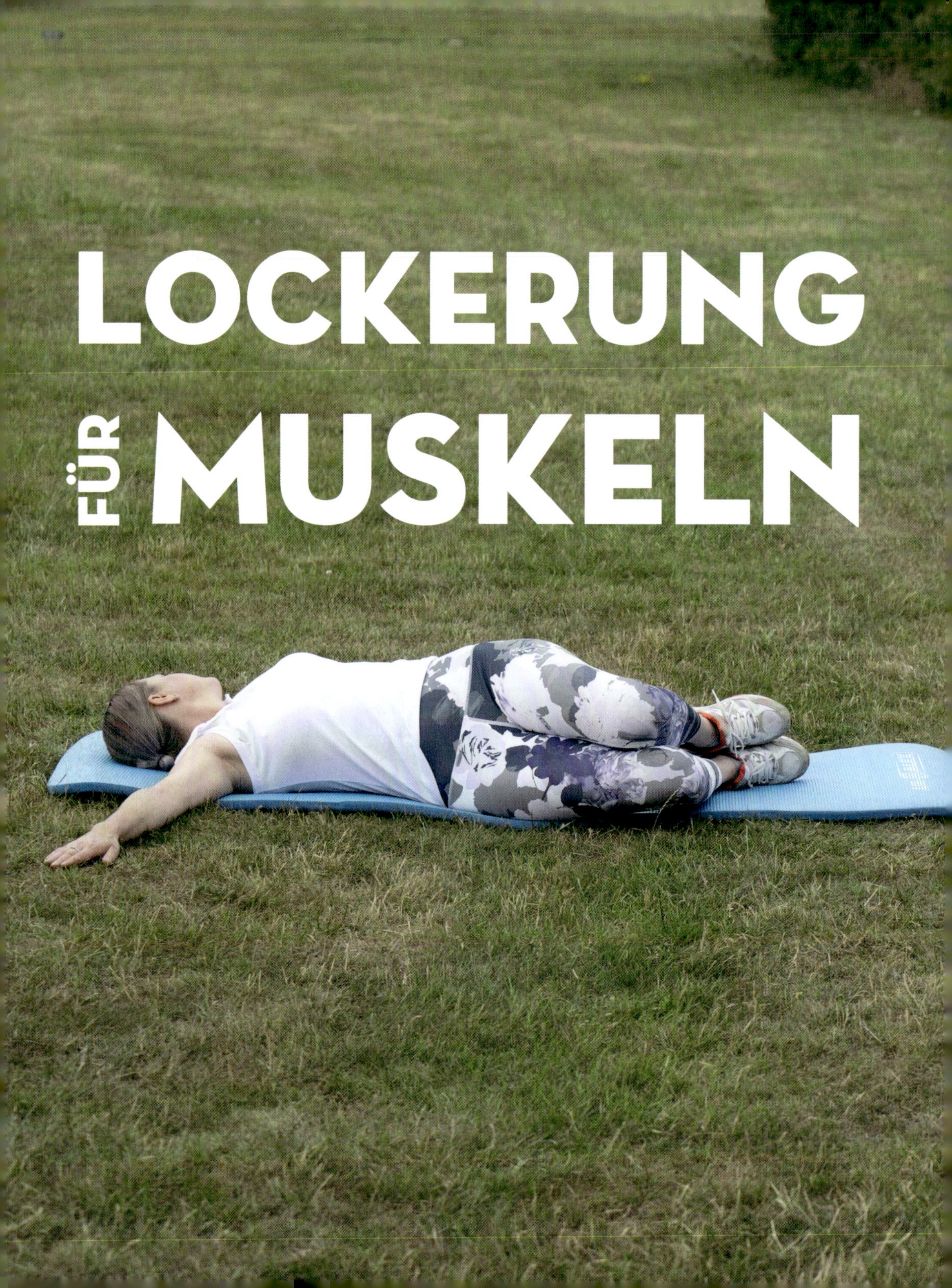

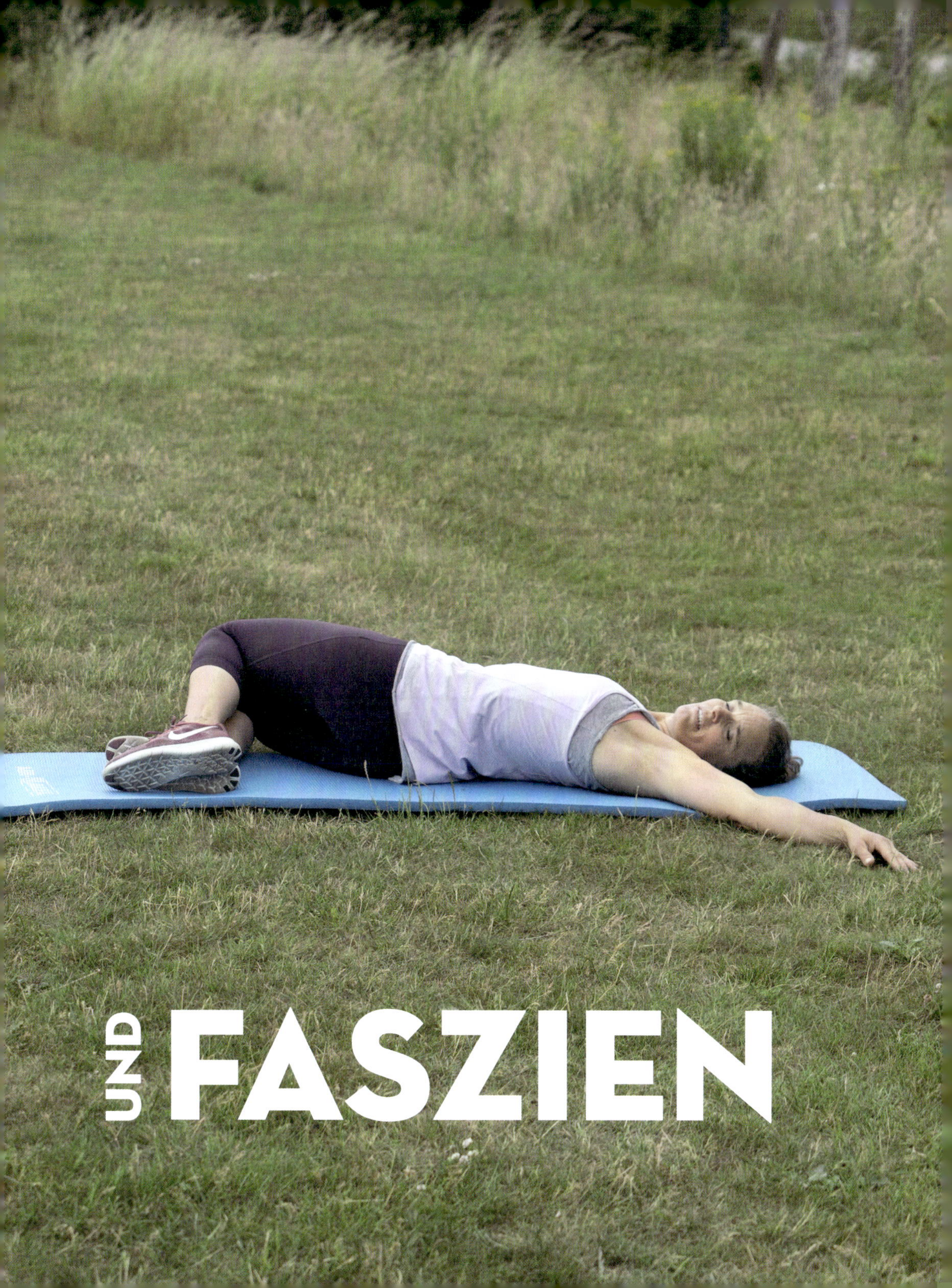

UND FASZIEN

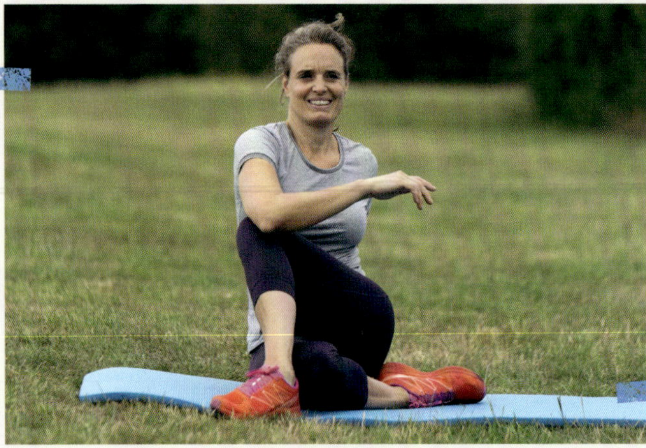

Zum Ende einer guten Trainingseinheit dehnen und lockern wir uns.

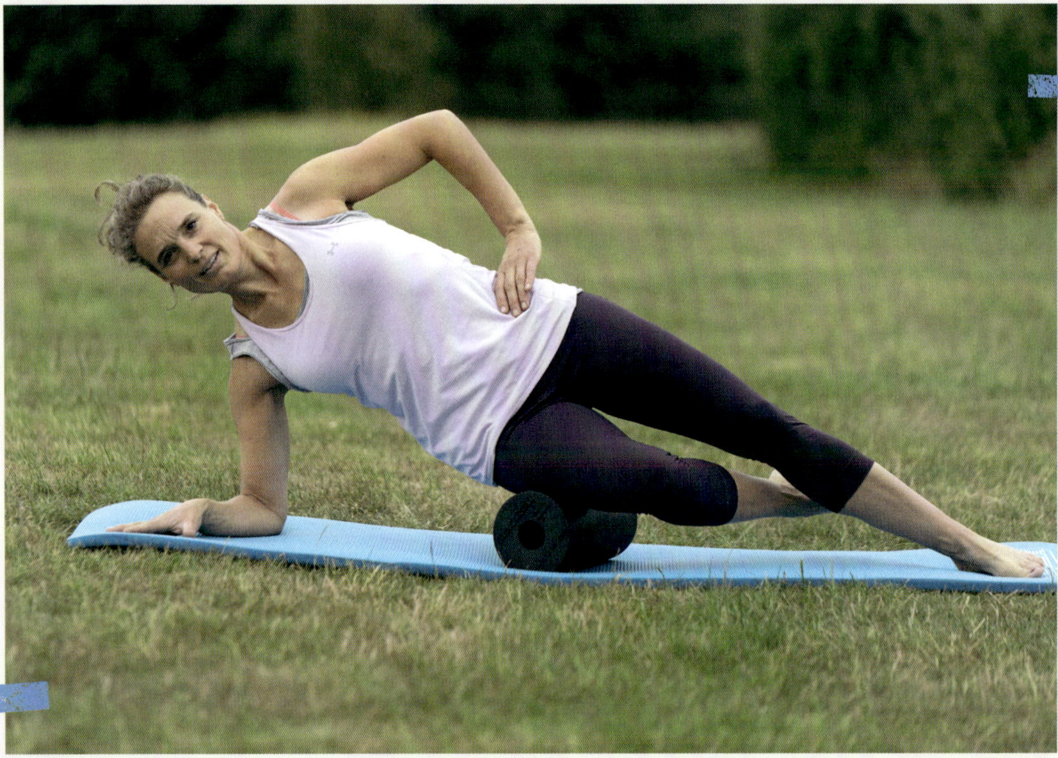

Cool down

So wie ein Warm-up das Training eröffnet, wird es durch einen Cool-down beendet. Beim Pferd wäre dies das Austraben in einer Dehnungshaltung am langen Zügel und das 10-minütige Schritt reiten, bei dem sich das Herz-Kreislauf-System, die Atmung und der Puls wieder beruhigen. Das gilt auch für den Reiter. Dazu kommen Ausdehnen, Mobilisation oder Regeneration mit einer Faszienrolle.

Das Dehnen nach einer Sporteinheit hat viele Vorteile: Es erhöht die Gelenkbeweglichkeit und wirkt der Verkürzung einzelner Muskelgruppen entgegen, sodass die Bewegungsamplitude (der Umfang einer Bewegung) vergrößert und die Regenerationsfähigkeit des Bewegungsapparates erhöht wird. Aber auch im Alltag ist Dehnen wichtig: Hat man hier nicht die Möglichkeit, sich viel und variantenreich zu bewegen, kann die Beweglichkeit abnehmen. Die Körperhaltung verschlechtert sich, und es können Verspannungen entstehen, die sich nachteilig auf den Reitersitz auswirken.
Grundsätzlich sollten Sie sich nie kalt dehnen, denn dabei könnten kleinere Muskelfaserrisse entstehen. Man unterscheidet statisches und dynamisches Dehnen. Beim statischen Dehnen hält man den Muskel ca. 10 – 20 Sekunden in der jeweiligen Position. Hier bekommt man über die Propriozeptoren (Rezeptoren der Tiefensensibilität) eine direkte Rückmeldung über den Grad der Dehnung. Beim dynamischen Dehnen wird die Position nur kurz eingenommen und direkt wieder aufgelöst – eine federnde Bewegungsausführung entsteht.

RICHTIG DEHNEN

- Atmen Sie ruhig und regelmäßig.
- Tasten Sie sich langsam an die Schmerzgrenze heran und respektieren Sie diese.
- Lassen Sie den Puls auf den Ruhepuls absinken (ca. 50 - 90 Schläge/Minute).
- Dehnen Sie immer langsam und kontrolliert und vermeiden Sie abrupte Bewegungen.
- Dehnen Sie schwerpunktmäßig die belastete bzw. zu Verkürzungen neigende Muskulatur.

Sinnvollerweise dehnt man von unten nach oben (von der Wade bis zum Kopf) oder genau anders herum. Dies hat den Vorteil, dass man keine Muskelgruppe vergisst und sich eine Reihenfolge der Dehnung etablieren kann. Außerdem kombiniert man so die zusammenwirkenden Muskelgruppen, die man nicht isoliert voneinander dehnen kann.

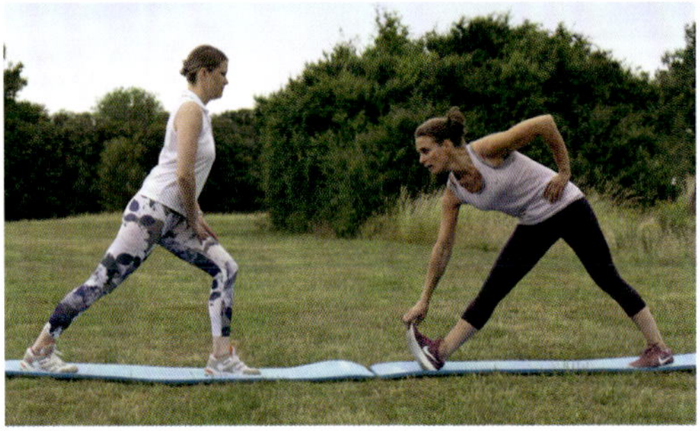

1. Dehnung der Wadenmuskulatur
Ist die Wadenmuskulatur verkürzt, zieht der Reiter oft den Absatz hoch, sodass die treibenden Hilfen nicht durchkommen. Häufig ist damit ein Festhalten des Knies verbunden.
Links: Drücken Sie die hintere Ferse auf den Boden und verlagern Sie den Körperschwerpunkt nach vorn, bis eine Dehnung der Wadenmuskulatur spürbar ist. **Rechts:** Neigen Sie sich zum vorderen Fuß herunter und ziehen Sie an der Fußspitze, bis Sie eine Dehnung spüren.

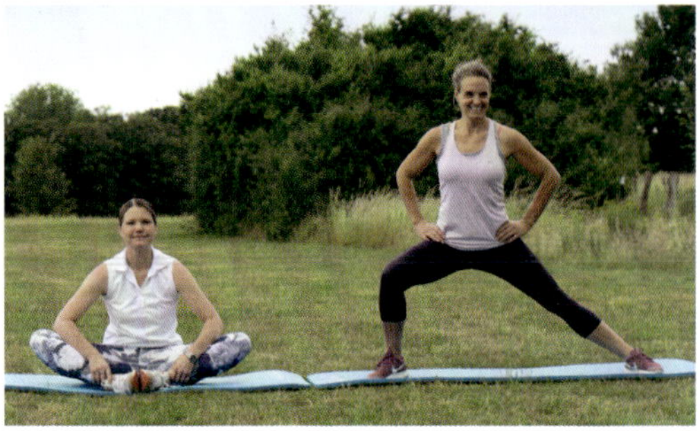

2. Dehnung der Adduktoren
Diese Muskelgruppe ist an allen treibenden Hilfen beteiligt und sollte regelmäßig gedehnt werden.
Links: Legen Sie die Füße aneinander und drücken Sie die Knie mit den Ellenbogen Richtung Boden.
Rechts: Bei weitem Stand wird der Körper zu einer Seite verlagert, die Adduktoren des durchgestreckten Beins werden gedehnt.

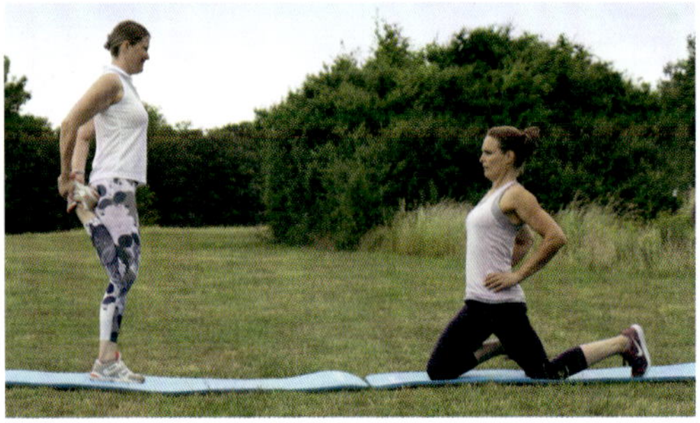

3. Dehnung der Oberschenkelvorderseite
Der Muskel der Oberschenkelvorderseite ist an treibenden Hilfen, Leichttraben und am leichtem Sitz beteiligt. Ist er verkürzt, wirkt sich dies evtl. negativ auf die Streckung des Beins und somit auf den aufrechten Sitz aus.
Links: Führen Sie bei aufrechtem Stand einen Fuß zum Gesäß. Sie können das Fußgelenk oder die Fußspitze fassen.
Rechts: Knien Sie sich leicht versetzt hin und richten Sie die Hüfte auf, bis Sie die Dehnung im hinteren Oberschenkel spüren.

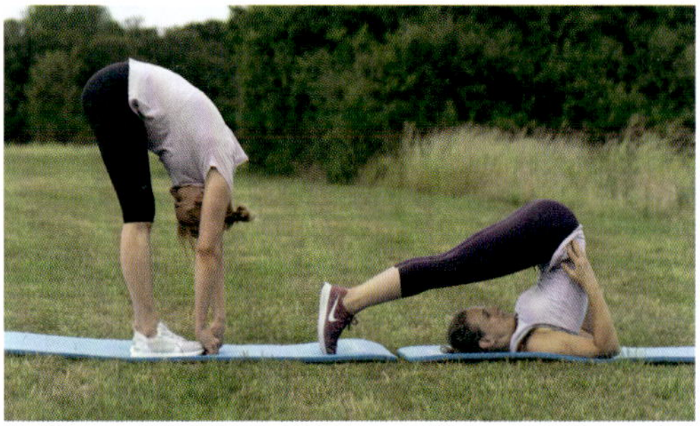

4. Dehnung der Gesäß-/Hüftbeugemuskulatur
Diese Übungen werden zu Beginn des Dehnens oft als unangenehm, später aber als sehr wohltuend empfunden, da sie für eine Entspannung der unteren Lendenwirbelsäule sorgen.
Links: Neigen Sie den Oberkörper bei durchgestreckten Beinen nach vorn, bis die Hände oder Handflächen den Boden berühren. **Rechts:** Kippen Sie die Beine nach hinten, bis die Fußspitzen den Boden berühren. Geht das noch nicht, tasten Sie sich langsam an das Ziel heran. Atmen!

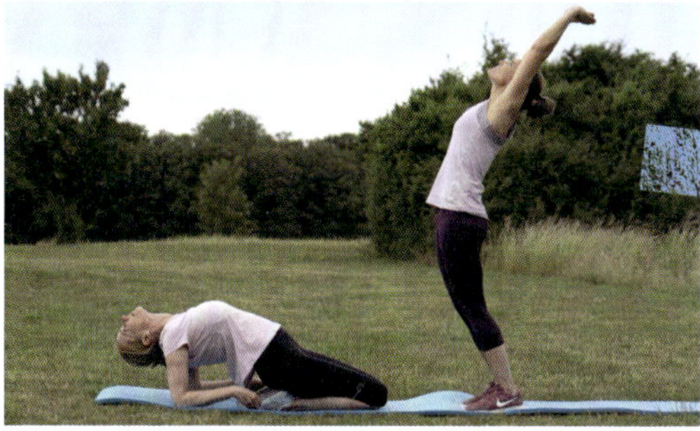

5. Dehnung des Hüftbeugers
Eine verkürzte Hüftbeugemuskulatur begünstigt eine eingeschränkte Hüftbeweglichkeit, was sich in Form eines hochgezogenen Knies oder festgehaltener Schultern bemerkbar machen kann. Besonders bei Menschen, die viel sitzen, sind die Hüftbeuger oft verkürzt.
Links: Verlagern Sie den Oberkörper im Knien nach hinten und schieben Sie die Hüfte nach vorn.
Rechts: Führen Sie die Arme nach hinten-oben und bauen Sie darüber eine Bogenspannung auf.

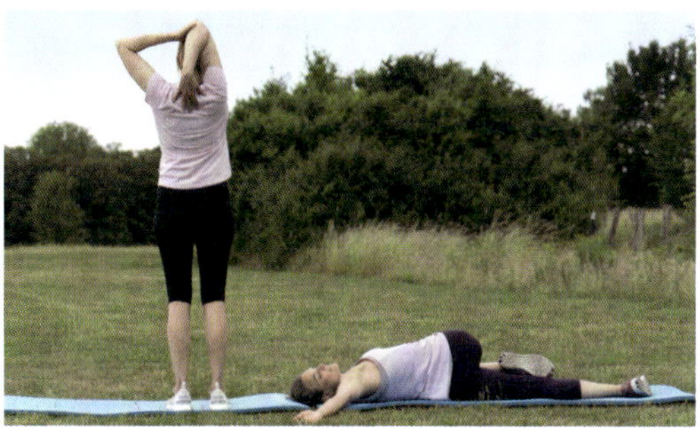

6. Dehnung des Ellenbogenstreckers
Bei Menschen, die viel am PC sitzen, fallen die Schultern oft nach vorne, der Rücken sackt nach hinten. Um wieder aufrecht zu werden, muss sich der Brustkorb durch eine gedehnte Brustmuskulatur öffnen können.
Links: Legen Sie die Hand zwischen die Schulterblätter und schieben Sie sie mit der anderen Hand leicht nach unten. **Rechts:** Führen Sie aus einer Seitlage heraus jeweils einen Arm seitlich nach hinten, während Sie das gleichseitige Knie vor den Körper auf den Boden ablegen. Das dehnt die gesamte Körperseite.

REITER-MUSKELN DEHNEN

Da jeder Reiter ein individuelles Dehnungsempfinden hat, werden links immer zwei Dehnungsübungen für die gleichen Muskeln dargestellt. Suchen Sie sich gern Ihren Favoriten aus.

FASZIENTRAINING

Neben dem klassischen Dehnen bietet sich auch ein Faszientraining als Trainingsabschluss an. Faszien sind bindegewebeartige Strukturen, die einzelne Muskeln und Muskelbündel voneinander trennen. Sie verlaufen durch den ganzen Körper und umgeben einzelne Muskeln, Organe, Sehnen und Knochen. Sogenannte Muskelfaszien tragen darüber hinaus zur Kräfteübertragung bei und unterstützen Muskeln, Bänder und Sehnen bei der Arbeit. Verkleben sie jedoch, können sie schmerzhafte Verspannungen hervorrufen und eine effektive Muskelarbeit behindern. Die Bewegungsfreiheit ist eingeschränkt und Schmerzen können entstehen. Insbesondere Nacken-, Schulter- und Rückenschmerzen werden heutzutage vermehrt mit harten, verdrehten und verklebten Faszien in Verbindung gebracht.
Beim Reiten wirken sich Verspannungen besonders ungünstig aus, da sie auf das Pferd übertragen werden können und der Sitz darunter leidet. Mit einem Faszienball oder einer Faszienrolle kann man selber schnell und einfach dazu beitragen, dass die Strukturen elastisch bleiben.

SERVICE

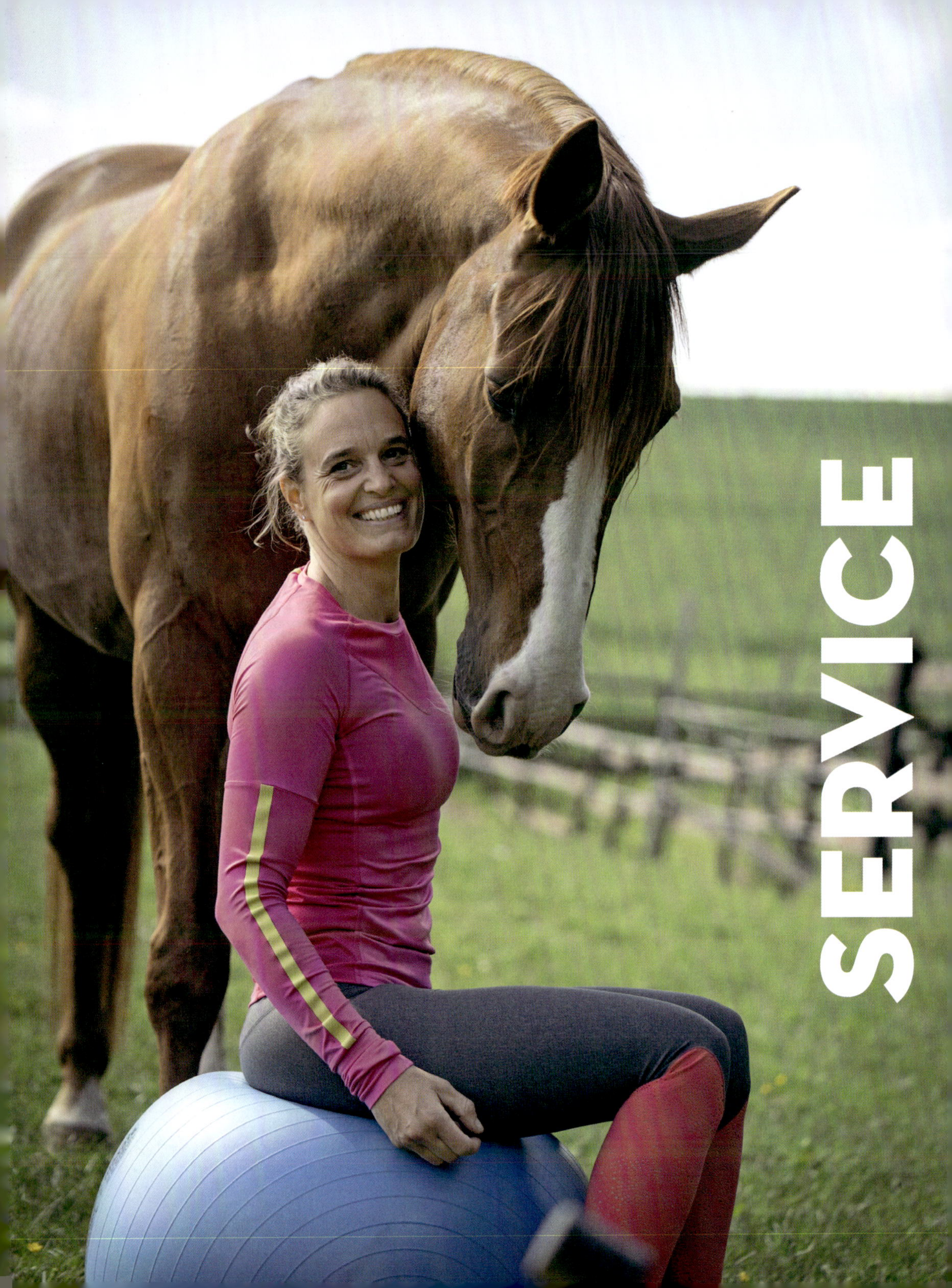

ZUM WEITERLESEN

Bührer-Lucke, Gisa: **Schüßler-Salze für Pferde**, Pferdegesundheit kompakt; KOSMOS 2020
Schüßler-Salze sind sanft, verbessern aber wirkungsvoll die Gesundheit Ihres Pferdes. Dieser Kompaktratgeber zeigt, welches Mittel das richtige ist und wie es verabreicht werden muss. Übersichtliche Kapiteleinteilung nach Körperbereichen, schnelle Informationsentnahme durch tabellarischen Aufbau, ausführliche Übersicht aller Schüßler-Salze.

Eschbach, Andrea und Markus: **Der kleine Erziehungs-Ratgeber für Pferde**, Kommunikation und Körpersprache; KOSMOS 2020
Gut erzogene Pferde sind sichere Pferde. Wie wir es schaffen, dass unser Pferd brav stehenbleibt, sich ruhig führen lässt und aufmerksam zuhört, was wir von ihm möchten, erklären die Pferdeexperten Andrea und Markus Eschbach mit vielen Fotos in diesem Buch.

Gillian Higgins: **Anatomie verstehen – gesundheitsfördernd reiten**; KOSMOS 2017
Gillian Higgins beschreibt Dressurlektionen und Springübungen aus biomechanischer Sicht und bezieht auch die Anatomie des Reiters ein. Übungen zur Verbesserung der Beweglichkeit, Körperhaltung und Stabilität bringen Pferd und Reiter in die Balance, verringern Muskelprobleme und reduzieren das Verletzungsrisiko.

Schöpe, Sigrid: **Zirkustricks mit Pferden**, Gymnastizieren, Motivieren, Partnerschaft stärken; KOSMOS 2021
Zirkusarbeit begeistert! Ob Spanischer Schritt, Knien, Verbeugen oder Decke ausziehen – das Einüben bringt Abwechslung in den Trainingsalltag und sorgt für eine gehörige Portion Spaß und Motivation bei Pferd und Reiter.

Wilsie, Sharon/Vogel, Gretchen: **Sprachkurs Pferd**, Pferdesprache lernen in 12 Schritten; KOSMOS 2018
Jedes Zucken von Ohr oder Nüster, jede Bewegung des Pferdes hat eine Bedeutung. Pferde reden mit uns, doch die meiste Zeit übersehen wir diese Signale. Mit diesem Übersetzungshelfer lernen wir, die Sprache unserer Pferde zu verstehen.

Wilsie, Sharon: **Mit Pferden sprechen**, Erfahrungen aus dem Alltag mit Pferden; KOSMOS 2019
Nach ihrem bahnbrechenden „Sprachkurs Pferd“ zeigt Sharon Wilsie nun die Praxis des „Horse Speak“ im Alltag. Anhand vieler Geschichten und Fallbeispiele demonstriert sie, wie die Pferdesprache im täglichen Umgang mit dem Pferd richtig eingesetzt wird.

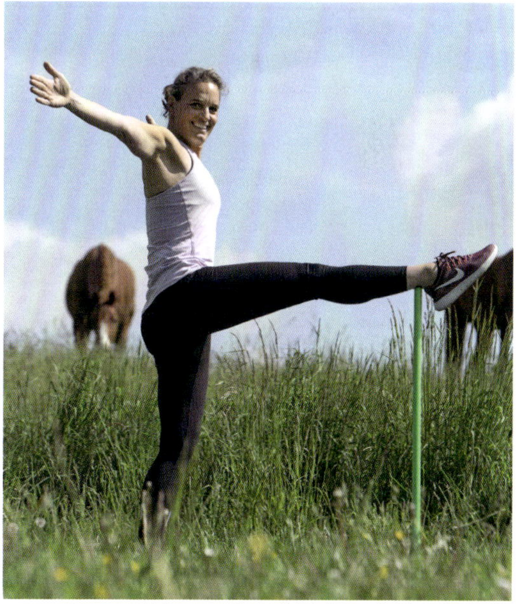

MERCI BEAUCOUP

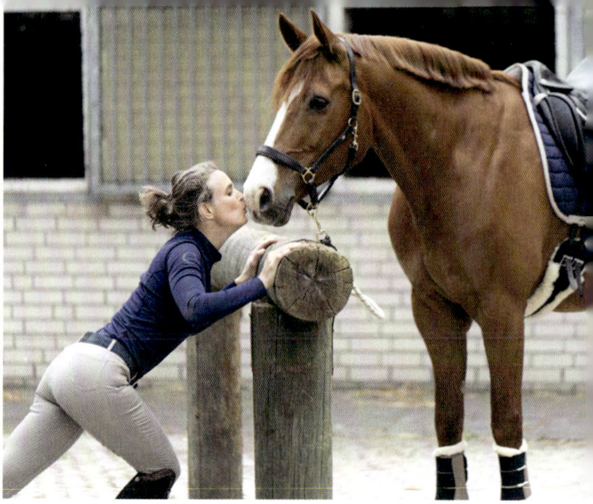

- KOSMOS-Verlag – Schon als Kind habe ich davon geträumt, irgendwann einmal ein Buch schreiben zu dürfen. Danke für die Erfüllung eines Lebenstraumes!
- Birgit Bohnet – danke für die vielen Tipps und die Geduld beim „Making of…"
- Sandra Reitenbach (www.sandragrafie.de) – deine Fotos sind wie immer der Hammer, genau wie die witzigen Shootings!
- M&P – Ohne euch wäre ich nicht auf dieser schönen Welt. Danke, dass es euch gibt und ihr mir immer den Rücken frei haltet! Bleibt weiter so fit und gesund!!
- Peter – als bester „Knöpfedrücker" und „Arschengel" hast du mich immer motiviert, an mich zu glauben und meine Ziele zu verfolgen. Danke!
- Katrin Obst – vom „Fitnessstudio für mein Pferd" zu „Fit mit Obst" zu „Fit aufs Pferd". Danke für die vielen gemeinsamen Stunden und tollen Projekte mit dir!
- Lissi (Dr. Lisbeth) Buschkühl – danke für deine Freundschaft, dein immer offenes Ohr und dein langjähriges Vertrauen in meine Arbeit!
- Katharina Gebele – ohne den wöchentlichen „G" wären wir unmöglich so fit! Auch unsere Yogasessions wären mit Sicherheit nicht so erfolgreich …
- Karla Spiritus – du inspirierst mich immer wieder! So fit wie du möchte ich auch sein, wenn ich mal groß bin.
- Fritzi (Friederike) Paradies – beste Modeberaterin und Sportskanone!
- Rheinlands Reiter und Pferde (www.pemag.de) – unsere gemeinsame Fitness-Serie war der Startschuss, um auf diese spannende Reise zu gehen. Spaß hat es gemacht!
- Dr. Christian Schäfer, Dr. Jürgen Mathea, Dr. Walter Schmitz – für die kompetente Behandlung der Rumpelhuber, wenn sie mal krank sind.
- Marc Pollmann – keiner macht die Hufe schöner.
- Gut Landfrieden (Familie Langenbach und Familie Gröben) danke für die gute Unterbringung von Lutzi und Zwerg auf Gut Landfrieden und dass Sie so Vieles möglich machen!
- Meinen lieben Sportkollegen vom BK Vera Beckers – ohne euch wäre die Beschreibung mancher Übung nur halb so lustig gewesen …
- Sanihorse (www.sanihorse.de), Carubina (www.carubina.com) und County Saddlery (www.countysaddlery.com) – für das Sponsoring!
- Golfclub Düsseldorf Grafenberg – gegen das schöne Green konnte keine der Weiden konkurrieren.
- Alle, die ich hier nicht namentlich erwähnen konnte, die aber trotzdem einen großen Anteil an diesem Buch haben – versprochen, wir stoßen gemeinsam darauf an!

- Wie immer kommt das Beste zum Schluss – meine Gründe, dieses Buch zu schreiben: die vierbeinigen Freunde und Sportpartner, Edgar, Zwirbel, Zwerg, Lutzi, Keks, Lille, Toni, Poppy und Knirps, die mich immer wieder motivieren, an mir zu arbeiten und das Beste zu geben.

REGISTER

BILDNACHWEIS

260 Farbfotos wurden von Sandra Reitenbach/ Kosmos für dieses Buch aufgenommen.

IMPRESSUM

Umschlaggestaltung von GRAMISCI Editorialdesign, Isabelle Fischer, unter Verwendung von zwei Farbfotos von Sandra Reitenbach/Kosmos.

Mit 260 Farbfotos

Alle Angaben in diesem Buch erfolgen nach bestem Wissen und Gewissen. Sie entbinden den Pferdehalter nicht von der Eigenverantwortung für sein Tier. Autorin und Verlag übernehmen keinerlei Haftung für Personen-, Sach- und Vermögensschäden, die aus der Anwendung der vorgestellten Materialien und Methoden entstehen können.

Gedruckt auf chlorfrei gebleichtem Papier

ISBN 978-3-440-17061-8
Redaktion: Birgit Bohnet
Gestaltung und Satz: Atelier Krohmer, Dettingen/Erms
Produktion: Claudia Frank
Druck und Bindung: Westermann Druck Zwickau GmbH, Zwickau
Printed in Germany / Imprimé en Allemagne

FSC
www.fsc.org
MIX
Papier | Fördert gute Waldnutzung
FSC® C110508

Rundum trainiert — und gesund

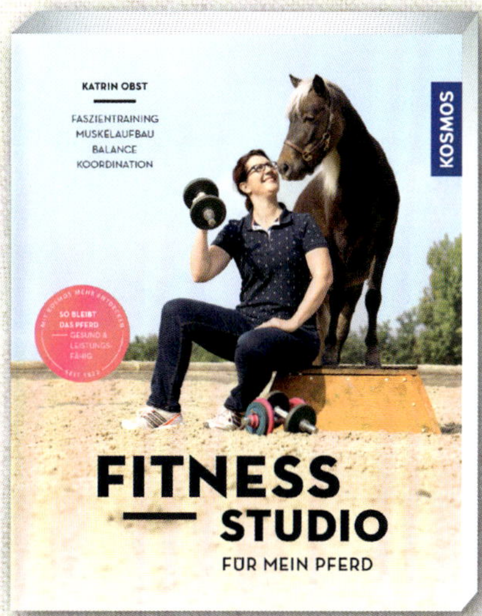

128 Seiten

Faszientraining, Muskelaufbau, Balance und Koordination – mit diesem umfassenden und abwechslungsreichen Physioprogramm für Pferde gelingt es, Verspannungen, Rückenleiden und anderen Beschwerden gezielt vorzubeugen. Das Ganzkörpertraining der erfahrenen Pferde-Physiotherapeutin Katrin Obst stärkt die Tiefenmuskulatur, verbessert die Beweglichkeit und hilft, Blockaden und Muskelprobleme zu vermeiden. Alle Übungen und Parcours werden detailliert beschrieben, sodass das Training auch ohne professionelle Assistenz durchgeführt werden kann.

Beatrix Schulte Wien, die bekannte Expertin für Pferde-Osteopathie, und Physio- und Osteotherapeutin Irina Keller erklären in diesem Ratgeber, wie Pferdehalter mit einfachen Handgriffen die Muskeln und Faszien ihres Pferdes lösen und entspannen können. Das ist Wellness für das Pferd, steigert sein Wohlbefinden, trägt zur Gesunderhaltung bei und löst nebenbei auch so manches Rittigkeitsproblem. Fallbeispiele zeigen anschaulich, welche Anwendungen z. B. bei Genick- oder Rückenproblemen die beste Wirkung haben.

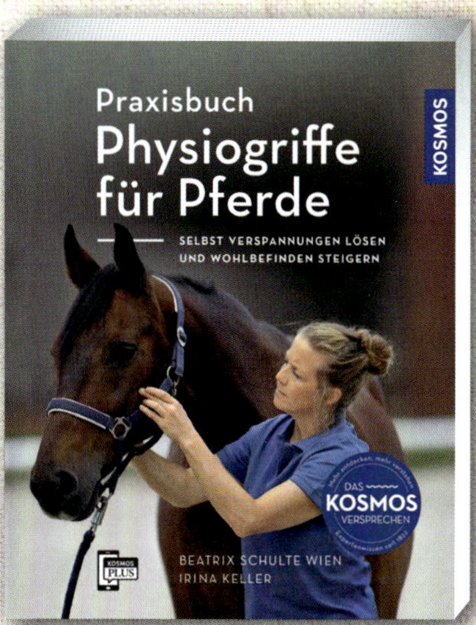

112 Seiten

kosmos.de

RICHTIG AUSROLLEN

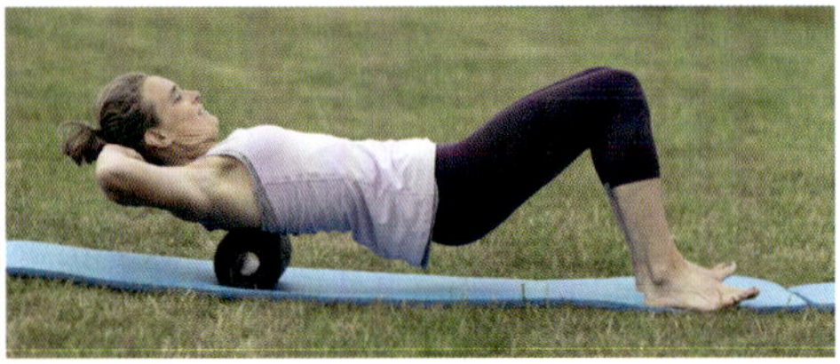

Oberer Rücken

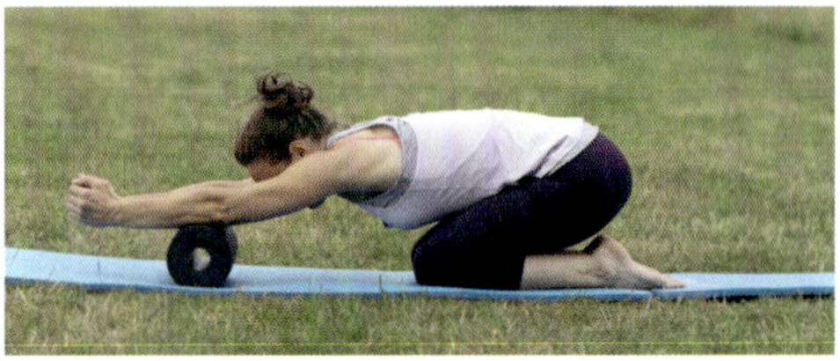

Unterarme

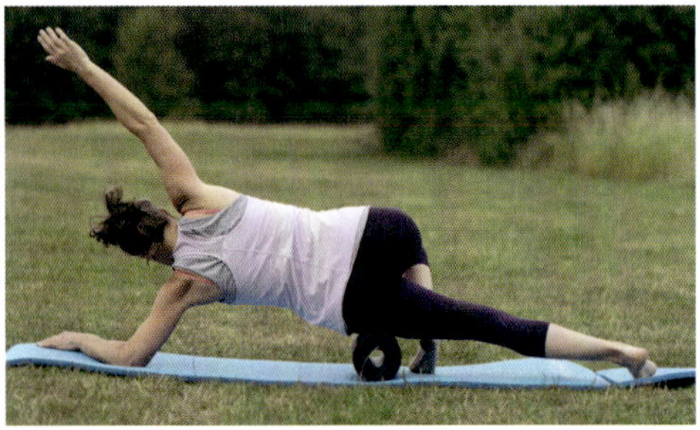

Äußeres Gesäß

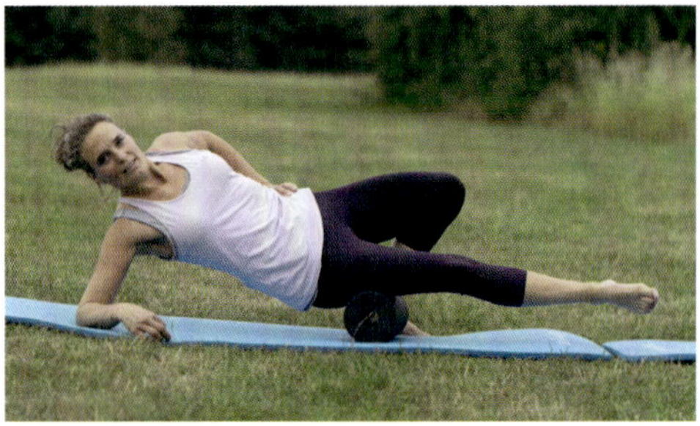

Abduktoren

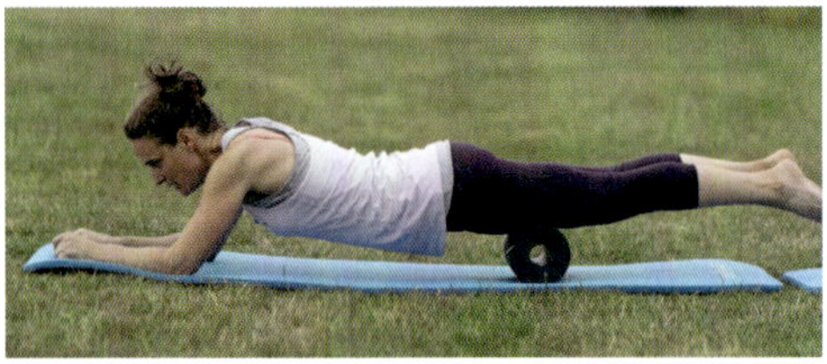

Vordere Oberschenkelmuskulatur

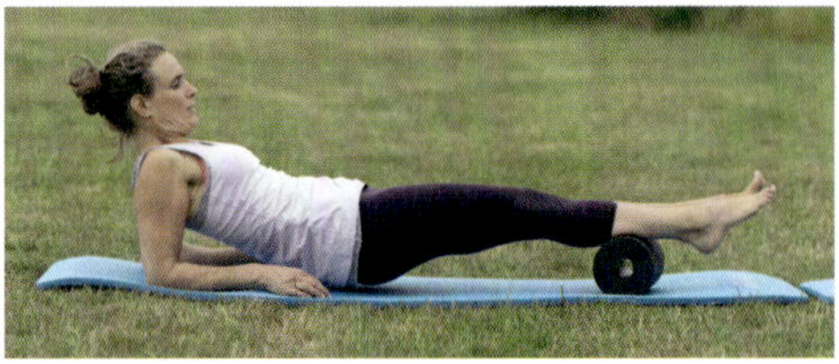

Wadenmuskulatur

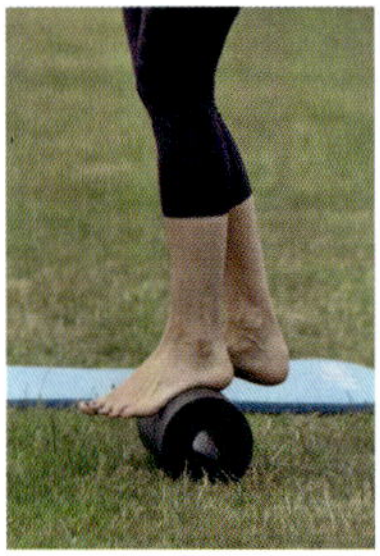

Füße
Diese Übung schult auch noch das Gleichgewicht

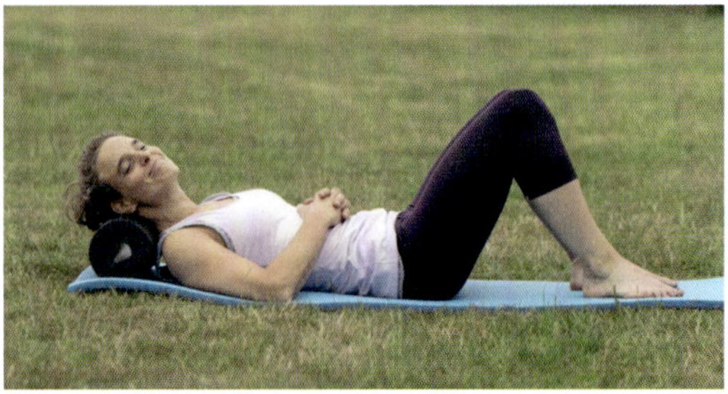

Geschafft!